201 ARABIC VERBS

201 ARABIC VERBS

FULLY CONJUGATED IN ALL THE FORMS

Raymond Scheindlin

Associate Professor of Medieval
Hebrew Literature
Jewish Theological Seminary of America

BARRON'S EDUCATIONAL SERIES, INC.

All inquiries should be addressed to:
Barron's Educational Series, Inc.
250 Wireless Boulevard
Hauppauge, New York 11788

Library of Congress Catalog Card No. 77-13695

Paper Edition
International Standard Book No. 0-8120-0547-3

Library of Congress Cataloging in Publication Data

Scheindlin, Raymond P.
201 Arabic verbs.

Includes index.
1. Arabic language–Verb. I. Title.
PJ6145.S3 492'.7'82421 77-13695
ISBN 0-8120-0547-3

PRINTED IN THE UNITED STATES OF AMERICA.

24 23 22 21 20 19 18

FOREWORD

The 201 Arabic verbs which appear fully conjugated in this book are all common words, most of them appearing in M. Brill's *Basic Word List of the Arabic Daily Newspaper* (Jerusalem, 1940). The selection was made, however, not merely on the basis of statistical frequency, but with a view to providing as complete coverage as possible of weak verb patterns in order to extend the range of the book's usefulness far beyond the verbs included in it. Accordingly here and there a verb was included for the sake of its pattern, even though it does not appear in Brill. Yet no rare words or purely hypothetical forms have been included.

The verbs are arranged alphabetically by root, as in a dictionary. When several verbs have the same root, they are arranged by Form, according to the usual order.

The English translations provided for each verb have been kept as brief as possible, and no effort has been made to suggest the full range of meaning of the Arabic verb. For full definitions the student must consult a dictionary, such as H. Wehr, *Dictionary of Modern Written Arabic* (edit. by J. M. Cowan, Wiesbaden, 1961).

When a single Form I verb has several different *maṣdars,* the alternate forms have sometimes been given in a footnote, but sometimes only a selection of the alternate forms have been given. When several different *maṣdars* are listed, it should not be assumed that they are identical in meaning or usage.

Since in the author's experience students often find difficulty with the inflected forms of the active participle of weak-*lām* verbs, these have been provided in the footnotes.

The index is designed to enable the student to use the 201 verbs as paradigms for other verbs which he may encounter. Each verb pattern represented in the book is carefully defined, and the user is referred to the verb or verbs which exemplify the pattern.

201 ARABIC VERBS

ACTIVE PARTICIPLE: آبٍ* PASSIVE PARTICIPLE: مَأْبِيٌّ MAṢDAR: إِبَاءٌ ROOT: ابي FORM I TO REFUSE أَبَى

3 f pl	3 m pl	2 f pl	2 m pl	1 pl	3 f dual	3 m dual	2 dual	3 f sgl	3 m sgl	2 f sgl	2 m sgl	1 sgl		
أَبَيْنَ	أَبَوْا	أَبَيْتُنَّ	أَبَيْتُمْ	أَبَيْنَا	أَبَتَا	أَبَيَا	أَبَيْتُمَا	أَبَتْ	أَبَى	أَبَيْتِ	أَبَيْتَ	أَبَيْتُ	PERFECT	ACTIVE
يَأْبَيْنَ	يَأْبَوْنَ	تَأْبَيْنَ	تَأْبَوْنَ	نَأْبَى	تَأْبَيَانِ	يَأْبَيَانِ	تَأْبَيَانِ	تَأْبَى	يَأْبَى	تَأْبَيْنَ	تَأْبَى	آبَى	IMPERFECT INDICATIVE	
يَأْبَيْنَ	يَأْبَوْا	تَأْبَيْنَ	تَأْبَوْا	نَأْبَى	تَأْبَيَا	يَأْبَيَا	تَأْبَيَا	تَأْبَى	يَأْبَى	تَأْبَيْ	تَأْبَى	آبَى	IMPERFECT SUBJUNCTIVE	
يَأْبَيْنَ	يَأْبَوْا	تَأْبَيْنَ	تَأْبَوْا	نَأْبَ	تَأْبَيَا	يَأْبَيَا	تَأْبَيَا	تَأْبَ	يَأْبَ	تَأْبَيْ	تَأْبَ	آبَ	IMPERFECT JUSSIVE	
		إِيبَيْنَ	إِيبَوْا				إِيبَيَا			إِيبَيْ	إِيبَ		IMPERATIVE	
أُبِينَ	أُبُوا	أُبِيتُنَّ	أُبِيتُمْ	أُبِينَا	أُبِيَتَا	أُبِيَا	أُبِيتُمَا	أُبِيَتْ	أُبِيَ	أُبِيتِ	أُبِيتَ	أُبِيتُ	PERFECT	PASSIVE
يُؤْبَيْنَ	يُؤْبَوْنَ	تُؤْبَيْنَ	تُؤْبَوْنَ	نُؤْبَى	تُؤْبَيَانِ	يُؤْبَيَانِ	تُؤْبَيَانِ	تُؤْبَى	يُؤْبَى	تُؤْبَيْنَ	تُؤْبَى	أُوبَى	IMPERFECT INDICATIVE	
يُؤْبَيْنَ	يُؤْبَوْا	تُؤْبَيْنَ	تُؤْبَوْا	نُؤْبَى	تُؤْبَيَا	يُؤْبَيَا	تُؤْبَيَا	تُؤْبَى	يُؤْبَى	تُؤْبَيْ	تُؤْبَى	أُوبَى	IMPERFECT SUBJUNCTIVE	
يُؤْبَيْنَ	يُؤْبَوْا	تُؤْبَيْنَ	تُؤْبَوْا	نُؤْبَ	تُؤْبَيَا	يُؤْبَيَا	تُؤْبَيَا	تُؤْبَ	يُؤْبَ	تُؤْبَيْ	تُؤْبَ	أُوبَ	IMPERFECT JUSSIVE	

*Genitive آبٍ ; accusative آبِيًا With article: nominative أَلْآبِي ; genitive أَلْآبِي ; accusative أَلْآبِيَ .

ACTIVE PARTICIPLE:* آتٍ PASSIVE PARTICIPLE: مَأْتِيٌّ MAṢDAR: إِتْيَانٌ ROOT: اتي FORM I TO COME أَتَى

	3 f pl	3 m pl	2 f pl	2 m pl	1 pl	3 f dual	3 m dual	2 dual	3 f sgl	3 m sgl	2 f sgl	2 m sgl	1 sgl		
	أَتَيْنَ	أَتَوْا	أَتَيْتُنَّ	أَتَيْتُمْ	أَتَيْنَا	أَتَتَا	أَتَيَا	أَتَيْتُمَا	أَتَتْ	أَتَى	أَتَيْتِ	أَتَيْتَ	أَتَيْتُ	PERFECT	ACTIVE
	يَأْتِينَ	يَأْتُونَ	تَأْتِينَ	تَأْتُونَ	نَأْتِي	تَأْتِيَانِ	يَأْتِيَانِ	تَأْتِيَانِ	تَأْتِي	يَأْتِي	تَأْتِينَ	تَأْتِي	آتِي	IMPERFECT INDICATIVE	ACTIVE
	يَأْتِينَ	يَأْتُوا	تَأْتِينَ	تَأْتُوا	نَأْتِيَ	تَأْتِيَا	يَأْتِيَا	تَأْتِيَا	تَأْتِيَ	يَأْتِيَ	تَأْتِي	تَأْتِيَ	آتِيَ	IMPERFECT SUBJUNCTIVE	ACTIVE
	يَأْتِينَ	يَأْتُوا	تَأْتِينَ	تَأْتُوا	نَأْتِ	تَأْتِيَا	يَأْتِيَا	تَأْتِيَا	تَأْتِ	يَأْتِ	تَأْتِي	تَأْتِ	آتِ	IMPERFECT JUSSIVE	ACTIVE
			إِيتِينَ	إِيتُوا				إِيتِيَا			إِيتِي	إِيتِ**		IMPERATIVE	ACTIVE
	أُتِينَ	أُتُوا	أُتِيتُنَّ	أُتِيتُمْ	أُتِينَا	أُتِيَتَا	أُتِيَا	أُتِيتُمَا	أُتِيَتْ	أُتِيَ	أُتِيتِ	أُتِيتَ	أُتِيتُ	PERFECT	PASSIVE
	يُؤْتَيْنَ	يُؤْتَوْنَ	تُؤْتَيْنَ	تُؤْتَوْنَ	نُؤْتَى	تُؤْتَيَانِ	يُؤْتَيَانِ	تُؤْتَيَانِ	تُؤْتَى	يُؤْتَى	تُؤْتَيْنَ	تُؤْتَى	أُوتَى	IMPERFECT INDICATIVE	PASSIVE
	يُؤْتَيْنَ	يُؤْتَوْا	تُؤْتَيْنَ	تُؤْتَوْا	نُؤْتَى	تُؤْتَيَا	يُؤْتَيَا	تُؤْتَيَا	تُؤْتَى	يُؤْتَى	تُؤْتَيْ	تُؤْتَى	أُوتَى	IMPERFECT SUBJUNCTIVE	PASSIVE
	يُؤْتَيْنَ	يُؤْتَوْا	تُؤْتَيْنَ	تُؤْتَوْا	نُؤْتَ	تُؤْتَيَا	يُؤْتَيَا	تُؤْتَيَا	تُؤْتَ	يُؤْتَ	تُؤْتَيْ	تُؤْتَ	أُوتَ	IMPERFECT JUSSIVE	PASSIVE

* Genitive آتٍ ; accusative آتِيًا . With article: nominative أَلْآتِي ; genitive أَلْآتِي ; accusative أَلْآتِيَ.

** Also تِ

ACTIVE PARTICIPLE:* مُؤْتٍ PASSIVE PARTICIPLE: مُؤْتًى MAṢDAR: إِيتَاءٌ ROOT: اتي FORM IV TO BRING آتَى

		3 f pl	3 m pl	2 f pl	2 m pl	1 pl	3 f dual	3 m dual	2 dual	3 f sgl	3 m sgl	2 f sgl	2 m sgl	1 sgl
ACTIVE	PERFECT	آتَيْنَ	آتَوْا	آتَيْتُنَّ	آتَيْتُمْ	آتَيْنَا	آتَتَا	آتَيَا	آتَيْتُمَا	آتَتْ	آتَى	آتَيْتِ	آتَيْتَ	آتَيْتُ
ACTIVE	IMPERFECT INDICATIVE	يُؤْتِينَ	يُؤْتُونَ	تُؤْتِينَ	تُؤْتُونَ	نُؤْتِي	تُؤْتِيَانِ	يُؤْتِيَانِ	تُؤْتِيَانِ	تُؤْتِي	يُؤْتِي	تُؤْتِينَ	تُؤْتِي	أُوتِي
ACTIVE	IMPERFECT SUBJUNCTIVE	يُؤْتِينَ	يُؤْتُوا	تُؤْتِينَ	تُؤْتُوا	نُؤْتِيَ	تُؤْتِيَا	يُؤْتِيَا	تُؤْتِيَا	تُؤْتِيَ	يُؤْتِيَ	تُؤْتِي	تُؤْتِيَ	أُوتِيَ
ACTIVE	IMPERFECT JUSSIVE	يُؤْتِينَ	يُؤْتُوا	تُؤْتِينَ	تُؤْتُوا	نُؤْتِ	تُؤْتِيَا	يُؤْتِيَا	تُؤْتِيَا	تُؤْتِ	يُؤْتِ	تُؤْتِي	تُؤْتِ	أُوتِ
ACTIVE	IMPERATIVE			آتِينَ	آتُوا				آتِيَا			آتِي	آتِ	
PASSIVE	PERFECT	أُوتِينَ	أُوتُوا	أُوتِيتُنَّ	أُوتِيتُمْ	أُوتِينَا	أُوتِيَتَا	أُوتِيَا	أُوتِيتُمَا	أُوتِيَتْ	أُوتِيَ	أُوتِيتِ	أُوتِيتَ	أُوتِيتُ
PASSIVE	IMPERFECT INDICATIVE	يُؤْتَيْنَ	يُؤْتَوْنَ	تُؤْتَيْنَ	تُؤْتَوْنَ	نُؤْتَى	تُؤْتَيَانِ	يُؤْتَيَانِ	تُؤْتَيَانِ	تُؤْتَى	يُؤْتَى	تُؤْتَيْنَ	تُؤْتَى	أُوتَى
PASSIVE	IMPERFECT SUBJUNCTIVE	يُؤْتَيْنَ	يُؤْتَوْا	تُؤْتَيْنَ	تُؤْتَوْا	نُؤْتَى	تُؤْتَيَا	يُؤْتَيَا	تُؤْتَيَا	تُؤْتَى	يُؤْتَى	تُؤْتَيْ	تُؤْتَى	أُوتَى
PASSIVE	IMPERFECT JUSSIVE	يُؤْتَيْنَ	يُؤْتَوْا	تُؤْتَيْنَ	تُؤْتَوْا	نُؤْتَ	تُؤْتَيَا	يُؤْتَيَا	تُؤْتَيَا	تُؤْتَ	يُؤْتَ	تُؤْتَيْ	تُؤْتَ	أُوتَ

*Genitive مُؤْتٍ; accusative مُؤْتِيًا. With article: nominative أَلْمُؤْتِي ; genitive أَلْمُؤْتِي ; accusative أَلْمُؤْتِيَ .

ACTIVE PARTICIPLE: مُؤْثِرٌ　PASSIVE PARTICIPLE: مُؤْثَرٌ　MAṢDAR: إِيثَارٌ　ROOT: أثر　FORM IV　TO PREFER آثَرَ

3 f pl	*3 m pl*	*2 f pl*	*2 m pl*	*1 pl*	*3 f dual*	*3 m dual*	*2 dual*	*3 f sgl*	*3 m sgl*	*2 f sgl*	*2 m sgl*	*1 sgl*		
آثَرْنَ	آثَرُوا	آثَرْتُنَّ	آثَرْتُمْ	آثَرْنَا	آثَرَتَا	آثَرَا	آثَرْتُمَا	آثَرَتْ	آثَرَ	آثَرْتِ	آثَرْتَ	آثَرْتُ	PERFECT	ACTIVE
يُؤْثِرْنَ	يُؤْثِرُونَ	تُؤْثِرْنَ	تُؤْثِرُونَ	نُؤْثِرُ	تُؤْثِرَانِ	يُؤْثِرَانِ	تُؤْثِرَانِ	تُؤْثِرُ	يُؤْثِرُ	تُؤْثِرِينَ	تُؤْثِرُ	أُوثِرُ	IMPERFECT INDICATIVE	
يُؤْثِرْنَ	يُؤْثِرُوا	تُؤْثِرْنَ	تُؤْثِرُوا	نُؤْثِرَ	تُؤْثِرَا	يُؤْثِرَا	تُؤْثِرَا	تُؤْثِرَ	يُؤْثِرَ	تُؤْثِرِي	تُؤْثِرَ	أُوثِرَ	IMPERFECT SUBJUNCTIVE	
يُؤْثِرْنَ	يُؤْثِرُوا	تُؤْثِرْنَ	تُؤْثِرُوا	نُؤْثِرْ	تُؤْثِرَا	يُؤْثِرَا	تُؤْثِرَا	تُؤْثِرْ	يُؤْثِرْ	تُؤْثِرِي	تُؤْثِرْ	أُوثِرْ	IMPERFECT JUSSIVE	
		آثِرْنَ	آثِرُوا				آثِرَا			آثِرِي	آثِرْ		IMPERATIVE	
أُوثِرْنَ	أُوثِرُوا	أُوثِرْتُنَّ	أُوثِرْتُمْ	أُوثِرْنَا	أُوثِرَتَا	أُوثِرَا	أُوثِرْتُمَا	أُوثِرَتْ	أُوثِرَ	أُوثِرْتِ	أُوثِرْتَ	أُوثِرْتُ	PERFECT	PASSIVE
يُؤْثَرْنَ	يُؤْثَرُونَ	تُؤْثَرْنَ	تُؤْثَرُونَ	نُؤْثَرُ	تُؤْثَرَانِ	يُؤْثَرَانِ	تُؤْثَرَانِ	تُؤْثَرُ	يُؤْثَرُ	تُؤْثَرِينَ	تُؤْثَرُ	أُوثَرُ	IMPERFECT INDICATIVE	
يُؤْثَرْنَ	يُؤْثَرُوا	تُؤْثَرْنَ	تُؤْثَرُوا	نُؤْثَرَ	تُؤْثَرَا	يُؤْثَرَا	تُؤْثَرَا	تُؤْثَرَ	يُؤْثَرَ	تُؤْثَرِي	تُؤْثَرَ	أُوثَرَ	IMPERFECT SUBJUNCTIVE	
يُؤْثَرْنَ	يُؤْثَرُوا	تُؤْثَرْنَ	تُؤْثَرُوا	نُؤْثَرْ	تُؤْثَرَا	يُؤْثَرَا	تُؤْثَرَا	تُؤْثَرْ	يُؤْثَرْ	تُؤْثَرِي	تُؤْثَرْ	أُوثَرْ	IMPERFECT JUSSIVE	

ACTIVE PARTICIPLE: مُتَأَثِّرٌ PASSIVE PARTICIPLE: مُتَأَثَّرٌ MAṢDAR: تَأَثُّرٌ ROOT: أثر FORM V TO EMULATE تَأَثَّرَ

		1 sgl	2 m sgl	2 f sgl	3 m sgl	3 f sgl	2 dual	3 m dual	3 f dual	1 pl	2 m pl	2 f pl	3 m pl	3 f pl
ACTIVE	PERFECT	تَأَثَّرْتُ	تَأَثَّرْتَ	تَأَثَّرْتِ	تَأَثَّرَ	تَأَثَّرَتْ	تَأَثَّرْتُمَا	تَأَثَّرَا	تَأَثَّرَتَا	تَأَثَّرْنَا	تَأَثَّرْتُمْ	تَأَثَّرْتُنَّ	تَأَثَّرُوا	تُأَثَّرْنَ
	IMPERFECT INDICATIVE	أَتَأَثَّرُ	تَتَأَثَّرُ	تَتَأَثَّرِينَ	يَتَأَثَّرُ	تَتَأَثَّرُ	تَتَأَثَّرَانِ	يَتَأَثَّرَانِ	تَتَأَثَّرَانِ	نَتَأَثَّرُ	تَتَأَثَّرُونَ	تَتَأَثَّرْنَ	يَتَأَثَّرُونَ	يَتَأَثَّرْنَ
	IMPERFECT SUBJUNCTIVE	أَتَأَثَّرَ	تَتَأَثَّرَ	تَتَأَثَّرِي	يَتَأَثَّرَ	تَتَأَثَّرَ	تَتَأَثَّرَا	يَتَأَثَّرَا	تَتَأَثَّرَا	نَتَأَثَّرَ	تَتَأَثَّرُوا	تَتَأَثَّرْنَ	يَتَأَثَّرُوا	يَتَأَثَّرْنَ
	IMPERFECT JUSSIVE	أَتَأَثَّرْ	تَتَأَثَّرْ	تَتَأَثَّرِي	يَتَأَثَّرْ	تَتَأَثَّرْ	تَتَأَثَّرَا	يَتَأَثَّرَا	تَتَأَثَّرَا	نَتَأَثَّرْ	تَتَأَثَّرُوا	تَتَأَثَّرْنَ	يَتَأَثَّرُوا	يَتَأَثَّرْنَ
	IMPERATIVE		تَأَثَّرْ	تَأَثَّرِي			تَأَثَّرَا				تَأَثَّرُوا	تَأَثَّرْنَ		
PASSIVE	PERFECT	تُؤُثِّرْتُ	تُؤُثِّرْتَ	تُؤُثِّرْتِ	تُؤُثِّرَ	تُؤُثِّرَتْ	تُؤُثِّرْتُمَا	تُؤُثِّرَا	تُؤُثِّرَتَا	تُؤُثِّرْنَا	تُؤُثِّرْتُمْ	تُؤُثِّرْتُنَّ	تُؤُثِّرُوا	تُؤُثِّرْنَ
	IMPERFECT INDICATIVE	أُتَأَثَّرُ	تُتَأَثَّرُ	تُتَأَثَّرِينَ	يُتَأَثَّرُ	تُتَأَثَّرُ	تُتَأَثَّرَانِ	يُتَأَثَّرَانِ	تُتَأَثَّرَانِ	نُتَأَثَّرُ	تُتَأَثَّرُونَ	تُتَأَثَّرْنَ	يُتَأَثَّرُونَ	يُتَأَثَّرْنَ
	IMPERFECT SUBJUNCTIVE	أُتَأَثَّرَ	تُتَأَثَّرَ	تُتَأَثَّرِي	يُتَأَثَّرَ	تُتَأَثَّرَ	تُتَأَثَّرَا	يُتَأَثَّرَا	تُتَأَثَّرَا	نُتَأَثَّرَ	تُتَأَثَّرُوا	تُتَأَثَّرْنَ	يُتَأَثَّرُوا	يُتَأَثَّرْنَ
	IMPERFECT JUSSIVE	أُتَأَثَّرْ	تُتَأَثَّرْ	تُتَأَثَّرِي	يُتَأَثَّرْ	تُتَأَثَّرْ	تُتَأَثَّرَا	يُتَأَثَّرَا	تُتَأَثَّرَا	نُتَأَثَّرْ	تُتَأَثَّرُوا	تُتَأَثَّرْنَ	يُتَأَثَّرُوا	يُتَأَثَّرْنَ

TO TAKE أَخَذَ

FORM I

ROOT: أخذ

MAṢDAR: أَخْذٌ

PASSIVE PARTICIPLE: مَأْخُوذٌ

ACTIVE PARTICIPLE: آخِذٌ

		3 f pl	3 m pl	2 f pl	2 m pl	1 pl	3 f dual	3 m dual	2 dual	3 f sgl	3 m sgl	2 f sgl	2 m sgl	1 sgl
ACTIVE	PERFECT	أَخَذْنَ	أَخَذُوا	أَخَذْتُنَّ	أَخَذْتُمْ	أَخَذْنَا	أَخَذَتَا	أَخَذَا	أَخَذْتُمَا	أَخَذَتْ	أَخَذَ	أَخَذْتِ	أَخَذْتَ	أَخَذْتُ
ACTIVE	IMPERFECT INDICATIVE	يَأْخُذْنَ	يَأْخُذُونَ	تَأْخُذْنَ	تَأْخُذُونَ	نَأْخُذُ	تَأْخُذَانِ	يَأْخُذَانِ	تَأْخُذَانِ	تَأْخُذُ	يَأْخُذُ	تَأْخُذِينَ	تَأْخُذُ	آخُذُ
ACTIVE	IMPERFECT SUBJUNCTIVE	يَأْخُذْنَ	يَأْخُذُوا	تَأْخُذْنَ	تَأْخُذُوا	نَأْخُذَ	تَأْخُذَا	يَأْخُذَا	تَأْخُذَا	تَأْخُذَ	يَأْخُذَ	تَأْخُذِي	تَأْخُذَ	آخُذَ
ACTIVE	IMPERFECT JUSSIVE	يَأْخُذْنَ	يَأْخُذُوا	تَأْخُذْنَ	تَأْخُذُوا	نَأْخُذْ	تَأْخُذَا	يَأْخُذَا	تَأْخُذَا	تَأْخُذْ	يَأْخُذْ	تَأْخُذِي	تَأْخُذْ	آخُذْ
ACTIVE	IMPERATIVE			خُذْنَ	خُذُوا				خُذَا			خُذِي	خُذْ	
PASSIVE	PERFECT	أُخِذْنَ	أُخِذُوا	أُخِذْتُنَّ	أُخِذْتُمْ	أُخِذْنَا	أُخِذَتَا	أُخِذَا	أُخِذْتُمَا	أُخِذَتْ	أُخِذَ	أُخِذْتِ	أُخِذْتَ	أُخِذْتُ
PASSIVE	IMPERFECT INDICATIVE	يُؤْخَذْنَ	يُؤْخَذُونَ	تُؤْخَذْنَ	تُؤْخَذُونَ	نُؤْخَذُ	تُؤْخَذَانِ	يُؤْخَذَانِ	تُؤْخَذَانِ	تُؤْخَذُ	يُؤْخَذُ	تُؤْخَذِينَ	تُؤْخَذُ	أُوخَذُ
PASSIVE	IMPERFECT SUBJUNCTIVE	يُؤْخَذْنَ	يُؤْخَذُوا	تُؤْخَذْنَ	تُؤْخَذُوا	نُؤْخَذَ	تُؤْخَذَا	يُؤْخَذَا	تُؤْخَذَا	تُؤْخَذَ	يُؤْخَذَ	تُؤْخَذِي	تُؤْخَذَ	أُوخَذَ
PASSIVE	IMPERFECT JUSSIVE	يُؤْخَذْنَ	يُؤْخَذُوا	تُؤْخَذْنَ	تُؤْخَذُوا	نُؤْخَذْ	تُؤْخَذَا	يُؤْخَذَا	تُؤْخَذَا	تُؤْخَذْ	يُؤْخَذْ	تُؤْخَذِي	تُؤْخَذْ	أُوخَذْ

ACTIVE PARTICIPLE: مُؤَاخِذٌ PASSIVE PARTICIPLE: مُؤَاخَذٌ MAṢDAR: مُؤَاخَذَةٌ ROOT: أخذ FORM III TO CENSURE آخَذَ

		3 f pl	*3 m pl*	*2 f pl*	*2 m pl*	*1 pl*	*3 f dual*	*3 m dual*	*2 dual*	*3 f sgl*	*3 m sgl*	*2 f sgl*	*2 m sgl*	*1 sgl*
ACTIVE	PERFECT	آخَذْنَ	آخَذُوا	آخَذْتُنَّ	آخَذْتُمْ	آخَذْنَا	آخَذَتَا	آخَذَا	آخَذْتُمَا	آخَذَتْ	آخَذَ	آخَذْتِ	آخَذْتَ	آخَذْتُ
ACTIVE	IMPERFECT INDICATIVE	يُؤَاخِذْنَ	يُؤَاخِذُونَ	تُؤَاخِذْنَ	تُؤَاخِذُونَ	نُؤَاخِذُ	تُؤَاخِذَانِ	يُؤَاخِذَانِ	تُؤَاخِذَانِ	تُؤَاخِذُ	يُؤَاخِذُ	تُؤَاخِذِينَ	تُؤَاخِذُ	أُؤَاخِذُ
ACTIVE	IMPERFECT SUBJUNCTIVE	يُؤَاخِذْنَ	يُؤَاخِذُوا	تُؤَاخِذْنَ	تُؤَاخِذُوا	نُؤَاخِذَ	تُؤَاخِذَا	يُؤَاخِذَا	تُؤَاخِذَا	تُؤَاخِذَ	يُؤَاخِذَ	تُؤَاخِذِي	تُؤَاخِذَ	أُؤَاخِذَ
ACTIVE	IMPERFECT JUSSIVE	يُؤَاخِذْنَ	يُؤَاخِذُوا	تُؤَاخِذْنَ	تُؤَاخِذُوا	نُؤَاخِذْ	تُؤَاخِذَا	يُؤَاخِذَا	تُؤَاخِذَا	تُؤَاخِذْ	يُؤَاخِذْ	تُؤَاخِذِي	تُؤَاخِذْ	أُؤَاخِذْ
ACTIVE	IMPERATIVE			آخِذْنَ	آخِذُوا				آخِذَا			آخِذِي	آخِذْ	
PASSIVE	PERFECT	أُوخِذْنَ	أُوخِذُوا	أُوخِذْتُنَّ	أُوخِذْتُمْ	أُوخِذْنَا	أُوخِذَتَا	أُوخِذَا	أُوخِذْتُمَا	أُوخِذَتْ	أُوخِذَ	أُوخِذْتِ	أُوخِذْتَ	أُوخِذْتُ
PASSIVE	IMPERFECT INDICATIVE	يُؤَاخَذْنَ	يُؤَاخَذُونَ	تُؤَاخَذْنَ	تُؤَاخَذُونَ	نُؤَاخَذُ	تُؤَاخَذَانِ	يُؤَاخَذَانِ	تُؤَاخَذَانِ	تُؤَاخَذُ	يُؤَاخَذُ	تُؤَاخَذِينَ	تُؤَاخَذُ	أُؤَاخَذُ
PASSIVE	IMPERFECT SUBJUNCTIVE	يُؤَاخَذْنَ	يُؤَاخَذُوا	تُؤَاخَذْنَ	تُؤَاخَذُوا	نُؤَاخَذَ	تُؤَاخَذَا	يُؤَاخَذَا	تُؤَاخَذَا	تُؤَاخَذَ	يُؤَاخَذَ	تُؤَاخَذِي	تُؤَاخَذَ	أُؤَاخَذَ
PASSIVE	IMPERFECT JUSSIVE	يُؤَاخَذْنَ	يُؤَاخَذُوا	تُؤَاخَذْنَ	تُؤَاخَذُوا	نُؤَاخَذْ	تُؤَاخَذَا	يُؤَاخَذَا	تُؤَاخَذَا	تُؤَاخَذْ	يُؤَاخَذْ	تُؤَاخَذِي	تُؤَاخَذْ	أُؤَاخَذْ

ACTIVE PARTICIPLE: مُتَّخِذٌ PASSIVE PARTICIPLE: مُتَّخَذٌ MAṢDAR: إِتِّخَاذٌ ROOT: أخذ FORM VIII TO TAKE إِتَّخَذَ

3 f pl	3 m pl	2 f pl	2 m pl	1 pl	3 f dual	3 m dual	2 dual	3 f sgl	3 m sgl	2 f sgl	2 m sgl	1 sgl		
إِتَّخَذْنَ	إِتَّخَذُوا	إِتَّخَذْتُنَّ	إِتَّخَذْتُمْ	إِتَّخَذْنَا	إِتَّخَذَتَا	إِتَّخَذَا	إِتَّخَذْتُمَا	إِتَّخَذَتْ	إِتَّخَذَ	إِتَّخَذْتِ	إِتَّخَذْتَ	إِتَّخَذْتُ	PERFECT	ACTIVE
يَتَّخِذْنَ	يَتَّخِذُونَ	تَتَّخِذْنَ	تَتَّخِذُونَ	نَتَّخِذُ	تَتَّخِذَانِ	يَتَّخِذَانِ	تَتَّخِذَانِ	تَتَّخِذُ	يَتَّخِذُ	تَتَّخِذِينَ	تَتَّخِذُ	أَتَّخِذُ	IMPERFECT INDICATIVE	
يَتَّخِذْنَ	يَتَّخِذُوا	تَتَّخِذْنَ	تَتَّخِذُوا	نَتَّخِذَ	تَتَّخِذَا	يَتَّخِذَا	تَتَّخِذَا	تَتَّخِذَ	يَتَّخِذَ	تَتَّخِذِي	تَتَّخِذَ	أَتَّخِذَ	IMPERFECT SUBJUNCTIVE	
يَتَّخِذْنَ	يَتَّخِذُوا	تَتَّخِذْنَ	تَتَّخِذُوا	نَتَّخِذْ	تَتَّخِذَا	يَتَّخِذَا	تَتَّخِذَا	تَتَّخِذْ	يَتَّخِذْ	تَتَّخِذِي	تَتَّخِذْ	أَتَّخِذْ	IMPERFECT JUSSIVE	
		إِتَّخِذْنَ	إِتَّخِذُوا				إِتَّخِذَا			إِتَّخِذِي	إِتَّخِذْ		IMPERATIVE	
أُتُّخِذْنَ	أُتُّخِذُوا	أُتُّخِذْتُنَّ	أُتُّخِذْتُمْ	أُتُّخِذْنَا	أُتُّخِذَتَا	أُتُّخِذَا	أُتُّخِذْتُمَا	أُتُّخِذَتْ	أُتُّخِذَ	أُتُّخِذْتِ	أُتُّخِذْتَ	أُتُّخِذْتُ	PERFECT	PASSIVE
يُتَّخَذْنَ	يُتَّخَذُونَ	تُتَّخَذْنَ	تُتَّخَذُونَ	نُتَّخَذُ	تُتَّخَذَانِ	يُتَّخَذَانِ	تُتَّخَذَانِ	تُتَّخَذُ	يُتَّخَذُ	تُتَّخَذِينَ	تُتَّخَذُ	أُتَّخَذُ	IMPERFECT INDICATIVE	
يُتَّخَذْنَ	يُتَّخَذُوا	تُتَّخَذْنَ	تُتَّخَذُوا	نُتَّخَذَ	تُتَّخَذَا	يُتَّخَذَا	تُتَّخَذَا	تُتَّخَذَ	يُتَّخَذَ	تُتَّخَذِي	تُتَّخَذَ	أُتَّخَذَ	IMPERFECT SUBJUNCTIVE	
يُتَّخَذْنَ	يُتَّخَذُو	تُتَّخَذْنَ	تُتَّخَذُوا	نُتَّخَذْ	تُتَّخَذَا	يُتَّخَذَا	تُتَّخَذَا	تُتَّخَذْ	يُتَّخَذْ	تُتَّخَذِي	تُتَّخَذْ	أُتَّخَذْ	IMPERFECT JUSSIVE	

ACTIVE PARTICIPLE: مُؤَدٍّ * PASSIVE PARTICIPLE: مُؤَدًّى MAṢDAR: تَأْدِيَةٌ ROOT: ادي FORM II TO CONVEY أَدَّى

	3 f pl	3 m pl	2 f pl	2 m pl	1 pl	3 f dual	3 m dual	2 dual	3 f sgl	3 m sgl	2 f sgl	2 m sgl	1 sgl		
	أَدَّيْنَ	أَدَّوْا	أَدَّيْتُنَّ	أَدَّيْتُمْ	أَدَّيْنَا	أَدَّتَا	أَدَّيَا	أَدَّيْتُمَا	أَدَّتْ	أَدَّى	أَدَّيْتِ	أَدَّيْتَ	أَدَّيْتُ	PERFECT	ACTIVE
	يُؤَدِّينَ	يُؤَدُّونَ	تُؤَدِّينَ	تُؤَدُّونَ	نُؤَدِّي	تُؤَدِّيَانِ	يُؤَدِّيَانِ	تُؤَدِّيَانِ	تُؤَدِّي	يُؤَدِّي	تُؤَدِّينَ	تُؤَدِّي	أُؤَدِّي	IMPERFECT INDICATIVE	
	يُؤَدِّينَ	يُؤَدُّوا	تُؤَدِّينَ	تُؤَدُّوا	نُؤَدِّيَ	تُؤَدِّيَا	يُؤَدِّيَا	تُؤَدِّيَا	تُؤَدِّيَ	يُؤَدِّيَ	تُؤَدِّي	تُؤَدِّيَ	أُؤَدِّيَ	IMPERFECT SUBJUNCTIVE	
	يُؤَدِّينَ	يُؤَدُّوا	تُؤَدِّينَ	تُؤَدُّوا	نُؤَدِّ	تُؤَدِّيَا	يُؤَدِّيَا	تُؤَدِّيَا	تُؤَدِّ	يُؤَدِّ	تُؤَدِّي	تُؤَدِّ	أُؤَدِّ	IMPERFECT JUSSIVE	
			أَدِّينَ	أَدُّوا				أَدِّيَا			أَدِّي	أَدِّ		IMPERATIVE	
	أُدِّينَ	أُدُّوا	أُدِّيتُنَّ	أُدِّيتُمْ	أُدِّينَا	أُدِّيَتَا	أُدِّيَا	أُدِّيتُمَا	أُدِّيَتْ	أُدِّيَ	أُدِّيتِ	أُدِّيتَ	أُدِّيتُ	PERFECT	PASSIVE
	يُؤَدَّيْنَ	يُؤَدَّوْنَ	تُؤَدَّيْنَ	تُؤَدَّوْنَ	نُؤَدَّى	تُؤَدَّيَا	يُؤَدَّيَا	تُؤَدَّيَا	تُؤَدَّى	يُؤَدَّى	تُؤَدَّيْنَ	تُؤَدَّى	أُؤَدَّى	IMPERFECT INDICATIVE	
	يُؤَدَّيْنَ	يُؤَدَّوْا	تُؤَدَّيْنَ	تُؤَدَّوْا	نُؤَدَّى	تُؤَدَّيَا	يُؤَدَّيَا	تُؤَدَّيَا	تُؤَدَّى	يُؤَدَّى	تُؤَدَّيْ	تُؤَدَّى	أُؤَدَّى	IMPERFECT SUBJUNCTIVE	
	يُؤَدَّيْنَ	يُؤَدَّوْا	تُؤَدَّيْنَ	تُؤَدَّوْا	نُؤَدَّ	تُؤَدَّيَا	يُؤَدَّيَا	تُؤَدَّيَا	تُؤَدَّ	يُؤَدَّ	تُؤَدَّيْ	تُؤَدَّ	أُؤَدَّ	IMPERFECT JUSSIVE	

*Genitive مُؤَدٍّ ; accusative مُؤَدِّيًا. With article: nominative أَلْمُؤَدِّي ; genitive أَلْمُؤَدِّي ; accusative أَلْمُؤَدِّيَ.

ACTIVE PARTICIPLE: آسِرٌ   PASSIVE PARTICIPLE: مَأْسُورٌ   MASḌAR: أَسْرٌ   ROOT: اسر   FORM I   . TO BIND أَسَرَ

3 f pl	3 m pl	2 f pl	2 m pl	1 pl	3 f dual	3 m dual	2 dual	3 f sgl	3 m sgl	2 f sgl	2 m sgl	1 sgl		
أَسَرْنَ	أَسَرُوا	أَسَرْتُنَّ	أَسَرْتُمْ	أَسَرْنَا	أَسَرَتَا	أَسَرَا	أَسَرْتُمَا	أَسَرَتْ	أَسَرَ	أَسَرْتِ	أَسَرْتَ	أَسَرْتُ	PERFECT	ACTIVE
يَأْسِرْنَ	يَأْسِرُونَ	تَأْسِرْنَ	تَأْسِرُونَ	نَأْسِرُ	تَأْسِرَانِ	يَأْسِرَانِ	تَأْسِرَانِ	تَأْسِرُ	يَأْسِرُ	تَأْسِرِينَ	تَأْسِرُ	آسِرُ	IMPERFECT INDICATIVE	ACTIVE
يَأْسِرْنَ	يَأْسِرُوا	تَأْسِرْنَ	تَأْسِرُوا	نَأْسِرَ	تَأْسِرَا	يَأْسِرَا	تَأْسِرَا	تَأْسِرَ	يَأْسِرَ	تَأْسِرِي	تَأْسِرَ	آسِرَ	IMPERFECT SUBJUNCTIVE	ACTIVE
يَأْسِرْنَ	يَأْسِرُوا	تَأْسِرْنَ	تَأْسِرُوا	نَأْسِرْ	تَأْسِرَا	يَأْسِرَا	تَأْسِرَا	تَأْسِرْ	يَأْسِرْ	تَأْسِرِي	تَأْسِرْ	آسِرْ	IMPERFECT JUSSIVE	ACTIVE
		إِيسِرْنَ	إِيسِرُوا				إِيسِرَا			إِيسِرِي	إِيسِرْ		IMPERATIVE	ACTIVE
أُسِرْنَ	أُسِرُوا	أُسِرْتُنَّ	أُسِرْتُمْ	أُسِرْنَا	أُسِرَتَا	أُسِرَا	أُسِرْتُمَا	أُسِرَتْ	أُسِرَ	أُسِرْتِ	أُسِرْتَ	أُسِرْتُ	PERFECT	PASSIVE
يُؤْسَرْنَ	يُؤْسَرُونَ	تُؤْسَرْنَ	تُؤْسَرُونَ	نُؤْسَرُ	تُؤْسَرَا	يُؤْسَرَا	تُؤْسَرَا	تُؤْسَرُ	يُؤْسَرُ	تُؤْسَرِينَ	تُؤْسَرُ	أُوسِرُ	IMPERFECT INDICATIVE	PASSIVE
يُؤْسَرْنَ	يُؤْسَرُوا	تُؤْسَرْنَ	تُؤْسَرُوا	نُؤْسَرَ	تُؤْسَرَا	يُؤْسَرَا	تُؤْسَرَا	تُؤْسَرَ	يُؤْسَرَ	تُؤْسَرِي	تُؤْسَرَ	أُوسَرَ	IMPERFECT SUBJUNCTIVE	PASSIVE
يُؤْسَرْنَ	يُؤْسَرُوا	تُؤْسَرْنَ	تُؤْسَرُوا	نُؤْسَرْ	تُؤْسَرَا	يُؤْسَرَا	تُؤْسَرَا	تُؤْسَرْ	يُؤْسَرْ	تُؤْسَرِي	تُؤْسَرْ	أُوسَرْ	IMPERFECT JUSSIVE	PASSIVE

ACTIVE PARTICIPLE: مُؤَكِّدٌ PASSIVE PARTICIPLE: مُؤَكَّدٌ MAṢDAR: تَأْكِيدٌ ROOT: أكد FORM II TO ASSURE أَكَّدَ

		3 f pl	3 m pl	2 f pl	2 m pl	1 pl	3 f dual	3 m dual	2 dual	3 f sgl	3 m sgl	2 f sgl	2 m sgl	1 sgl
ACTIVE	PERFECT	أَكَّدْنَ	أَكَّدُوا	أَكَّدْتُنَّ	أَكَّدْتُمْ	أَكَّدْنَا	أَكَّدَتَا	أَكَّدَا	أَكَّدْتُمَا	أَكَّدَتْ	أَكَّدَ	أَكَّدْتِ	أَكَّدْتَ	أَكَّدْتُ
ACTIVE	IMPERFECT INDICATIVE	يُؤَكِّدْنَ	يُؤَكِّدُونَ	تُؤَكِّدْنَ	تُؤَكِّدُونَ	نُؤَكِّدُ	تُؤَكِّدَانِ	يُؤَكِّدَانِ	تُؤَكِّدَانِ	تُؤَكِّدُ	يُؤَكِّدُ	تُؤَكِّدِينَ	تُؤَكِّدُ	أُؤَكِّدُ
ACTIVE	IMPERFECT SUBJUNCTIVE	يُؤَكِّدْنَ	يُؤَكِّدُوا	تُؤَكِّدْنَ	تُؤَكِّدُوا	نُؤَكِّدَ	تُؤَكِّدَا	يُؤَكِّدَا	تُؤَكِّدَا	تُؤَكِّدَ	يُؤَكِّدَ	تُؤَكِّدِي	تُؤَكِّدَ	أُؤَكِّدَ
ACTIVE	IMPERFECT JUSSIVE	يُؤَكِّدْنَ	يُؤَكِّدُوا	تُؤَكِّدْنَ	تُؤَكِّدُوا	نُؤَكِّدْ	تُؤَكِّدَا	يُؤَكِّدَا	تُؤَكِّدَا	تُؤَكِّدْ	يُؤَكِّدْ	تُؤَكِّدِي	تُؤَكِّدْ	أُؤَكِّدْ
ACTIVE	IMPERATIVE			أَكِّدْنَ	أَكِّدُوا				أَكِّدَا			أَكِّدِي	أَكِّدْ	
PASSIVE	PERFECT	أُكِّدْنَ	أُكِّدُوا	أُكِّدْتُنَّ	أُكِّدْتُمْ	أُكِّدْنَا	أُكِّدَتَا	أُكِّدَا	أُكِّدْتُما	أُكِّدَتْ	أُكِّدَ	أُكِّدْتِ	أُكِّدْتَ	أُكِّدْتُ
PASSIVE	IMPERFECT INDICATIVE	يُؤَكَّدْنَ	يُؤَكَّدُونَ	تُؤَكَّدْنَ	تُؤَكَّدُونَ	نُؤَكَّدُ	تُؤَكَّدَانِ	يُؤَكَّدَانِ	تُؤَكَّدَانِ	تُؤَكَّدُ	يُؤَكَّدُ	تُؤَكَّدِينَ	تُؤَكَّدُ	أُؤَكَّدُ
PASSIVE	IMPERFECT SUBJUNCTIVE	يُؤَكَّدْنَ	يُؤَكَّدُوا	تُؤَكَّدْنَ	تُؤَكَّدُوا	نُؤَكَّدَ	تُؤَكَّدَا	يُؤَكَّدَا	تُؤَكَّدَا	تُؤَكَّدَ	يُؤَكَّدَ	تُؤَكَّدِي	تُؤَكَّدَ	أُؤَكَّدَ
PASSIVE	IMPERFECT JUSSIVE	يُؤَكَّدْنَ	يُؤَكَّدُوا	تُؤَكَّدْنَ	تُؤَكَّدُوا	نُؤَكَّدْ	تُؤَكَّدَا	يُؤَكَّدَا	تُؤَكَّدَا	تُؤَكَّدْ	يُؤَكَّدْ	تُؤَكَّدِي	تُؤَكَّدْ	أُؤَكَّدْ

ACTIVE PARTICIPLE: آكِلٌ PASSIVE PARTICIPLE: ـولٌ MAṢDAR: أَكْلٌ ROOT: اكل FORM I TO EAT أَكَلَ

3 f pl	3 m pl	2 f pl	2 m pl	1 pl	3 f dual	3 m dual	2 dual	3 f sgl	3 m sgl	2 f sgl	2 m sgl	1 sgl		
أَكَلْنَ	أَكَلُوا	أَكَلْتُنَّ	أَكَلْتُمْ	أَكَلْنَا	أَكَلَتَا	أَكَلاَ	أَكَلْتُمَا	أَكَلَتْ	أَكَلَ	أَكَلْت	أَكَلْتَ	أَكَلْتُ	PERFECT	ACTIVE
يَأْكُلْنَ	يَأْكُلُونَ	تَأْكُلْنَ	تَأْكُلُونَ	نَأْكُلُ	تَأْكُلاَنِ	يأْكُلاَنِ	تَأْكُلاَنِ	تَأْكُلُ	يَأْكُلُ	تَأْكُلِينَ	تَأْكُلُ	آكُلُ	IMPERFECT INDICATIVE	
يَأْكُلْنَ	يَأْكُلُوا	تَأْكُلْنَ	تَأْكُلُوا	نَأْكُلَ	تَأْكُلاَ	يَأْكُلاَ	تَأْكُلاَ	تَأْكُلَ	يَأْكُلَ	تَأْكُلِي	تَأْكُلَ	آكُلَ	IMPERFECT SUBJUNCTIVE	
يَأْكُلْنَ	يَأْكُلُوا	تَأْكُلْنَ	تَأْكُلُوا	نَأْكُلْ	تَأْكُلاَ	يَأْكُلا	تَأْكُلاَ	تَأْكُلْ	يَأْكُلْ	تَأْكُلِي	تَأْكُلْ	آكُلْ	IMPERFECT JUSSIVE	
		كُلْنَ	كُلُوا				كُلاَ			كُلِي	كُلْ		IMPERATIVE	
أُكِلْنَ	أُكِلُوا	أُكِلْتُنَّ	أُكِلْتُمْ	أُكِلْنَا	أُكِلَتَا	أُكِلاَ	أُكِلْتُمَا	أُكِلَتْ	أُكِلَ	أُكِلْت	أُكِلْتَ	أُكِلْتُ	PERFECT	PASSIVE
يُؤْكَلْنَ	يُؤْكَلُونَ	تُؤْكَلْنَ	تُؤْكَلُونَ	نُؤْكَلُ	تُؤْكَلاَنِ	يُؤْكَلاَنِ	تُؤْكَلاَنِ	تُؤْكَلُ	يُؤْكَلُ	تُؤْكَلِينَ	تُؤْكَلُ	أُوكَلُ	IMPERFECT INDICATIVE	
يُؤْكَلْنَ	يُؤْكَلُوا	تُؤْكَلْنَ	تؤْكَلُوا	نُؤْكَلَ	تُؤْكَلاَ	يُؤْكَلاَ	تُؤْكَلاَ	تُؤْكَلَ	يُؤْكَلَ	تُؤْكَلِي	تُؤْكَلَ	أُوكَلَ	IMPERFECT SUBJUNCTIVE	
يُؤْكَلْنَ	يُؤْكَلُوا	تُؤْكَلْنَ	تُؤْكَلُوا	نَؤْكَلْ	تُؤْكَلاَ	يُؤْكَلاَ	تُؤْكَلاَ	تُؤْكَلْ	يُؤْكَلْ	تُؤْكَلِي	تُؤْكَلْ	أُوكَلْ	IMPERFECT JUSSIVE	

ACTIVE PARTICIPLE: مُتَآمِرٌ PASSIVE PARTICIPLE: MAṢDAR: تَآمُرٌ ROOT: أمر FORM VI TO CONFER تَآمَرَ

		3 f pl	3 m pl	2 f pl	2 m pl	1 pl	3 f dual	3 m dual	2 dual	3 f sgl	3 m sgl	2 f sgl	2 m sgl	1 sgl
ACTIVE	PERFECT	تَآمَرْنَ	تَآمَرُوا	تَآمَرْتُنَّ	تَآمَرْتُمْ	تَآمَرْنَا	تَآمَرَتَا	تَآمَرَا	تَآمَرْتُمَا	تَآمَرَتْ	تَآمَرَ	تَآمَرْتِ	تَآمَرْتَ	تَآمَرْتُ
	IMPERFECT INDICATIVE	يَتَآمَرْنَ	يَتَآمَرُونَ	تَتَآمَرْنَ	تَتَآمَرُونَ	نَتَآمَرُ	تَتَآمَرَانِ	يَتَآمَرَانِ	تَتَآمَرَانِ	تَتَآمَرُ	يَتَآمَرُ	تَتَآمَرِينَ	تَتَآمَرُ	أَتَآمَرُ
	IMPERFECT SUBJUNCTIVE	يَتَآمَرْنَ	يَتَآمَرُوا	تَتَآمَرْنَ	تَتَآمَرُوا	نَتَآمَرَ	تَتَآمَرَا	يَتَآمَرَا	تَتَآمَرَا	تَتَآمَرَ	يَتَآمَرَ	تَتَآمَرِي	تَتَآمَرَ	أَتَآمَرَ
	IMPERFECT JUSSIVE	يَتَآمَرْنَ	يَتَآمَرُوا	تَتَآمَرْنَ	تَتَآمَرُوا	نَتَآمَرْ	تَتَآمَرَا	يَتَآمَرَا	تَتَآمَرَا	تَتَآمَرْ	يَتَآمَرْ	تَتَآمَرِي	تَتَآمَرْ	أَتَآمَرْ
	IMPERATIVE			تَآمَرْنَ	تَآمَرُوا				تَآمَرَا			تَآمَرِي	تَآمَرْ	
PASSIVE	PERFECT													
	IMPERFECT INDICATIVE													
	IMPERFECT SUBJUNCTIVE													
	IMPERFECT JUSSIVE													

ACTIVE PARTICIPLE: مُؤْتَمِرٌ PASSIVE PARTICIPLE: MAṢDAR: إِيتِمَارٌ ROOT: أمر FORM VIII TO DELIBERATE* إِيتَمَرَ

	3 f pl	3 m pl	2 f pl	2 m pl	1 pl	3 f dual	3 m dual	2 dual	3 f sgl	3 m sgl	2 f sgl	2 m sgl	1 sgl
ACTIVE													
PERFECT	إِيتَمَرْنَ	إِيتَمَرُوا	إِيتَمَرْتُنَّ	إِيتَمَرْتُمْ	إِيتَمَرْنَا	إِيتَمَرَتَا	إِيتَمَرَا	إِيتَمَرْتُمَا	إِيتَمَرَتْ	إِيتَمَرَ	إِيتَمَرْتِ	إِيتَمَرْتَ	إِيتَمَرْتُ
IMPERFECT INDICATIVE	يَأْتَمِرْنَ	يَأْتَمِرُونَ	تَأْتَمِرْنَ	تَأْتَمِرُونَ	نَأْتَمِرُ	تَأْتَمِرَانِ	يَأْتَمِرَانِ	تَأْتَمِرَانِ	تَأْتَمِرُ	يَأْتَمِرُ	تَأْتَمِرِينَ	تَأْتَمِرُ	آتَمِرُ
IMPERFECT SUBJUNCTIVE	يَأْتَمِرْنَ	يَأْتَمِرُوا	تَأْتَمِرْنَ	تَأْتَمِرُوا	نَأْتَمِرَ	تَأْتَمِرَا	يَأْتَمِرَا	تَأْتَمِرَا	تَأْتَمِرَ	يَأْتَمِرَ	تَأْتَمِرِي	تَأْتَمِرَ	آتَمِرَ
IMPERFECT JUSSIVE	يَأْتَمِرْنَ	يَأْتَمِرُوا	تَأْتَمِرْنَ	تَأْتَمِرُوا	نَأْتَمِرْ	تَأْتَمِرَا	يَأْتَمِرَا	تَأْتَمِرَا	تَأْتَمِرْ	يَأْتَمِرْ	تَأْتَمِرِي	تَأْتَمِرْ	آتَمِرْ
IMPERATIVE			إِيتَمِرْنَ	إِيتَمِرُوا				إِيتَمِرَا			إِيتَمِرِي	إِيتَمِرْ	
PASSIVE													
PERFECT													
IMPERFECT INDICATIVE													
IMPERFECT SUBJUNCTIVE													
IMPERFECT JUSSIVE													

*Also إِئْتَمَرَ, with the *hamza* retained throughout the conjugation.

ACTIVE PARTICIPLE: آمِلٌ PASSIVE PARTICIPLE: مَأْمُولٌ MAṢDAR: أَمَلٌ ROOT: امل FORM I TO HOPE أَمَلَ

3 f pl	3 m pl	2 f pl	2 m pl	1 pl	3 f dual	3 m dual	2 dual	3 f sgl	3 m sgl	2 f sgl	2 m sgl	1 sgl		
أَمَلْنَ	أَمَلُوا	أَمَلْتُنَّ	أَمَلْتُمْ	أَمَلْنَا	أَمَلَتَا	أَمَلاَ	أَمَلْتُمَا	أَمَلَتْ	أَمَلَ	أَمَلْتِ	أَمَلْتَ	أَمَلْتُ	PERFECT	ACTIVE
يَأْمُلْنَ	يَأْمُلُونَ	تَأْمُلْنَ	تَأْمُلُونَ	نَأْمُلُ	تَأْمُلاَنِ	يَأْمُلاَنِ	تَأْمُلاَنِ	تَأْمُلُ	يَأْمُلُ	تَأْمُلِينَ	تَأْمُلُ	آمُلُ	IMPERFECT INDICATIVE	
يَأْمُلْنَ	يَأْمُلُوا	تَأْمُلْنَ	تَأْمُلُوا	نَأْمُلَ	تَأْمُلاَ	يَأْمُلاَ	تَأْمُلاَ	تَأْمُلَ	يَأْمُلَ	تَأْمُلِي	تَأْمُلَ	آمُلَ	IMPERFECT SUBJUNCTIVE	
يَأْمُلْنَ	يَأْمُلُوا	تَأْمُلْنَ	تَأْمُلُوا	نَأْمُلْ	تَأْمُلاَ	يَأْمُلاَ	تَأْمُلاَ	تَأْمُلْ	يَأْمُلْ	تَأْمُلِي	تَأْمُلْ	آمُلْ	IMPERFECT JUSSIVE	
		أُومُلْنَ	أُومُلُوا				أُومُلاَ			أُومُلِي	أُومُلْ		IMPERATIVE	
أُمِلْنَ	أُمِلُوا	أُمِلْتُنَّ	أُمِلْتُمْ	أُمِلْنَا	أُمِلَتَا	أُمِلاَ	أُمِلْتُمَا	أُمِلَتْ	أُمِلَ	أُمِلْتِ	أُمِلْتَ	أُمِلْتُ	PERFECT	PASSIVE
يُؤْمَلْنَ	يُؤْمَلُونَ	تُؤْمَلْنَ	تُؤْمَلُونَ	نُؤْمَلُ	تُؤْمَلاَنِ	يُؤْمَلاَنِ	تُؤْمَلاَنِ	تُؤْمَلُ	يُؤْمَلُ	تُؤْمَلِينَ	تُؤْمَلُ	أُومَلُ	IMPERFECT INDICATIVE	
يُؤْمَلْنَ	يُؤْمَلُوا	تُؤْمَلْنَ	تُؤْمَلُوا	نُؤْمَلَ	تُؤْمَلاَ	يُؤْمَلاَ	تُؤْمَلاَ	تُؤْمَلَ	يُؤْمَلَ	تُؤْمَلِي	تُؤْمَلَ	أُومَلَ	IMPERFECT SUBJUNCTIVE	
يُؤْمَلْنَ	يُؤْمَلُوا	تُؤْمَلْنَ	تُؤْمَلُوا	نُؤْمَلْ	تُؤْمَلاَ	يُؤْمَلاَ	تُؤْمَلاَ	تُؤْمَلْ	يُؤْمَلْ	تُؤْمَلِي	تُؤْمَلْ	أُومَلْ	IMPERFECT JUSSIVE	

ACTIVE PARTICIPLE: آمِنٌ   PASSIVE PARTICIPLE: مَأْمُونٌ   MAṢDAR:* أَمْنٌ   ROOT: امن   FORM I   TO BE SAFE أَمِنَ

	3 f pl	3 m pl	2 f pl	2 m pl	1 pl	3 f dual	3 m dual	2 dual	3 f sgl	3 m sgl	2 f sgl	2 m sgl	1 sgl		
	أَمِنَّ	أَمِنُوا	أَمِنْتُنَّ	أَمِنْتُمْ	أَمِنَّا	أَمِنَتَا	أَمِنَا	أَمِنْتُمَا	أَمِنَتْ	أَمِنَ	أَمِنْتِ	أَمِنْتَ	أَمِنْتُ	PERFECT	ACTIVE
	يَأْمَنَّ	يَأْمَنُونَ	تَأْمَنَّ	تَأْمَنُونَ	نَأْمَنُ	تَأْمَنَانِ	يَأْمَنَانِ	تَأْمَنَانِ	تَأْمَنُ	يَأْمَنُ	تَأْمَنِينَ	تَأْمَنُ	آمَنُ	IMPERFECT INDICATIVE	ACTIVE
	يَأْمَنَّ	يَأْمَنُوا	تَأْمَنَّ	تَأْمَنُوا	نَأْمَنَ	تَأْمَنَا	يَأْمَنَا	تَأْمَنَا	تَأْمَنَ	يَأْمَنَ	تَأْمَنِي	تَأْمَنَ	آمَنَ	IMPERFECT SUBJUNCTIVE	ACTIVE
	يَأْمَنَّ	يَأْمَنُوا	تَأْمَنَّ	تَأْمَنُوا	نَأْمَنْ	تَأْمَنَا	يَأْمَنَا	تَأْمَنَا	تَأْمَنْ	يَأْمَنْ	تَأْمَنِي	تَأْمَنْ	آمَنْ	IMPERFECT JUSSIVE	ACTIVE
			إِيمَنَّ	إِيمَنُوا				إِيمَنَا			إِيمَنِي	إِيمَنْ		IMPERATIVE	ACTIVE
	أُمِنَّ	أُمِنُوا	أُمِنْتُنَّ	أُمِنْتُمْ	أُمِنَّا	أُمِنَتَا	أُمِنَا	أُمِنْتُمَا	أُمِنَتْ	أُمِنَ	أُمِنْتِ	أُمِنْتَ	أُمِنْتُ	PERFECT	PASSIVE
	يُؤْمَنَّ	يُؤْمَنُونَ	تُؤْمَنَّ	تُؤْمَنُونَ	نُؤْمَنُ	تُؤْمَنَانِ	يُؤْمَنَانِ	تُؤْمَنَانِ	تُؤْمَنُ	يُؤْمَنُ	تُؤْمَنِينَ	تُؤْمَنُ	أُومَنُ	IMPERFECT INDICATIVE	PASSIVE
	يُؤْمَنَّ	يُؤْمَنُوا	تُؤْمَنَّ	تُؤْمَنُوا	نُؤْمَنَ	تُؤْمَنَا	يُؤْمَنَا	تُؤْمَنَا	تُؤْمَنَ	يُؤْمَنَ	تُؤْمَنِي	تُؤْمَنَ	أُومَنَ	IMPERFECT SUBJUNCTIVE	PASSIVE
	يُؤْمَنَّ	يُؤْمَنُوا	تُؤْمَنَّ	تُؤْمَنُوا	نُؤْمَنْ	تُؤْمَنَا	يُؤْمَنَا	تُؤْمَنَا	تُؤْمَنْ	يُؤْمَنْ	تُؤْمَنِي	تُؤْمَنْ	أُومَنْ	IMPERFECT JUSSIVE	PASSIVE

***Also** أَمَانٌ.

ACTIVE PARTICIPLE: مُسْتَأْنِفٌ PASSIVE PARTICIPLE: مُسْتَأْنَفٌ MAṢDAR: إِسْتِئْنَافٌ ROOT: انف FORM X TO RESUME إِسْتَأْنَفَ

		3 f pl	3 m pl	2 f pl	2 m pl	1 pl	3 f dual	3 m dual	2 dual	3 f sgl	3 m sgl	2 f sgl	2 m sgl	1 sgl
ACTIVE	PERFECT	إِسْتَأْنَفْنَ	إِسْتَأْنَفُوا	إِسْتَأْنَفْتُنَّ	إِسْتَأْنَفْتُمْ	إِسْتَأْنَفْنَا	إِسْتَأْنَفَتَا	إِسْتَأْنَفَا	إِسْتَأْنَفْتُمَا	إِسْتَأْنَفَتْ	إِسْتَأْنَفَ	إِسْتَأْنَفْتِ	إِسْتَأْنَفْتَ	إِسْتَأْنَفْتُ
	IMPERFECT INDICATIVE	يَسْتَأْنِفْنَ	يَسْتَأْنِفُونَ	تَسْتَأْنِفْنَ	تَسْتَأْنِفُونَ	نَسْتَأْنِفُ	تَسْتَأْنِفَانِ	يَسْتَأْنِفَانِ	تَسْتَأْنِفَانِ	تَسْتَأْنِفُ	يَسْتَأْنِفُ	تَسْتَأْنِفِينَ	تَسْتَأْنِفُ	أَسْتَأْنِفُ
	IMPERFECT SUBJUNCTIVE	يَسْتَأْنِفْنَ	يَسْتَأْنِفُوا	تَسْتَأْنِفْنَ	تَسْتَأْنِفُوا	نَسْتَأْنِفَ	تَسْتَأْنِفَا	يَسْتَأْنِفَا	تَسْتَأْنِفَا	تَسْتَأْنِفَ	يَسْتَأْنِفَ	تَسْتَأْنِفِي	تَسْتَأْنِفَ	أَسْتَأْنِفَ
	IMPERFECT JUSSIVE	يَسْتَأْنِفْنَ	يَسْتَأْنِفُوا	تَسْتَأْنِفْنَ	تَسْتَأْنِفُوا	نَسْتَأْنِفْ	تَسْتَأْنِفَا	يَسْتَأْنِفَا	تَسْتَأْنِفَا	تَسْتَأْنِفْ	يَسْتَأْنِفْ	تَسْتَأْنِفِي	تَسْتَأْنِفْ	أَسْتَأْنِفْ
	IMPERATIVE			إِسْتَأْنِفْنَ	إِسْتَأْنِفُوا				إِسْتَأْنِفَا			إِسْتَأْنِفِي	إِسْتَأْنِفْ	
PASSIVE	PERFECT	أُسْتُؤْنِفْنَ	أُسْتُؤْنِفُوا	أُسْتُؤْنِفْتُنَّ	أُسْتُؤْنِفْتُمْ	أُسْتُؤْنِفْنَا	أُسْتُؤْنِفَتَا	أُسْتُؤْنِفَا	أُسْتُؤْنِفْتُمَا	أُسْتُؤْنِفَتْ	أُسْتُؤْنِفَ	أُسْتُؤْنِفْتِ	أُسْتُؤْنِفْتَ	أُسْتُؤْنِفْتُ
	IMPERFECT INDICATIVE	يُسْتَأْنَفْنَ	يُسْتَأْنَفُونَ	تُسْتَأْنَفْنَ	تُسْتَأْنَفُونَ	نُسْتَأْنَفُ	تُسْتَأْنَفَانِ	يُسْتَأْنَفَانِ	تُسْتَأْنَفَانِ	تُسْتَأْنَفُ	يُسْتَأْنَفُ	تُسْتَأْنَفِينَ	تُسْتَأْنَفُ	أُسْتَأْنَفُ
	IMPERFECT SUBJUNCTIVE	يُسْتَأْنَفْنَ	يُسْتَأْنَفُوا	تُسْتَأْنَفْنَ	تُسْتَأْنَفُوا	نُسْتَأْنَفَ	تُسْتَأْنَفَ	يُسْتَأْنَفَا	تُسْتَأْنَفَا	تُسْتَأْنَفَ	يُسْتَأْنَفَ	تُسْتَأْنَفِي	تُسْتَأْنَفَ	أُسْتَأْنَفَ
	IMPERFECT JUSSIVE	يُسْتَأْنَفْنَ	يُسْتَأْنَفُوا	تُسْتَأْنَفْنَ	تُسْتَأْنَفُوا	نُسْتَأْنَفْ	تُسْتَأْنَفَا	يُسْتَأْنَفَا	تُسْتَأْنَفَا	تُسْتَأْنَفْ	يُسْتَأْنَفْ	تُسْتَأْنَفِي	تُسْتَأْنَفْ	أُسْتَأْنَفْ

ACTIVE PARTICIPLE: بَائِسٌ PASSIVE PARTICIPLE: MAṢDAR: بُؤْسٌ ROOT: بئس FORM I TO BE WRETCHED بَئِسَ

		3 f pl	*3 m pl*	*2 f pl*	*2 m pl*	*1 pl*	*3 f dual*	*3 m dual*	*2 dual*	*3 f sgl*	*3 m sgl*	*2 f sgl*	*2 m sgl*	*1 sgl*
ACTIVE	PERFECT	بَئِسْنَ	بَئِسُوا	بَئِسْتُنَّ	بَئِسْتُمْ	بَئِسْنَا	بَئِسَتَا	بَئِسَا	بَئِسْتُمَا	بَئِسَتْ	بَئِسَ	بَئِسْتِ	بَئِسْتَ	بَئِسْتُ
	IMPERFECT INDICATIVE	يَبْأَسْنَ	يَبْأَسُونَ	تَبْأَسْنَ	تَبْأَسُونَ	نَبْأَسُ	تَبْأَسَانِ	يَبْأَسَانِ	تَبْأَسَانِ	تَبْأَسُ	يَبْأَسُ	تَبْأَسِينَ	تَبْأَسُ	أَبْأَسُ
	IMPERFECT SUBJUNCTIVE	يَبْأَسْنَ	يَبْأَسُوا	تَبْأَسْنَ	تَبْأَسُوا	نَبْأَسَ	تَبْأَسَا	يَبْأَسَا	تَبْأَسَا	تَبْأَسَ	يَبْأَسَ	تَبْأَسِي	تَبْأَسَ	أَبْأَسَ
	IMPERFECT JUSSIVE	يَبْأَسْنَ	يَبْأَسُوا	تَبْأَسْنَ	تَبْأَسُوا	نَبْأَسْ	تَبْأَسَا	يَبْأَسَا	تَبْأَسَا	تَبْأَسْ	يَبْأَسْ	تَبْأَسِي	تَبْأَسْ	أَبْأَسْ
	IMPERATIVE			إِبْأَسْنَ	إِبْأَسُوا				إِبْأَسَا			إِبْأَسِي	إِبْأَسْ	
PASSIVE	PERFECT													
	IMPERFECT INDICATIVE													
	IMPERFECT SUBJUNCTIVE													
	IMPERFECT JUSSIVE													

ACTIVE PARTICIPLE: بَاحِثٌ PASSIVE PARTICIPLE: مَبْحُوثٌ MAṢDAR: بَحْثٌ ROOT: بحث FORM I TO SEARCH بَحَثَ

3 f pl	3 m pl	2 f pl	2 m pl	1 pl	3 f dual	3 m dual	2 dual	3 f sgl	3 m sgl	2 f sgl	2 m sgl	1 sgl		
بَحَثْنَ	بَحَثُوا	بَحَثْتُنَّ	بَحَثْتُمْ	بَحَثْنَا	بَحَثَتَا	بَحَثَا	بَحَثْتُمَا	بَحَثَتْ	بَحَثَ	بَحَثْتِ	بَحَثْتَ	بَحَثْتُ	PERFECT	ACTIVE
يَبْحَثْنَ	يَبْحَثُونَ	تَبْحَثْنَ	تَبْحَثُونَ	نَبْحَثُ	تَبْحَثَانِ	يَبْحَثَانِ	تَبْحَثَانِ	تَبْحَثُ	يَبْحَثُ	تَبْحَثِينَ	تَبْحَثُ	أَبْحَثُ	IMPERFECT INDICATIVE	
يَبْحَثْنَ	يَبْحَثُوا	تَبْحَثْنَ	تَبْحَثُوا	نَبْحَثَ	تَبْحَثَا	يَبْحَثَا	تَبْحَثَا	تَبْحَثَ	يَبْحَثَ	تَبْحَثِي	تَبْحَثَ	أَبْحَثَ	IMPERFECT SUBJUNCTIVE	
يَبْحَثْنَ	يَبْحَثُوا	تَبْحَثْنَ	تَبْحَثُوا	نَبْحَثْ	تَبْحَثَا	يَبْحَثَا	تَبْحَثَا	تَبْحَثْ	يَبْحَثْ	تَبْحَثِي	تَبْحَثْ	أَبْحَثْ	IMPERFECT JUSSIVE	
		إِبْحَثْنَ	إِبْحَثُوا				إِبْحَثَا			إِبْحَثِي	إِبْحَثْ		IMPERATIVE	
بُحِثْنَ	بُحِثُوا	بُحِثْتُنَّ	بُحِثْتُمْ	بُحِثْنَا	بُحِثَتَا	بُحِثَا	بُحِثْتُمَا	بُحِثَتْ	بُحِثَ	بُحِثْتِ	بُحِثْتَ	بُحِثْتُ	PERFECT	PASSIVE
يُبْحَثْنَ	يُبْحَثُونَ	تُبْحَثْنَ	تُبْحَثُونَ	نُبْحَثُ	تُبْحَثَانِ	يُبْحَثَانِ	تُبْحَثَانِ	تُبْحَثُ	يُبْحَثُ	تُبْحَثِينَ	تُبْحَثُ	أُبْحَثُ	IMPERFECT INDICATIVE	
يُبْحَثْنَ	يُبْحَثُوا	تُبْحَثْنَ	تُبْحَثُوا	نُبْحَثَ	تُبْحَثَا	يُبْحَثَا	تُبْحَثَا	تُبْحَثَ	يُبْحَثَ	تُبْحَثِي	تُبْحَثَ	أُبْحَثَ	IMPERFECT SUBJUNCTIVE	
يُبْحَثْنَ	يُبْحَثُوا	تُبْحَثْنَ	تُبْحَثُوا	نُبْحَثْ	تُبْحَثَا	يُبْحَثَا	تُبْحَثَا	تُبْحَثْ	يُبْحَثْ	تُبْحَثِي	تُبْحَثْ	أُبْحَثْ	IMPERFECT JUSSIVE	

TO BEGIN بَدَأَ

FORM I

ROOT: بدأ

MAṢDAR: بَدْءٌ

PASSIVE PARTICIPLE: مَبْدُوءٌ

ACTIVE PARTICIPLE: بَادِئٌ

	3 f pl	3 m pl	2 f pl	2 m pl	1 pl	3 f dual	3 m dual	2 dual	3 f sgl	3 m sgl	2 f sgl	2 m sgl	1 sgl		
	بَدَأْنَ	بَدَؤُوا	بَدَأْتُنَّ	بَدَأْتُمْ	بَدَأْنَا	بَدَأَتَا	بَدَآ	بَدَأْتُمَا	بَدَأَتْ	بَدَأَ	بَدَأْتِ	بَدَأْتَ	بَدَأْتُ	PERFECT	ACTIVE
	يَبْدَأْنَ	يَبْدَؤُونَ	تَبْدَأْنَ	تَبْدَؤُونَ	نَبْدَأُ	تَبْدَآنِ	يَبْدَآنِ	تَبْدَآنِ	تَبْدَأُ	يَبْدَأُ	تَبْدَئِينَ	تَبْدَأُ	أَبْدَأُ	IMPERFECT INDICATIVE	ACTIVE
	يَبْدَأْنَ	يَبْدَؤُوا	تَبْدَأْنَ	تَبْدَؤُوا	نَبْدَأَ	تَبْدَآ	يَبْدَآ	تَبْدَآ	تَبْدَأَ	يَبْدَأَ	تَبْدَئِي	تَبْدَأَ	أَبْدَأَ	IMPERFECT SUBJUNCTIVE	ACTIVE
	يَبْدَأْنَ	يَبْدَؤُوا	تَبْدَأْنَ	تَبْدَؤُوا	نَبْدَأْ	تَبْدَآ	يَبْدَآ	تَبْدَآ	تَبْدَأْ	يَبْدَأْ	تَبْدَئِي	تَبْدَأْ	أَبْدَأْ	IMPERFECT JUSSIVE	ACTIVE
			إِبْدَأْنَ	إِبْدَؤُوا				إِبْدَآ			إِبْدَئِي	إِبْدَأْ		IMPERATIVE	ACTIVE
	بُدِئْنَ	بُدِئُوا	بُدِئْتُنَّ	بُدِئْتُمْ	بُدِئْنَا	بُدِئَتَا	بُدِئَا	بُدِئْتُمَا	بُدِئَتْ	بُدِئَ	بُدِئْتِ	بَدِئْتَ	بُدِئْتُ	PERFECT	PASSIVE
	يُبْدَأْنَ	يُبْدَؤُونَ	تُبْدَأْنَ	تُبْدَؤُونَ	نُبْدَأُ	تُبْدَآنِ	يُبْدَآنِ	تُبْدَآنِ	تُبْدَأُ	يُبْدَأُ	تُبْدَئِينَ	تُبْدَأُ	أُبْدَأُ	IMPERFECT INDICATIVE	PASSIVE
	يُبْدَأْنَ	يُبْدَؤُوا	تُبْدَأْنَ	تُبْدَؤُوا	نُبْدَأَ	تُبْدَآ	يُبْدَآ	تُبْدَآ	تُبْدَأَ	يُبْدَأَ	تُبْدَئِي	تُبْدَأَ	أُبْدَأَ	IMPERFECT SUBJUNCTIVE	PASSIVE
	يُبْدَأْنَ	يُبْدَؤُوا	تُبْدَأْنَ	تُبْدَؤُوا	نُبْدَأْ	تُبْدَآ	يُبْدَآ	تُبْدَآ	تُبْدَأْ	يُبْدَأْ	تُبْدَئِي	تُبْدَأْ	أُبْدَأْ	IMPERFECT JUSSIVE	PASSIVE

ACTIVE PARTICIPLE: مُبْتَدِئٌ PASSIVE PARTICIPLE: MAṢDAR: إِبْتِدَاءٌ ROOT: بدأ FORM VIII TO BEGIN إِبْتَدَأَ

		1 sgl	2 m sgl	2 f sgl	3 m sgl	3 f sgl	2 dual	3 m dual	3 f dual	1 pl	2 m pl	2 f pl	3 m pl	3 f pl
ACTIVE	PERFECT	إِبْتَدَأْتُ	إِبْتَدَأْتَ	إِبْتَدَأْتِ	إِبْتَدَأَ	إِبْتَدَأَتْ	إِبْتَدَأْتُمَا	إِبْتَدَآ	إِبْتَدَأَتَا	إِبْتَدَأْنَا	إِبْتَدَأْتُمْ	إِبْتَدَأْتُنَّ	إِبْتَدَؤُوا	إِبْتَدَأْنَ
	IMPERFECT INDICATIVE	أَبْتَدِئُ	تَبْتَدِئُ	تَبْتَدِئِينَ	يَبْتَدِئُ	تَبْتَدِئُ	تَبْتَدِئَانِ	يَبْتَدِئَانِ	تَبْتَدِئَانِ	نَبْتَدِئُ	تَبْتَدِئُونَ	تَبْتَدِئْنَ	يَبْتَدِئُونَ	يَبْتَدِئْنَ
	IMPERFECT SUBJUNCTIVE	أَبْتَدِئَ	تَبْتَدِئَ	تَبْتَدِئِي	يَبْتَدِئَ	تَبْتَدِئَ	تَبْتَدِئَا	يَبْتَدِئَا	تَبْتَدِئَا	نَبْتَدِئَ	تَبْتَدِئُوا	تَبْتَدِئْنَ	يَبْتَدِئُوا	يَبْتَدِئْنَ
	IMPERFECT JUSSIVE	أَبْتَدِئْ	تَبْتَدِئْ	تَبْتَدِئِي	يَبْتَدِئْ	تَبْتَدِئْ	تَبْتَدِئَا	يَبْتَدِئَا	تَبْتَدِئَا	نَبْتَدِئْ	تَبْتَدِئُوا	تَبْتَدِئْنَ	يَبْتَدِئُوا	يَبْتَدِئْنَ
	IMPERATIVE		إِبْتَدِئْ	إِبْتَدِئِي			إِبْتَدِئَا				إِبْتَدِئُوا	إِبْتَدِئْنَ		
PASSIVE	PERFECT													
	IMPERFECT INDICATIVE													
	IMPERFECT SUBJUNCTIVE													
	IMPERFECT JUSSIVE													

TO EXCHANGE تَبَادَلَ FORM VI ROOT: بدل MAṢDAR: تَبَادُلٌ PASSIVE PARTICIPLE: مُبَادَلٌ ACTIVE PARTICIPLE: مُبَادِلٌ

		3 f pl	3 m pl	2 f pl	2 m pl	1 pl	3 f dual	3 m dual	2 dual	3 f sgl	3 m sgl	2 f sgl	2 m sgl	1 sgl
ACTIVE	PERFECT	تَبَادَلْنَ	تَبَادَلُوا	تَبَادَلْتُنَّ	تَبَادَلْتُمْ	تَبَادَلْنَا	تَبَادَلَتَا	تَبَادَلَا	تَبَادَلْتُمَا	تَبَادَلَتْ	تَبَادَلَ	تَبَادَلْتِ	تَبَادَلْتَ	تَبَادَلْتُ
	IMPERFECT INDICATIVE	يَتَبَادَلْنَ	يَتَبَادَلُونَ	تَتَبَادَلْنَ	تَتَبَادَلُونَ	نَتَبَادَلُ	تَتَبَادَلَانِ	يَتَبَادَلَانِ	تَتَبَادَلَانِ	تَتَبَادَلُ	يَتَبَادَلُ	تَتَبَادَلِينَ	تَتَبَادَلُ	أَتَبَادَلُ
	IMPERFECT SUBJUNCTIVE	يَتَبَادَلْنَ	يَتَبَادَلُوا	تَتَبَادَلْنَ	تَتَبَادَلُوا	نَتَبَادَلَ	تَتَبَادَلَا	يَتَبَادَلَا	تَتَبَادَلَا	تَتَبَادَلَ	يَتَبَادَلَ	تَتَبَادَلِي	تَتَبَادَلَ	أَتَبَادَلَ
	IMPERFECT JUSSIVE	يَتَبَادَلْنَ	يَتَبَادَلُوا	تَتَبَادَلْنَ	تَتَبَادَلُوا	نَتَبَادَلْ	تَتَبَادَلَا	يَتَبَادَلَا	تَتَبَادَلَا	تَتَبَادَلْ	يَتَبَادَلْ	تَتَبَادَلِي	تَتَبَادَلْ	أَتَبَادَلْ
	IMPERATIVE			تَبَادَلْنَ	تَبَادَلُوا				تَبَادَلَا			تَبَادَلِي	تَبَادَلْ	
PASSIVE	PERFECT	تُبُودِلْنَ	تُبُودِلُوا	تُبُودِلْتُنَّ	تُبُودِلْتُمْ	تُبُودِلْنَا	تُبُودِلَتَا	تُبُودِلَا	تُبُودِلْتُمَا	تُبُودِلَتْ	تُبُودِلَ	تُبُودِلْتِ	تُبُودِلْتَ	تُبُودِلْتُ
	IMPERFECT INDICATIVE	يُتَبَادَلْنَ	يُتَبَادَلُونَ	تُتَبَادَلْنَ	تُتَبَادَلُونَ	نُتَبَادَلُ	تُتَبَادَلَانِ	يُتَبَادَلَانِ	تُتَبَادَلَانِ	تُتَبَادَلُ	يُتَبَادَلُ	تُتَبَادَلِينَ	تُتَبَادَلُ	أُتَبَادَلُ
	IMPERFECT SUBJUNCTIVE	يُتَبَادَلْنَ	يُتَبَادَلُوا	تُتَبَادَلْنَ	تُتَبَادَلُوا	نُتَبَادَلَ	تُتَبَادَلَ	يُتَبَادَلَا	تُتَبَادَلَا	تُتَبَادَلَ	يُتَبَادَلَ	تُتَبَادَلِي	تُتَبَادَلَ	أُتَبَادَلَ
	IMPERFECT JUSSIVE	يُتَبَادَلْنَ	يُتَبَادَلُوا	تُتَبَادَلْنَ	تُتَبَادَلُوا	نُتَبَادَلْ	تُتَبَادَلَا	يُتَبَادَلَا	تُتَبَادَلَا	تُتَبَادَلْ	يُتَبَادَلْ	تُتَبَادَلِي	تُتَبَادَلْ	أُتَبَادَلْ

ACTIVE PARTICIPLE: بَارِئٌ PASSIVE PARTICIPLE: MAṢDAR: بَرَاءَةٌ ROOT: برئ FORM I TO BE FREE بَرِئَ

	3 f pl	3 m pl	2 f pl	2 m pl	1 pl	3 f dual	3 m dual	2 dual	3 f sgl	3 m sgl	2 f sgl	2 m sgl	1 sgl		
	بَرِئْنَ	بَرِئُوا	بَرِئْتُنَّ	بَرِئْتُمْ	بَرِئْنَا	بَرِئَتَا	بَرِئَا	بَرِئْتُمَا	بَرِئَتْ	بَرِئَ	بَرِئْتِ	بَرِئْتَ	بَرِئْتُ	PERFECT	ACTIVE
	يَبْرَأْنَ	يَبْرَؤُونَ	تَبْرَأْنَ	تَبْرَؤُونَ	نَبْرَأُ	تَبْرَآنِ	يَبْرَآنِ	تَبْرَآنِ	تَبْرَأُ	يَبْرَأُ	تَبْرَئِينَ	تَبْرَأُ	أَبْرَأُ	IMPERFECT INDICATIVE	
	يَبْرَأْنَ	يَبْرَؤُوا	تَبْرَأْنَ	تَبْرَؤُوا	نَبْرَأَ	تَبْرَآ	يَبْرَآ	تَبْرَآ	تَبْرَأَ	يَبْرَأَ	تَبْرَئِي	تَبْرَأَ	أَبْرَأَ	IMPERFECT SUBJUNCTIVE	
	يَبْرَأْنَ	يَبْرَؤُوا	تَبْرَأْنَ	تَبْرَؤُوا	نَبْرَأْ	تَبْرَآ	يَبْرَآ	تَبْرَآ	تَبْرَأْ	يَبْرَأْ	تَبْرَئِي	تَبْرَأْ	أَبْرَأْ	IMPERFECT JUSSIVE	
			إِبْرَأْنَ	إِبْرَؤُوا				إِبْرَآ			إِبْرَئِي	إِبْرَأْ		IMPERATIVE	
														PERFECT	PASSIVE
														IMPERFECT INDICATIVE	
														IMPERFECT SUBJUNCTIVE	
														IMPERFECT JUSSIVE	

ACTIVE PARTICIPLE: مُتَبَارٍ* PASSIVE PARTICIPLE: MAṢDAR: تَبَارٍ ROOT: برى FORM VI TO VIE تَبَارَى

3 f pl	3 m pl	2 f pl	2 m pl	1 pl	3 f dual	3 m dual	2 dual	3 f sgl	3 m sgl	2 f sgl	2 m sgl	1 sgl		
تَبَارَيْنَ	تَبَارَوْا	تَبَارَيْتُنَّ	تَبَارَيْتُمْ	تَهَارَيْنَا	تَبَارَتَا	تَبَارَيَا	تَبَارَيْتُمَا	تَبَارَتْ	تَبَارَى	تَبَارَيْتِ	تَبَارَيْتَ	تَبَارَيْتُ	PERFECT	ACTIVE
يَتَبَارَيْنَ	يَتَبَارَوْنَ	تَتَبَارَيْنَ	تَتَبَارَوْنَ	نَتَبَارَى	تَتَبَارَيَانِ	يَتَبَارَيَانِ	تَتَبَارَيَانِ	تَتَبَارَى	يَتَبَارَى	تَتَبَارَيْنَ	تَتَبَارَى	أَتَبَارَى	IMPERFECT INDICATIVE	
يَتَبَارَيْنَ	يَتَبَارَوْا	تَتَبَارَيْنَ	تَتَبَارَوْا	نَتَبَارَى	تَتَبَارَيَا	يَتَبَارَيَا	تَتَبَارَيَا	تَتَبَارَى	يَتَبَارَى	تَتَبَارَيْ	تَتَبَارَى	أَتَبَارَى	IMPERFECT SUBJUNCTIVE	
يَتَبَارَيْنَ	يَتَبَارَوْا	تَتَبَارَيْنَ	تَتَبَارَوْا	نَتَبَارَ	تَتَبَارَيَا	يَتَبَارَيَا	تَتَبَارَيَا	تَتَبَارَ	يَتَبَارَ	تَتَبَارَيْ	تَتَبَارَ	أَتَبَارَ	IMPERFECT JUSSIVE	
		تَبَارَيْنَ	تَبَارَوْا				تَبَارَيَا			تَبَارَيْ	تَبَارَ		IMPERATIVE	
													PERFECT	PASSIVE
													IMPERFECT INDICATIVE	
													IMPERFECT SUBJUNCTIVE	
													IMPERFECT JUSSIVE	

*Genitive مُتَبَارٍ ; accusative مُتَبَارِيًا . With article: nominative أَلْمُتَبَارِي ; genitive أَلْمُتَبَارِي ; accusative أَلْمُتَبَارِيَ.

ACTIVE PARTICIPLE: بَاطِئٌ PASSIVE PARTICIPLE: MAṢDAR: بُطْءٌ ROOT: بطؤ FORM I TO BE SLOW بَطُؤَ

3 f pl	3 m pl	2 f pl	2 m pl	1 pl	3 f dual	3 m dual	2 dual	3 f sgl	3 m sgl	2 f sgl	2 m sgl	1 sgl		
بَطُؤْنَ	بَطُؤُوا	بَطُؤْتُنَّ	بَطُؤْتُمْ	بَطُؤْنَا	بَطُؤَتَا	بَطُؤَا	بَطُؤْتُمَا	بَطُؤَتْ	بَطُؤَ	بَطُؤْتِ	بَطُؤْتَ	بَطُؤْتُ	PERFECT	ACTIVE
يَبْطُؤْنَ	يَبْطُؤُونَ	تَبْطُؤْنَ	تَبْطُؤُونَ	نَبْطُؤُ	تَبْطُؤَانِ	يَبْطُؤَانِ	تَبْطُؤَانِ	تَبْطُؤُ	يَبْطُؤُ	تَبْطُئِينَ	تَبْطُؤُ	أَبْطُؤُ	IMPERFECT INDICATIVE	
يَبْطُؤْنَ	يَبْطُؤُوا	تَبْطُؤْنَ	تَبْطُؤُوا	نَبْطُؤَ	تَبْطُؤَا	يَبْطُؤَا	تَبْطُؤَا	تَبْطُؤَ	يَبْطُؤَ	تَبْطُئِي	تَبْطُؤَ	أَبْطُؤَ	IMPERFECT SUBJUNCTIVE	
يَبْطُؤْنَ	يَبْطُؤُوا	تَبْطُؤْنَ	تَبْطُؤُوا	نَبْطُؤْ	تَبْطُؤَا	يَبْطُؤَا	تَبْطُؤَا	تَبْطُؤْ	يَبْطُؤْ	تَبْطُئِي	تَبْطُؤْ	أَبْطُؤْ	IMPERFECT JUSSIVE	
		أُبْطُؤْنَ	أُبْطُؤُوا				أُبْطُؤَا			أُبْطُئِي	أُبْطُؤْ		IMPERATIVE	
													PERFECT	PASSIVE
													IMPERFECT INDICATIVE	
													IMPERFECT SUBJUNCTIVE	
													IMPERFECT JUSSIVE	

ACTIVE PARTICIPLE: بَالِغٌ PASSIVE PARTICIPLE: مَبْلُوغٌ MAṢDAR: بُلُوغٌ ROOT: بلغ FORM I TO REACH بَلَغَ

		1 sgl	2 m sgl	2 f sgl	3 m sgl	3 f sgl	2 dual	3 m dual	3 f dual	1 pl	2 m pl	2 f pl	3 m pl	3 f pl
ACTIVE	PERFECT	بَلَغْتُ	بَلَغْتَ	بَلَغْتِ	بَلَغَ	بَلَغَتْ	بَلَغْتُمَا	بَلَغَا	بَلَغَتَا	بَلَغْنَا	بَلَغْتُمْ	بَلَغْتُنَّ	بَلَغُوا	بَلَغْنَ
	IMPERFECT INDICATIVE	أَبْلُغُ	تَبْلُغُ	تَبْلُغِينَ	يَبْلُغُ	تَبْلُغُ	تَبْلُغَانِ	يَبْلُغَانِ	تَبْلُغَانِ	نَبْلُغُ	تَبْلُغُونَ	تَبْلُغْنَ	يَبْلُغُونَ	يَبْلُغْنَ
	IMPERFECT SUBJUNCTIVE	أَبْلُغَ	تَبْلُغَ	تَبْلُغِي	يَبْلُغَ	تَبْلُغَ	تَبْلُغَا	يَبْلُغَا	تَبْلُغَا	نَبْلُغَ	تَبْلُغُوا	تَبْلُغْنَ	يَبْلُغُوا	يَبْلُغْنَ
	IMPERFECT JUSSIVE	أَبْلُغْ	تَبْلُغْ	تَبْلُغِي	يَبْلُغْ	تَبْلُغْ	تَبْلُغَا	يَبْلُغَا	تَبْلُغَا	نَبْلُغْ	تَبْلُغُوا	تَبْلُغْنَ	يَبْلُغُوا	يَبْلُغْنَ
	IMPERATIVE		أُبْلُغْ	أُبْلُغِي			أُبْلُغَا				أُبْلُغُوا	أُبْلُغْنَ		
PASSIVE	PERFECT	بُلِغْتُ	بُلِغْتَ	بُلِغْتِ	بُلِغَ	بُلِغَتْ	بُلِغْتُمَا	بُلِغَا	بُلِغَتَا	بُلِغْنَا	بُلِغْتُمْ	بُلِغْتُنَّ	بُلِغُوا	بُلِغْنَ
	IMPERFECT INDICATIVE	أُبْلَغُ	تُبْلَغُ	تُبْلَغِينَ	يُبْلَغُ	تُبْلَغُ	تُبْلَغَانِ	يُبْلَغَانِ	تُبْلَغَانِ	نُبْلَغُ	تُبْلَغُونَ	تُبْلَغْنَ	يُبْلَغُونَ	يُبْلَغْنَ
	IMPERFECT SUBJUNCTIVE	أُبْلَغَ	تُبْلَغَ	تُبْلَغِي	يُبْلَغَ	تُبْلَغَ	تُبْلَغَا	يُبْلَغَا	تُبْلَغَا	نُبْلَغَ	تُبْلَغُوا	تُبْلَغْنَ	يُبْلَغُوا	يُبْلَغْنَ
	IMPERFECT JUSSIVE	أُبْلَغْ	تُبْلَغْ	تُبْلَغِي	يُبْلَغْ	تُبْلَغْ	تُبْلَغَا	يُبْلَغَا	تُبْلَغَا	نُبْلَغْ	تُبْلَغُوا	تُبْلَغْنَ	يُبْلَغُوا	يُبْلَغْنَ

ACTIVE PARTICIPLE: مُبْيَضٌّ PASSIVE PARTICIPLE: MAṢDAR: إِبْيِضَاضٌ ROOT: بيض FORM IX TO BE WHITE إِبْيَضَّ

3 f pl	3 m pl	2 f pl	2 m pl	1 pl	3 f dual	3 m dual	2 dual	3 f sgl	3 m sgl	2 f sgl	2 m sgl	1 sgl		
إِبْيَضَضْنَ	إِبْيَضُّوا	إِبْيَضَضْتُنَّ	إِبْيَضَضْتُمْ	إِبْيَضَضْنَا	إِبْيَضَّتَا	إِبْيَضَّا	إِبْيَضَضْتُمَا	إِبْيَضَّتْ	إِبْيَضَّ	إِبْيَضَضْتِ	إِبْيَضَضْتَ	إِبْيَضَضْتُ	PERFECT	ACTIVE
يَبْيَضِضْنَ	يَبْيَضُّونَ	تَبْيَضِضْنَ	تَبْيَضُّونَ	نَبْيَضُّ	تَبْيَضَّانِ	يَبْيَضَّانِ	تَبْيَضَّانِ	تَبْيَضُّ	يَبْيَضُّ	تَبْيَضِّينَ	تَبْيَضُّ	أَبْيَضُّ	IMPERFECT INDICATIVE	
يَبْيَضِضْنَ	يَبْيَضُّوا	تَبْيَضِضْنَ	تَبْيَضُّوا	نَبْيَضَّ	تَبْيَضَّا	يَبْيَضَّا	تَبْيَضَّا	تَبْيَضَّ	يَبْيَضَّ	تَبْيَضِّي	تَبْيَضَّ	أَبْيَضَّ	IMPERFECT SUBJUNCTIVE	
يَبْيَضِضْنَ	يَبْيَضُّوا	تَبْيَضِضْنَ	تَبْيَضُّوا	نَبْيَضِضْ	تَبْيَضَّا	يَبْيَضَّا	تَبْيَضَّا	تَبْيَضِضْ	يَبْيَضِضْ	تَبْيَضِّي	تَبْيَضِضْ	أَبْيَضِضْ	IMPERFECT JUSSIVE	
		إِبْيَضِضْنَ	إِبْيَضُّوا				إِبْيَضَّا			إِبْيَضِّي	إِبْيَضِضْ		IMPERATIVE	
													PERFECT	PASSIVE
													IMPERFECT INDICATIVE	
													IMPERFECT SUBJUNCTIVE	
													IMPERFECT JUSSIVE	

ACTIVE PARTICIPLE: مُبِينٌ PASSIVE PARTICIPLE: مُبَانٌ MAṢDAR: إِبَانَةٌ ROOT: بين FORM IV TO EXPLAIN أَبَانَ

3 f pl	3 m pl	2 f pl	2 m pl	1 pl	3 f dual	3 m dual	2 dual	3 f sgl	3 m sgl	2 f sgl	2 m sgl	1 sgl		
أَبَنَّ	أَبَانُوا	أَبَنْتُنَّ	أَبَنْتُمْ	أَبَنَّا	أَبَانَتَا	أَبَانَا	أَبَنْتُمَا	أَبَانَتْ	أَبَانَ	أَبَنْتِ	أَبَنْتَ	أَبَنْتُ	PERFECT	ACTIVE
يُبِنَّ	يُبِينُونَ	تُبِنَّ	تُبِينُونَ	نُبِينُ	تُبِينَانِ	يُبِينَانِ	تُبِينَانِ	تُبِينُ	يُبِينُ	تُبِينِينَ	تُبِينُ	أُبِينُ	IMPERFECT INDICATIVE	
يُبِنَّ	يُبِينُوا	تُبِنَّ	تُبِينُوا	نُبِينَ	تُبِينَا	يُبِينَا	تُبِينَا	تُبِينَ	يُبِينَ	تُبِينِي	تُبِينَ	أُبِينَ	IMPERFECT SUBJUNCTIVE	
يُبِنَّ	يُبِينُوا	تُبِنَّ	تُبِينُوا	نُبِنْ	تُبِينَا	يُبِينَا	تُبِينَا	تُبِنْ	يُبِنْ	تُبِينِي	تُبِنْ	أُبِنْ	IMPERFECT JUSSIVE	
		أَبِنَّ	أَبِينُوا				أَبِينَا			أَبِينِي	أَبِنْ		IMPERATIVE	
أُبِنَّ	أُبِينُوا	أُبِنْتُنَّ	أُبِنْتُمْ	أُبِنَّا	أُبِينَتَا	أُبِينَا	أُبِنْتُمَا	أُبِينَتْ	أُبِينَ	أُبِنْتِ	أُبِنْتَ	أُبِنْتُ	PERFECT	PASSIVE
يُبَنَّ	يُبَانُونَ	تُبَنَّ	تُبَانُونَ	نُبَانُ	تُبَانَانِ	يُبَانَانِ	تُبَانَانِ	تُبَانُ	يُبَانُ	تُبَانِينَ	تُبَانُ	أُبَانُ	IMPERFECT INDICATIVE	
يُبَنَّ	يُبَانُوا	تُبَنَّ	تُبَانُوا	نُبَانَ	تُبَانَا	يُبَانَا	تُبَانَا	تُبَانَ	يُبَانَ	تُبَانِي	تُبَانَ	أُبَانَ	IMPERFECT SUBJUNCTIVE	
يُبَنَّ	يُبَانُوا	تُبَنَّ	تُبَانُوا	نُبَنْ	تُبَانَا	يُبَانَا	تُبَانَا	تُبَنْ	يُبَنْ	تُبَانِي	تُبَنْ	أُبَنْ	IMPERFECT JUSSIVE	

ACTIVE PARTICIPLE: مُتَبَيِّنٌ PASSIVE PARTICIPLE: مُتَبَيَّنٌ MAṢDAR: تَبَيُّنٌ ROOT: بين FORM V TO PERCEIVE تَبَيَّنَ

	3 f pl	3 m pl	2 f pl	2 m pl	1 pl	3 f dual	3 m dual	2 dual	3 f sgl	3 m sgl	2 f sgl	2 m sgl	1 sgl		
	تَبَيَّنَّ	تَبَيَّنُوا	تَبَيَّنْتُنَّ	تَبَيَّنْتُمْ	تَبَيَّنَّا	تَبَيَّنَتَا	تَبَيَّنَا	تَبَيَّنْتُمَا	تَبَيَّنَتْ	تَبَيَّنَ	تَبَيَّنْتِ	تَبَيَّنْتَ	تَبَيَّنْتُ	PERFECT	ACTIVE
	يَتَبَيَّنَّ	يَتَبَيَّنُونَ	تَتَبَيَّنَّ	تَتَبَيَّنُونَ	نَتَبَيَّنُ	تَتَبَيَّنَانِ	يَتَبَيَّنَانِ	تَتَبَيَّنَانِ	تَتَبَيَّنُ	يَتَبَيَّنُ	تَتَبَيَّنِينَ	تَتَبَيَّنُ	أَتَبَيَّنُ	IMPERFECT INDICATIVE	
	يَتَبَيَّنَّ	يَتَبَيَّنُوا	تَتَبَيَّنَّ	تَتَبَيَّنُوا	نَتَبَيَّنَ	تَتَبَيَّنَا	يَتَبَيَّنَا	تَتَبَيَّنَا	تَتَبَيَّنَ	يَتَبَيَّنَ	تَتَبَيَّنِي	تَتَبَيَّنَ	أَتَبَيَّنَ	IMPERFECT SUBJUNCTIVE	
	يَتَبَيَّنَّ	يَتَبَيَّنُوا	تَتَبَيَّنَّ	تَتَبَيَّنُوا	نَتَبَيَّنْ	تَتَبَيَّنَا	يَتَبَيَّنَا	تَتَبَيَّنَا	تَتَبَيَّنْ	يَتَبَيَّنْ	تَتَبَيَّنِي	تَتَبَيَّنْ	أَتَبَيَّنْ	IMPERFECT JUSSIVE	
			تَبَيَّنَّ	تَبَيَّنُوا				تَبَيَّنَا			تَبَيَّنِي	تَبَيَّنْ		IMPERATIVE	
	تُبُيِّنَّ	تُبُيِّنُوا	تُبُيِّنْتُنَّ	تُبُيِّنْتُمْ	تُبُيِّنَّا	تُبُيِّنَتَا	تُبُيِّنَا	تُبُيِّنْتُمَا	تُبُيِّنَتْ	تُبُيِّنَ	تُبُيِّنْتِ	تُبُيِّنْتَ	تُبُيِّنْتُ	PERFECT	PASSIVE
	يُتَبَيَّنَّ	يُتَبَيَّنُونَ	تُتَبَيَّنَّ	تُتَبَيَّنُونَ	نُتَبَيَّنُ	تُتَبَيَّنَانِ	يُتَبَيَّنَانِ	تُتَبَيَّنَانِ	تُتَبَيَّنُ	يُتَبَيَّنُ	تُتَبَيَّنِينَ	تُتَبَيَّنُ	أُتَبَيَّنُ	IMPERFECT INDICATIVE	
	يُتَبَيَّنَّ	يُتَبَيَّنُوا	تُتَبَيَّنَّ	تُتَبَيَّنُوا	نُتَبَيَّنَ	تُتَبَيَّنَا	يُتَبَيَّنَا	تُتَبَيَّنَا	تُتَبَيَّنَ	يُتَبَيَّنَ	تُتَبَيَّنِي	تُتَبَيَّنَ	أُتَبَيَّنَ	IMPERFECT SUBJUNCTIVE	
	يُتَبَيَّنَّ	يُتَبَيَّنُوا	تُتَبَيَّنَّ	تُتَبَيَّنُوا	نُتَبَيَّنْ	تُتَبَيَّنَا	يُتَبَيَّنَا	تُتَبَيَّنَا	تُتَبَيَّنْ	يُتَبَيَّنْ	تُتَبَيَّنِي	تُتَبَيَّنْ	أُتَبَيَّنْ	IMPERFECT JUSSIVE	

ACTIVE PARTICIPLE مُتَتَبِّعٌ PASSIVE PARTICIPLE: مُتَتَبَّعٌ MAṢDAR: تَتَبُّعٌ ROOT: تبع FORM V TO FOLLOW تَتَبَّعَ

		3 f pl	*3 m pl*	*2 f pl*	*2 m pl*	*1 pl*	*3 f dual*	*3 m dual*	*2 dual*	*3 f sgl*	*3 m sgl*	*2 f sgl*	*2 m sgl*	*1 sgl*
ACTIVE	PERFECT	تَتَبَّعْنَ	تَتَبَّعُوا	تَتَبَّعْتُنَّ	تَتَبَّعْتُمْ	تَتَبَّعْنَا	تَتَبَّعَتَا	تَتَبَّعَا	تَتَبَّعْتُمَا	تَتَبَّعَتْ	تَتَبَّعَ	تَتَبَّعْتِ	تَتَبَّعْتَ	تَتَبَّعْتُ
	IMPERFECT INDICATIVE	يَتَتَبَّعْنَ	يَتَتَبَّعُونَ	تَتَتَبَّعْنَ	تَتَتَبَّعُونَ	نَتَتَبَّعُ	تَتَتَبَّعَانِ	يَتَتَبَّعَانِ	تَتَتَبَّعَانِ	تَتَتَبَّعُ	يَتَتَبَّعُ	تَتَتَبَّعِينَ	تَتَتَبَّعُ	أَتَتَبَّعُ
	IMPERFECT SUBJUNCTIVE	يَتَتَبَّعْنَ	يَتَتَبَّعُوا	تَتَتَبَّعْنَ	تَتَتَبَّعُوا	نَتَتَبَّعَ	تَتَتَبَّعَا	يَتَتَبَّعَا	تَتَتَبَّعَا	تَتَتَبَّعَ	يَتَتَبَّعَ	تَتَتَبَّعِي	تَتَتَبَّعَ	أَتَتَبَّعَ
	IMPERFECT JUSSIVE	يَتَتَبَّعْنَ	يَتَتَبَّعُوا	تَتَتَبَّعْنَ	تَتَتَبَّعُوا	نَتَتَبَّعْ	تَتَتَبَّعَا	يَتَتَبَّعَا	تَتَتَبَّعَا	تَتَتَبَّعْ	يَتَتَبَّعْ	تَتَتَبَّعِي	تَتَتَبَّعْ	أَتَتَبَّعْ
	IMPERATIVE			تَتَبَّعْنَ	تَتَبَّعُوا				تَتَبَّعَا			تَتَبَّعِي	تَتَبَّعْ	
PASSIVE	PERFECT	تُتُبِّعْنَ	تُتُبِّعُوا	تُتُبِّعْتُنَّ	تُتُبِّعْتُمْ	تُتُبِّعْنَا	تُتُبِّعَتَا	تُتُبِّعَا	تُتُبِّعْتُمَا	تُتُبِّعَتْ	تُتُبِّعَ	تُتُبِّعْتِ	تُتُبِّعْتَ	تُتُبِّعْتُ
	IMPERFECT INDICATIVE	يُتَتَبَّعْنَ	يُتَتَبَّعُونَ	تُتَتَبَّعْنَ	تُتَتَبَّعُونَ	نُتَتَبَّعُ	تُتَتَبَّعَانِ	يُتَتَبَّعَانِ	تُتَتَبَّعَانِ	تُتَتَبَّعُ	يُتَتَبَّعُ	تُتَتَبَّعِينَ	تُتَتَبَّعُ	أُتَتَبَّعُ
	IMPERFECT SUBJUNCTIVE	يُتَتَبَّعْنَ	يُتَتَبَّعُوا	تُتَتَبَّعْنَ	تُتَتَبَّعُوا	نُتَتَبَّعَ	تُتَتَبَّعَا	يُتَتَبَّعَا	تُتَتَبَّعَا	تُتَتَبَّعَ	يُتَتَبَّعَ	تُتَتَبَّعِي	تُتَتَبَّعَ	أُتَتَبَّعَ
	IMPERFECT JUSSIVE	يُتَتَبَّعْنَ	يُتَتَبَّعُوا	تُتَتَبَّعْنَ	تُتَتَبَّعُوا	نُتَتَبَّعْ	تُتَتَبَّعَا	يُتَتَبَّعَا	تُتَتَبَّعَا	تُتَتَبَّعْ	يُتَتَبَّعْ	تَتَتَبَّعِي	تُتَتَبَّعْ	أُتَتَبَّعْ

ACTIVE PARTICIPLE: مُتَّبِعٌ PASSIVE PARTICIPLE: مُتَّبَعٌ MAṢDAR: إِتِّبَاعٌ ROOT: تبع FORM VIII TO FOLLOW إِتَّبَعَ

3 f pl	3 m pl	2 f pl	2 m pl	1 pl	3 f dual	3 m dual	2 dual	3 f sgl	3 m sgl	2 f sgl	2 m sgl	1 sgl		
إِتَّبَعْنَ	إِتَّبَعُوا	إِتَّبَعْتُنَّ	إِتَّبَعْتُمْ	إِتَّبَعْنَا	إِتَّبَعَتَا	إِتَّبَعَا	إِتَّبَعْتُمَا	إِتَّبَعَتْ	إِتَّبَعَ	إِتَّبَعْتِ	إِتَّبَعْتَ	إِتَّبَعْتُ	PERFECT	ACTIVE
يَتَّبِعْنَ	يَتَّبِعُونَ	تَتَّبِعْنَ	تَتَّبِعُونَ	نَتَّبِعُ	تَتَّبِعَانِ	يَتَّبِعَانِ	تَتَّبِعَانِ	تَتَّبِعُ	يَتَّبِعُ	تَتَّبِعِينَ	تَتَّبِعُ	أَتَّبِعُ	IMPERFECT INDICATIVE	
يَتَّبِعْنَ	يَتَّبِعُوا	تَتَّبِعْنَ	تَتَّبِعُوا	نَتَّبِعَ	تَتَّبِعَا	يَتَّبِعَا	تَتَّبِعَا	تَتَّبِعَ	يَتَّبِعَ	تَتَّبِعِي	تَتَّبِعَ	أَتَّبِعَ	IMPERFECT SUBJUNCTIVE	
يَتَّبِعْنَ	يَتَّبِعُوا	تَتَّبِعْنَ	تَتَّبِعُوا	نَتَّبِعْ	تَتَّبِعَا	يَتَّبِعَا	تَتَّبِعَا	تَتَّبِعْ	يَتَّبِعْ	تَتَّبِعِي	تَتَّبِعْ	أَتَّبِعْ	IMPERFECT JUSSIVE	
		إِتَّبِعْنَ	إِتَّبِعُوا				إِتَّبِعَا			إِتَّبِعِي	إِتَّبِعْ		IMPERATIVE	
أُتُّبِعْنَ	أُتُّبِعُوا	أُتُّبِعْتُنَّ	أُتُّبِعْتُمْ	أُتُّبِعْنَا	أُتُّبِعَتَا	أُتُّبِعَا	أُتُّبِعْتُمَا	أُتُّبِعَتْ	أُتُّبِعَ	أُتُّبِعْتِ	أُتُّبِعْتَ	أُتُّبِعْتُ	PERFECT	PASSIVE
يُتَّبَعْنَ	يُتَّبَعُونَ	تُتَّبَعْنَ	تُتَّبَعُونَ	نُتَّبَعُ	تُتَّبَعَانِ	يُتَّبَعَانِ	تُتَّبَعَانِ	تُتَّبَعُ	يُتَّبَعُ	تُتَّبَعِينَ	تُتَّبَعُ	أُتَّبَعُ	IMPERFECT INDICATIVE	
يُتَّبَعْنَ	يُتَّبَعُوا	تُتَّبَعْنَ	تُتَّبَعُوا	نُتَّبَعَ	تُتَّبَعَا	يُتَّبَعَا	تُتَّبَعَا	تُتَّبَعَ	يُتَّبَعَ	تُتَّبَعِي	تُتَّبَعَ	أُتَّبَعَ	IMPERFECT SUBJUNCTIVE	
يُتَّبَعْنَ	يُتَّبَعُوا	تُتَّبَعْنَ	تُتَّبَعُوا	نُتَّبَعْ	تُتَّبَعَا	يُتَّبَعَا	تُتَّبَعَا	تُتَّبَعْ	يُتَّبَعْ	تُتَّبَعِي	تُتَّبَعْ	أُتَّبَعْ	IMPERFECT JUSSIVE	

TO LEAVE تَرَكَ

FORM I

ROOT: ترك

MAṢDAR: تَرْكٌ

PASSIVE PARTICIPLE: مَتْرُوكٌ

ACTIVE PARTICIPLE: تَارِكٌ

		3 f pl	3 m pl	2 f pl	2 m pl	1 pl	3 f dual	3 m dual	2 dual	3 f sgl	3 m sgl	2 f sgl	2 m sgl	1 sgl
ACTIVE	PERFECT	تَرَكْنَ	تَرَكُوا	تَرَكْتُنَّ	تَرَكْتُمْ	تَرَكْنَا	تَرَكَتَا	تَرَكَا	تَرَكْتُمَا	تَرَكَتْ	تَرَكَ	تَرَكْتِ	تَرَكْتَ	تَرَكْتُ
	IMPERFECT INDICATIVE	يَتْرُكْنَ	يَتْرُكُونَ	تَتْرُكْنَ	تَتْرُكُونَ	نَتْرُكُ	تَتْرُكَانِ	يَتْرُكَانِ	تَتْرُكَانِ	تَتْرُكُ	يَتْرُكُ	تَتْرُكِينَ	تَتْرُكُ	أَتْرُكُ
	IMPERFECT SUBJUNCTIVE	يَتْرُكْنَ	يَتْرُكُوا	تَتْرُكْنَ	تَتْرُكُوا	نَتْرُكَ	تَتْرُكَا	يَتْرُكَا	تَتْرُكَا	تَتْرُكَ	يَتْرُكَ	تَتْرُكِي	تَتْرُكَ	أَتْرُكَ
	IMPERFECT JUSSIVE	يَتْرُكْنَ	يَتْرُكُوا	تَتْرُكْنَ	تَتْرُكُوا	نَتْرُكْ	تَتْرُكَا	يَتْرُكَا	تَتْرُكَا	تَتْرُكْ	يَتْرُكْ	تَتْرُكِي	تَتْرُكْ	أَتْرُكْ
	IMPERATIVE			أُتْرُكْنَ	أُتْرُكُوا				أُتْرُكَا			أُتْرُكِي	أُتْرُكْ	
PASSIVE	PERFECT	تُرِكْنَ	تُرِكُوا	تُرِكْتُنَّ	تُرِكْتُمْ	تُرِكْنَا	تُرِكَتَا	تُرِكَا	تُرِكْتُمَا	تُرِكَتْ	تُرِكَ	تُرِكْتِ	تُرِكْتَ	تُرِكْتُ
	IMPERFECT INDICATIVE	يَتْرَكْنَ	يُتْرَكُونَ	تُتْرَكْنَ	تُتْرَكُونَ	نُتْرَكُ	تُتْرَكَانِ	يُتْرَكَانِ	تُتْرَكَانِ	تُتْرَكُ	يُتْرَكُ	تُتْرَكِينَ	تُتْرَكُ	أُتْرَكُ
	IMPERFECT SUBJUNCTIVE	يُتْرَكْنَ	يُتْرَكُوا	تُتْرَكْنَ	تُتْرَكُوا	نُتْرَكَ	تُتْرَكَا	يُتْرَكَا	تُتْرَكَا	تُتْرَكَ	يُتْرَكَ	تُتْرَكِي	تُتْرَكَ	أُتْرَكَ
	IMPERFECT JUSSIVE	يُتْرَكْنَ	يُتْرَكُوا	تُتْرَكْنَ	تُتْرَكُوا	نُتْرَكْ	تُتْرَكَا	يُتْرَكَا	تُتْرَكَا	تُتْرَكْ	يُتْرَكْ	تُتْرَكِي	تُتْرَكْ	أُتْرَكْ

ACTIVE PARTICIPLE: تَامٌّ PASSIVE PARTICIPLE: MAṢDAR: تَمَامٌ ROOT: تمم FORM I TO BE FINISHED تَمَّ

		3 f pl	3 m pl	2 f pl	2 m pl	1 pl	3 f dual	3 m dual	2 dual	3 f sgl	3 m sgl	2 f sgl	2 m sgl	1 sgl
ACTIVE	PERFECT	تَمَمْنَ	تَمُّوا	تَمَمْتُنَّ	تَمَمْتُمْ	تَمَمْنَا	تَمَّتَا	تَمَّا	تَمَمْتُمَا	تَمَّتْ	تَمَّ	تَمَمْتِ	تَمَمْتَ	تَمَمْتُ
	IMPERFECT INDICATIVE	يَتْمِمْنَ	يَتِمُّونَ	تَتْمِمْنَ	تَتِمُّونَ	نَتِمُّ	تَتِمَّانِ	يَتِمَّانِ	تَتِمَّانِ	تَتِمُّ	يَتِمُّ	تَتِمِّينَ	تَتِمُّ	أَتِمُّ
	IMPERFECT SUBJUNCTIVE	يَتْمِمْنَ	يَتِمُّوا	تَتْمِمْنَ	تَتِمُّوا	نَتِمَّ	تَتِمَّا	يَتِمَّا	تَتِمَّا	تَتِمَّ	يَتِمَّ	تَتِمِّي	تَتِمَّ	أَتِمَّ
	IMPERFECT JUSSIVE *	يَتْمِمْنَ	يَتِمُّوا	تَتْمِمْنَ	تَتِمُّوا	نَتْمِمْ	تَتِمَّا	يَتِمَّا	تَتِمَّا	تَتْمِمْ	يَتْمِمْ	تَتِمِّي	تَتْمِمْ	أَتْمِمْ
	IMPERATIVE **			إِتْمِمْنَ	تِمُّوا				تِمَّا			تِمِّي	تِمَّ	
PASSIVE	PERFECT													
	IMPERFECT INDICATIVE													
	IMPERFECT SUBJUNCTIVE													
	IMPERFECT JUSSIVE													

* **Also** أَتِمَّ ; تَتِمَّ ; تَتِمِّي ; يَتِمَّ ; تَتِمَّ ... نَتِمَّ.

**Also إِتْمِمْ ; إِتْمِمِي ; إِتْمِمَا ; إِتْمِمُوا ; إِتْمِمْنَ.

ACTIVE PARTICIPLE: مُتَرْجِمٌ PASSIVE PARTICIPLE: مُتَرْجَمٌ MAṢDAR: تَرْجَمَةٌ ROOT: ترجم FORM I TO TRANSLATE تَرْجَمَ

3 f pl	3 m pl	2 f pl	2 m pl	1 pl	3 f dual	3 m dual	2 dual	3 f sgl	3 m sgl	2 f sgl	2 m sgl	1 sgl		
تَرْجَمْنَ	تَرْجَمُوا	تَرْجَمْتُنَّ	تَرْجَمْتُمْ	تَرْجَمْنَا	تَرْجَمَتَا	تَرْجَمَا	تَرْجَمْتُمَا	تَرْجَمَتْ	تَرْجَمَ	تَرْجَمْتِ	تَرْجَمْتَ	تَرْجَمْتُ	PERFECT	ACTIVE
يُتَرْجِمْنَ	يُتَرْجِمُونَ	تُتَرْجِمْنَ	تُتَرْجِمُونَ	نُتَرْجِمُ	تُتَرْجِمَانِ	يُتَرْجِمَانِ	تُتَرْجِمَانِ	تُتَرْجِمُ	يُتَرْجِمُ	تُتَرْجِمِينَ	تُتَرْجِمُ	أُتَرْجِمُ	IMPERFECT INDICATIVE	
يُتَرْجِمْنَ	يُتَرْجِمُوا	تُتَرْجِمْنَ	تُتَرْجِمُوا	نُتَرْجِمَ	تُتَرْجِمَا	يُتَرْجِمَا	تُتَرْجِمَا	تُتَرْجِمَ	يُتَرْجِمَ	تُتَرْجِمِي	تُتَرْجِمَ	أُتَرْجِمَ	IMPERFECT SUBJUNCTIVE	
يُتَرْجِمْنَ	يُتَرْجِمُوا	تُتَرْجِمْنَ	تُتَرْجِمُوا	نُتَرْجِمْ	تُتَرْجِمَا	يُتَرْجِمَا	تُتَرْجِمَا	تُتَرْجِمْ	يُتَرْجِمْ	تُتَرْجِمِي	تُتَرْجِمْ	أُتَرْجِمْ	IMPERFECT JUSSIVE	
		تَرْجِمْنَ	تَرْجِمُوا				تَرْجِمَا			تَرْجِمِي	تَرْجِمْ		IMPERATIVE	
تُرْجِمْنَ	تُرْجِمُوا	تُرْجِمْتُنَّ	تُرْجِمْتُمْ	تُرْجِمْنَا	تُرْجِمَتَا	تُرْجِمَا	تُرْجِمْتُمَا	تُرْجِمَتْ	تُرْجِمَ	تُرْجِمْتِ	تُرْجِمْتَ	تُرْجِمْتُ	PERFECT	PASSIVE
يُتَرْجَمْنَ	يُتَرْجَمُونَ	تُتَرْجَمْنَ	تُتَرْجَمُونَ	نُتَرْجَمُ	تُتَرْجَمَانِ	يُتَرْجَمَانِ	تُتَرْجَمَانِ	تُتَرْجَمُ	يُتَرْجَمُ	تُتَرْجَمِينَ	تُتَرْجَمُ	أُتَرْجَمُ	IMPERFECT INDICATIVE	
يُتَرْجَمْنَ	يُتَرْجَمُوا	تُتَرْجَمْنَ	تُتَرْجَمُوا	نُتَرْجَمَ	تُتَرْجَمَا	يُتَرْجَمَا	تُتَرْجَمَا	تُتَرْجَمَ	يُتَرْجَمَ	تُتَرْجَمِي	تُتَرْجَمَ	أُتَرْجَمَ	IMPERFECT SUBJUNCTIVE	
يُتَرْجَمْنَ	يُتَرْجَمُوا	تُتَرْجَمْنَ	تُتَرْجَمُوا	نُتَرْجَمْ	تُتَرْجَمَا	يُتَرْجَمَا	تُتَرْجَمَا	تُتَرْجَمْ	يُتَرْجَمْ	تُتَرْجَمِي	تُتَرْجَمْ	أُتَرْجَمْ	IMPERFECT JUSSIVE	

ACTIVE PARTICIPLE:*مُسْتَثْنٍ PASSIVE PARTICIPLE: مُسْتَثْنًى MAṢDAR: إِسْتِثْنَاءٌ ROOT: ثنى FORM X TO EXCEPT إِسْتَثْنَى

3 f pl	3 m pl	2 f pl	2 m pl	1 pl	3 f dual	3 m dual	2 dual	3 f sgl	3 m sgl	2 f sgl	2 m sgl	1 sgl		
إِسْتَثْنَيْنَ	إِسْتَثْنَوْا	إِسْتَثْنَيْتُنَّ	إِسْتَثْنَيْتُمْ	إِسْتَثْنَيْنَا	إِسْتَثْنَتَا	إِسْتَثْنَيَا	إِسْتَثْنَيْتُمَا	إِسْتَثْنَتْ	إِسْتَثْنَى	إِسْتَثْنَيْتِ	إِسْتَثْنَيْتَ	إِسْتَثْنَيْتُ	PERFECT	ACTIVE
يَسْتَثْنِينَ	يَسْتَثْنُونَ	تَسْتَثْنِينَ	تَسْتَثْنُونَ	نَسْتَثْنِي	تَسْتَثْنِيَانِ	يَسْتَثْنِيَانِ	تَسْتَثْنِيَانِ	تَسْتَثْنِي	يَسْتَثْنِي	تَسْتَثْنِينَ	تَسْتَثْنِي	أَسْتَثْنِي	IMPERFECT INDICATIVE	
يَسْتَثْنِينَ	يَسْتَثْنُوا	تَسْتَثْنِينَ	تَسْتَثْنُوا	نَسْتَثْنِيَ	تَسْتَثْنِيَا	يَسْتَثْنِيَا	تَسْتَثْنِيَا	تَسْتَثْنِيَ	يَسْتَثْنِيَ	تَسْتَثْنِي	تَسْتَثْنِيَ	أَسْتَثْنِيَ	IMPERFECT SUBJUNCTIVE	
يَسْتَثْنِينَ	يَسْتَثْنُوا	تَسْتَثْنِينَ	تَسْتَثْنُوا	نَسْتَثْنِ	تَسْتَثْنِيَا	يَسْتَثْنِيَا	تَسْتَثْنِيَا	تَسْتَثْنِ	يَسْتَثْنِ	تَسْتَثْنِي	تَسْتَثْنِ	أَسْتَثْنِ	IMPERFECT JUSSIVE	
		إِسْتَثْنِينَ	إِسْتَثْنُوا				إِسْتَثْنِيَا			إِسْتَثْنِي	إِسْتَثْنِ		IMPERATIVE	
أُسْتُثْنِينَ	أُسْتُثْنُوا	أُسْتُثْنِيتُنَّ	أُسْتُثْنِيتُمْ	أُسْتُثْنِينَا	أُسْتُثْنِيَتَا	.أُسْتُثْنِيَا	أُسْتُثْنِيتُمَا	أُسْتُثْنِيَتْ	أُسْتُثْنِيَ	أُسْتُثْنِيتِ	أُسْتُثْنِيتَ	أُسْتُثْنِيتُ	PERFECT	PASSIVE
يُسْتَثْنَيْنَ	يُسْتَثْنَوْنَ	تُسْتَثْنَيْنَ	تُسْتَثْنَوْنَ	نُسْتَثْنَى	تُسْتَثْنَيَانِ	يُسْتَثْنَيَانِ	تُسْتَثْنَيَانِ	تُسْتَثْنَى	يُسْتَثْنَى	تُسْتَثْنَيْنَ	تُسْتَثْنَى	أُسْتَثْنَى	IMPERFECT INDICATIVE	
يُسْتَثْنَيْنَ	يُسْتَثْنَوْا	تُسْتَثْنَيْنَ	تُسْتَثْنَوْا	نُسْتَثْنَى	تُسْتَثْنَيَا	يُسْتَثْنَيَا	تُسْتَثْنَيَا	تُسْتَثْنَى	يُسْتَثْنَى	تُسْتَثْنَيْ	تُسْتَثْنَى	أُسْتَثْنَى	IMPERFECT SUBJUNCTIVE	
يُسْتَثْنَيْنَ	يُسْتَثْنَوْا	تُسْتَثْنَيْنَ	تُسْتَثْنَوْا	نُسْتَثْنَ	تُسْتَثْنَيَا	يُسْتَثْنَيَا	تُسْتَثْنَيَا	تُسْتَثْنَ	يُسْتَثْنَ	تُسْتَثْنَيْ	تُسْتَثْنَ	أُسْتَثْنَ	IMPERFECT JUSSIVE	

* Genitive مُسْتَثْنٍ ; accusative مُسْتَثْنِيًا . With article: nominative أَلْمُسْتَثْنِي ; genitive أَلْمُسْتَثْنِي ; accusative أَلْمُسْتَثْنِيَ.

ACTIVE PARTICIPLE:[*] جَارٍ PASSIVE PARTICIPLE: MAṢDAR: جَرْيٌ ROOT: جري FORM I TO FLOW جَرَى

	3 *f pl*	3 *m pl*	2 *f pl*	2 *m pl*	1 *pl*	3 *f dual*	3 *m dual*	2 *dual*	3 *f sgl*	3 *m sgl*	2 *f sgl*	2 *m sgl*	1 *sgl*	
ACTIVE	جَرَيْنَ	جَرَوْا	جَرَيْتُنَّ	جَرَيْتُمْ	جَرَيْنَا	جَرَتَا	جَرَيَا	جَرَيْتُمَا	جَرَتْ	جَرَى	جَرَيْتِ	جَرَيْتَ	جَرَيْتُ	PERFECT
ACTIVE	يَجْرِينَ	يَجْرُونَ	تَجْرِينَ	تَجْرُونَ	نَجْرِي	تَجْرِيَانِ	يَجْرِيَانِ	تَجْرِيَانِ	تَجْرِي	يَجْرِي	تَجْرِينَ	تَجْرِي	أَجْرِي	IMPERFECT INDICATIVE
ACTIVE	يَجْرِينَ	يَجْرُوا	تَجْرِينَ	تَجْرُوا	نَجْرِي	تَجْرِيَا	يَجْرِيَا	تَجْرِيَا	تَجْرِيَ	يَجْرِيَ	تَجْرِي	تَجْرِيَ	أَجْرِيَ	IMPERFECT SUBJUNCTIVE
ACTIVE	يَجْرِينَ	يَجْرُوا	تَجْرِينَ	تَجْرُوا	نَجْرِ	تَجْرِيَا	يَجْرِيَا	تَجْرِيَا	تَجْرِ	يَجْرِ	تَجْرِي	تَجْرِ	أَجْرِ	IMPERFECT JUSSIVE
ACTIVE			إِجْرِينَ	إِجْرُوا				إِجْرِيَا			إِجْرِي	إِجْرِ		IMPERATIVE
PASSIVE														PERFECT
PASSIVE														IMPERFECT INDICATIVE
PASSIVE														IMPERFECT SUBJUNCTIVE
PASSIVE														IMPERFECT JUSSIVE

[*] Genitive جَارٍ ; accusative جَارِيًا . With article: nominative أَلْجَارِي ; genitive أَلْجَارِي ; accusative أَلْجَارِيَ.

TO SIT جَلَسَ   FORM I   ROOT: جلس   MASDAR: جُلُوسٌ   ACTIVE PARTICIPLE: جَالِسٌ   PASSIVE PARTICIPLE:

		3 f pl	3 m pl	2 f pl	2 m pl	1 pl	3 f dual	3 m dual	2 dual	3 f sgl	3 m sgl	2 f sgl	2 m sgl	1 sgl
ACTIVE	PERFECT	جَلَسْنَ	جَلَسُوا	جَلَسْتُنَّ	جَلَسْتُمْ	جَلَسْنَا	جَلَسَتَا	جَلَسَا	جَلَسْتُمَا	جَلَسَتْ	جَلَسَ	جَلَسْتِ	جَلَسْتَ	جَلَسْتُ
	IMPERFECT INDICATIVE	يَجْلِسْنَ	يَجْلِسُونَ	تَجْلِسْنَ	تَجْلِسُونَ	نَجْلِسُ	تَجْلِسَانِ	يَجْلِسَانِ	تَجْلِسَانِ	تَجْلِسُ	يَجْلِسُ	تَجْلِسِينَ	تَجْلِسُ	أَجْلِسُ
	IMPERFECT SUBJUNCTIVE	يَجْلِسْنَ	يَجْلِسُوا	تَجْلِسْنَ	تَجْلِسُوا	نَجْلِسَ	تَجْلِسَا	يَجْلِسَا	تَجْلِسَا	تَجْلِسَ	يَجْلِسَ	تَجْلِسِي	تَجْلِسَ	أَجْلِسَ
	IMPERFECT JUSSIVE	يَجْلِسْنَ	يَجْلِسُوا	تَجْلِسْنَ	تَجْلِسُوا	نَجْلِسْ	تَجْلِسَا	يَجْلِسَا	تَجْلِسَا	تَجْلِسْ	يَجْلِسْ	تَجْلِسِي	تَجْلِسْ	أَجْلِسْ
	IMPERATIVE			إِجْلِسْنَ	إِجْلِسُوا				إِجْلِسَا			إِجْلِسِي	إِجْلِسْ	
PASSIVE	PERFECT													
	IMPERFECT INDICATIVE													
	IMPERFECT SUBJUNCTIVE													
	IMPERFECT JUSSIVE													

ACTIVE PARTICIPLE: جَامِعٌ PASSIVE PARTICIPLE: مَجْمُوعٌ MAṢDAR: جَمْعٌ ROOT: جمع FORM I TO GATHER جَمَعَ

	3 f pl	3 m pl	2 f pl	2 m pl	1 pl	3 f dual	3 m dual	2 dual	3 f sgl	3 m sgl	2 f sgl	2 m sgl	1 sgl	
ACTIVE	جَمَعْنَ	جَمَعُوا	جَمَعْتُنَّ	جَمَعْتُمْ	جَمَعْنَا	جَمَعَتَا	جَمَعَا	جَمَعْتُمَا	جَمَعَتْ	جَمَعَ	جَمَعْتِ	جَمَعْتَ	جَمَعْتُ	PERFECT
	يَجْمَعْنَ	يَجْمَعُونَ	تَجْمَعْنَ	تَجْمَعُونَ	نَجْمَعُ	تَجْمَعَانِ	يَجْمَعَانِ	تَجْمَعَانِ	تَجْمَعُ	يَجْمَعُ	تَجْمَعِينَ	تَجْمَعُ	أَجْمَعُ	IMPERFECT INDICATIVE
	يَجْمَعْنَ	يَجْمَعُوا	تَجْمَعْنَ	تَجْمَعُوا	نَجْمَعَ	تَجْمَعَا	يَجْمَعَا	تَجْمَعَا	تَجْمَعَ	يَجْمَعَ	تَجْمَعِي	تَجْمَعَ	أَجْمَعَ	IMPERFECT SUBJUNCTIVE
	يَجْمَعْنَ	يَجْمَعُوا	تَجْمَعْنَ	تَجْمَعُوا	نَجْمَعْ	تَجْمَعَا	يَجْمَعَا	تَجْمَعَا	تَجْمَعْ	يَجْمَعْ	تَجْمَعِي	تَجْمَعْ	أَجْمَعْ	IMPERFECT JUSSIVE
			إِجْمَعْنَ	إِجْمَعُوا				إِجْمَعَا			إِجْمَعِي	إِجْمَعْ		IMPERATIVE
PASSIVE	جُمِعْنَ	جُمِعُوا	جُمِعْتُنَّ	جُمِعْتُمْ	جُمِعْنَا	جُمِعَتَا	جُمِعَا	جُمِعْتُمَا	جُمِعَتْ	جُمِعَ	جُمِعْتِ	جُمِتْتَ	جُمِعْتُ	PERFECT
	يُجْمَعْنَ	يُجْمَعُونَ	تُجْمَعْنَ	تُجْمَعُونَ	نُجْمَعُ	تُجْمَعَانِ	يُجْمَعَانِ	تُجْمَعَانِ	تُجْمَعُ	يُجْمَعُ	تُجْمَعِينَ	تُجْمَعُ	أُجْمَعُ	IMPERFECT INDICATIVE
	يُجْمَعْنَ	يُجْمَعُوا	تُجْمَعْنَ	تُجْمَعُوا	نُجْمَعَ	تُجْمَعَا	يُجْمَعَا	تُجْمَعَا	تُجْمَعَ	يُجْمَعَ	تُجْمَعِي	تُجْمَعَ	أُجْمَعَ	IMPERFECT SUBJUNCTIVE
	يُجْمَعْنَ	يُجْمَعُوا	تُجْمَعْنَ	تُجْمَعُوا	نُجْمَعْ	تُجْمَعَا	يُجْمَعَا	تُجْمَعَا	تُجْمَعْ	يُجْمَعْ	تُجْمَعِي	تُجْمَعْ	أُجْمَعْ	IMPERFECT JUSSIVE

ACTIVE PARTICIPLE: مُجْتَمِعٌ PASSIVE PARTICIPLE: MAṢDAR: إِجْتِمَاعٌ ROOT: جمع FORM VIII TO ASSEMBLE إِجْتَمَعَ

		3 f pl	*3 m pl*	*2 f pl*	*2 m pl*	*1 pl*	*3 f dual*	*3 m dual*	*2 dual*	*3 f sgl*	*3 m sgl*	*2 f sgl*	*2 m sgl*	*1 sgl*
ACTIVE	PERFECT	إِجْتَمَعْنَ	إِجْتَمَعُوا	إِجْتَمَعْتُنَّ	إِجْتَمَعْتُمْ	إِجْتَمَعْنَا	إِجْتَمَعَتَا	إِجْتَمَعَا	إِجْتَمَعْتُمَا	إِجْتَمَعَتْ	إِجْتَمَعَ	إِجْتَمَعْتِ	إِجْتَمَعْتَ	إِجْتَمَعْتُ
	IMPERFECT INDICATIVE	يَجْتَمِعْنَ	يَجْتَمِعُونَ	تَجْتَمِعْنَ	تَجْتَمِعُونَ	نَجْتَمِعُ	تَجْتَمِعَانِ	يَجْتَمِعَانِ	تَجْتَمِعَانِ	تَجْتَمِعُ	يَجْتَمِعُ	تَجْتَمِعِينَ	تَجْتَمِعُ	أَجْتَمِعُ
	IMPERFECT SUBJUNCTIVE	يَجْتَمِعْنَ	يَجْتَمِعُوا	تَجْتَمِعْنَ	تَجْتَمِعُوا	نَجْتَمِعَ	تَجْتَمِعَا	يَجْتَمِعَا	تَجْتَمِعَا	تَجْتَمِعَ	يَجْتَمِعَ	تَجْتَمِعِي	تَجْتَمِعَ	أَجْتَمِعَ
	IMPERFECT JUSSIVE	يَجْتَمِعْنَ	يَجْتَمِعُوا	تَجْتَمِعْنَ	تَجْتَمِعُوا	نَجْتَمِعْ	تَجْتَمِعَا	يَجْتَمِعَا	تَجْتَمِعَا	تَجْتَمِعْ	يَجْتَمِعْ	تَجْتَمِعِي	تَجْتَمِعْ	أَجْتَمِعْ
	IMPERATIVE			إِجْتَمِعْنَ	إِجْتَمِعُوا				إِجْتَمِعَا			إِجْتَمِعِي	إِجْتَمِعْ	
PASSIVE	PERFECT													
	IMPERFECT INDICATIVE													
	IMPERFECT SUBJUNCTIVE													
	IMPERFECT JUSSIVE													

ACTIVE PARTICIPLE: مُجْتَهِدٌ   PASSIVE PARTICIPLE: MAṢDAR: إِجْتِهَادٌ   ROOT: جهد   FORM VIII   TO WORK HARD إِجْتَهَدَ

		3 f pl	*3 m pl*	*2 f pl*	*2 m pl*	*1 pl*	*3 f dual*	*3 m dual*	*2 dual*	*3 f sgl*	*3 m sgl*	*2 f sgl*	*2 m sgl*	*1 sgl*
ACTIVE	PERFECT	إِجْتَهَدْنَ	إِجْتَهَدُوا	إِجْتَهَدْتُنَّ	إِجْتَهَدْتُمْ	إِجْتَهَدْنَا	إِجْتَهَدَتَا	إِجْتَهَدَا	إِجْتَهَدْتُمَا	إِجْتَهَدَتْ	إِجْتَهَدَ	إِجْتَهَدْتِ	إِجْتَهَدْتَ	إِجْتَهَدْتُ *
	IMPERFECT INDICATIVE	يَجْتَهِدْنَ	يَجْتَهِدُونَ	تَجْتَهِدْنَ	تَجْتَهِدُونَ	نَجْتَهِدُ	تَجْتَهِدَانِ	يَجْتَهِدَانِ	تَجْتَهِدَانِ	تَجْتَهِدُ	يَجْتَهِدُ	تَجْتَهِدِينَ	تَجْتَهِدُ	أَجْتَهِدُ
	IMPERFECT SUBJUNCTIVE	يَجْتَهِدْنَ	يَجْتَهِدُوا	تَجْتَهِدْنَ	تَجْتَهِدُوا	نَجْتَهِدَ	تَجْتَهِدَا	يَجْتَهِدَا	تَجْتَهِدَا	تَجْتَهِدَ	يَجْتَهِدَ	تَجْتَهِدِي	تَجْتَهِدَ	أَجْتَهِدَ
	IMPERFECT JUSSIVE	يَجْتَهِدْنَ	يَجْتَهِدُوا	تَجْتَهِدْنَ	تَجْتَهِدُوا	نَجْتَهِدْ	تَجْتَهِدَا	يَجْتَهِدَا	تَجْتَهِدَا	تَجْتَهِدْ	يَجْتَهِدْ	تَجْتَهِدِي	تَجْتَهِدْ	أَجْتَهِدْ
	IMPERATIVE			إِجْتَهِدْنَ	إِجْتَهِدُوا				إِجْتَهِدَا			إِجْتَهِدِي	إِجْتَهِدْ	
PASSIVE	PERFECT													
	IMPERFECT INDICATIVE													
	IMPERFECT SUBJUNCTIVE													
	IMPERFECT JUSSIVE													

ACTIVE PARTICIPLE: مُسْتَجْوِبٌ PASSIVE PARTICIPLE: مُسْتَجْوَبٌ MAṢDAR: إِسْتِجْوَابٌ ROOT: جوب FORM X TO INTERROGATE إِسْتَجْوَبَ

		3 f pl	3 m pl	2 f pl	2 m pl	1 pl	3 f dual	3 m dual	2 dual	3 f sgl	3 m sgl	2 f sgl	2 m sgl	1 sgl
ACTIVE	PERFECT	إِسْتَجْوَبْنَ	إِسْتَجْوَبُوا	إِسْتَجْوَبْتُنَّ	إِسْتَجْوَبْتُمْ	إِسْتَجْوَبْنَا	إِسْتَجْوَبَتَا	إِسْتَجْوَبَا	إِسْتَجْوَبْتُمَا	إِسْتَجْوَبَتْ	إِسْتَجْوَبَ	إِسْتَجْوَبْتِ	إِسْتَجْوَبْتَ	إِسْتَجْوَبْتُ
	IMPERFECT INDICATIVE	يَسْتَجْوِبْنَ	يَسْتَجْوِبُونَ	تَسْتَجْوِبْنَ	تَسْتَجْوِبُونَ	نَسْتَجْوِبُ	تَسْتَجْوِبَانِ	يَسْتَجْوِبَانِ	تَسْتَجْوِبَانِ	تَسْتَجْوِبُ	يَسْتَجْوِبُ	تَسْتَجْوِبِينَ	تَسْتَجْوِبُ	أَسْتَجْوِبُ
	IMPERFECT SUBJUNCTIVE	يَسْتَجْوِبْنَ	يَسْتَجْوِبُوا	تَسْتَجْوِبْنَ	تَسْتَجْوِبُوا	نَسْتَجْوِبَ	تَسْتَجْوِبَا	يَسْتَجْوِبَا	تَسْتَجْوِبَا	تَسْتَجْوِبَ	يَسْتَجْوِبَ	تَسْتَجْوِبِي	تَسْتَجْوِبَ	أَسْتَجْوِبَ
	IMPERFECT JUSSIVE	يَسْتَجْوِبْنَ	يَسْتَجْوِبُوا	تَسْتَجْوِبْنَ	تَسْتَجْوِبُوا	نَسْتَجْوِبْ	تَسْتَجْوِبَا	يَسْتَجْوِبَا	تَسْتَجْوِبَا	تَسْتَجْوِبْ	يَسْتَجْوِبْ	تَسْتَجْوِبِي	تَسْتَجْوِبْ	أَسْتَجْوِبْ
	IMPERATIVE			إِسْتَجْوِبْنَ	إِسْتَجْوِبُوا				إِسْتَجْوِبَا			إِسْتَجْوِبِي	إِسْتَجْوِبْ	
PASSIVE	PERFECT	أُسْتُجْوِبْنَ	أُسْتُجْوِبُوا	أُسْتُجْوِبْتُنَّ	أُسْتُجْوِبْتُمْ	أُسْتُجْوِبْنَا	أُسْتُجْوِبَتَا	أُسْتُجْوِبَا	أُسْتُجْوِبْتُمَا	أُسْتُجْوِبَتْ	أُسْتُجْوِبَ	أُسْتُجْوِبْتِ	أُسْتُجْوِبْتَ	أُسْتُجْوِبْتُ
	IMPERFECT INDICATIVE	يُسْتَجْوَبْنَ	يُسْتَجْوَبُونَ	تُسْتَجْوَبْنَ	تُسْتَجْوَبُونَ	نُسْتَجْوَبُ	تُسْتَجْوَبَانِ	يُسْتَجْوَبَانِ	تُسْتَجْوَبَانِ	تُسْتَجْوَبُ	يُسْتَجْوَبُ	تُسْتَجْوَبِينَ	تُسْتَجْوَبُ	أُسْتَجْوَبُ
	IMPERFECT SUBJUNCTIVE	يُسْتَجْوَبْنَ	يُسْتَجْوَبُوا	تُسْتَجْوَبْنَ	تُسْتَجْوَبُوا	نُسْتَجْوَبَ	تُسْتَجْوَبَا	يُسْتَجْوَبَا	تُسْتَجْوَبَا	تُسْتَجْوَبَ	يُسْتَجْوَبَ	تُسْتَجْوَبِي	تُسْتَجْوَبَ	أُسْتَجْوَبَ
	IMPERFECT JUSSIVE	يُسْتَجْوَبْنَ	يُسْتَجْوَبُوا	تُسْتَجْوَبْنَ	تُسْتَجْوَبُوا	نُسْتَجْوَبْ	تُسْتَجْوَبَا	يُسْتَجْوَبَا	تُسْتَجْوَبَا	تُسْتَجْوَبْ	يُسْتَجْوَبْ	تُسْتَجْوَبِي	تُسْتَجْوَبْ	أُسْتَجْوَبْ

ACTIVE PARTICIPLE: مُجَاوِرٌ PASSIVE PARTICIPLE: مُجَاوَرٌ MAṢDAR:* مُجَاوَرَةٌ ROOT: جور FORM III TO ADJOIN جَاوَرَ

		3 f pl	3 m pl	2 f pl	2 m pl	1 pl	3 f dual	3 m dual	2 dual	3 f sgl	3 m sgl	2 f sgl	2 m sgl	1 sgl
ACTIVE	PERFECT	جَاوَرْنَ	جَاوَرُوا	جَاوَرْتُنَّ	جَاوَرْتُمْ	جَاوَرْنَا	جَوَرَتَا	جَاوَرَا	جَاوَرْتُمَا	جَاوَرَتْ	جَاوَرَ	جَاوَرْتِ	جَاوَرْتَ	جَاوَرْتُ
	IMPERFECT INDICATIVE	يُجَاوِرْنَ	يُجَاوِرُونَ	تُجَاوِرْنَ	تُجَاوِرُونَ	نُجَاوِرُ	تُجَاوِرَانِ	يُجَاوِرَانِ	تُجَاوِرَانِ	تُجَاوِرُ	يُجَاوِرُ	تُجَاوِرِينَ	تُجَاوِرُ	أُجَاوِرُ
	IMPERFECT SUBJUNCTIVE	يُجَاوِرْنَ	يُجَاوِرُوا	تُجَاوِرْنَ	تُجَاوِرُوا	نُجَاوِرَ	تُجَاوِرَا	يُجَاوِرَا	تُجَاوِرَا	تُجَاوِرَ	يُجَاوِرَ	تُجَاوِرِي	تُجَاوِرَ	أُجَاوِرَ
	IMPERFECT JUSSIVE	يُجَاوِرْنَ	يُجَاوِرُوا	تُجَاوِرْنَ	تُجَاوِرُوا	نُجَاوِرْ	تُجَاوِرَا	يُجَاوِرَا	تُجَاوِرَا	تُجَاوِرْ	يُجَاوِرْ	تُجَاوِرِي	تُجَاوِرْ	أُجَاوِرْ
	IMPERATIVE			جَاوِرْنَ	جَاوِرُوا				جَاوِرَا			جَاوِرِي	جَاوِرْ	
PASSIVE	PERFECT	جُووِرْنَ	جُووِرُوا	جُووِرْتُنَّ	جُووِرْتُمْ	جُووِرْنَا	جُووِرَتَا	جُووِرَا	جُووِرْتُمَا	جُووِرَتْ	جُووِرَ	جُووِرْتِ	جُووِرْتَ	جُووِرْتُ
	IMPERFECT INDICATIVE	يُجَاوَرْنَ	يُجَاوَرُونَ	تُجَاوَرْنَ	تُجَاوَرُونَ	نُجَاوَرُ	تُجَاوَرَانِ	يُجَاوَرَانِ	تُجَاوَرَانِ	تُجَاوَرُ	يُجَاوَرُ	تُجَاوَرِينَ	تُجَاوَرُ	أُجَاوَرُ
	IMPERFECT SUBJUNCTIVE	يُجَاوَرْنَ	يُجَاوَرُوا	تُجَاوَرْنَ	تُجَاوَرُوا	نُجَاوَرَ	تُجَاوَرَا	يُجَاوَرَا	تُجَاوَرَا	تُجَاوَرَ	يُجَاوَرَ	تُجَاوَرِي	تُجَاوَرَ	أُجَاوَرَ
	IMPERFECT JUSSIVE	يُجَاوَرْنَ	يُجَاوَرُوا	تُجَاوَرْنَ	تُجَاوَرُوا	نُجَاوَرْ	تُجَاوَرَا	يُجَاوَرَا	تُجَاوَرَا	تُجَاوَرْ	يُجَاوَرْ	تُجَاوَرِي	تُجَاوَرْ	أُجَاوَرْ

* **Also** جِوَارٌ .

ACTIVE PARTICIPLE: جَاءٍ* PASSIVE PARTICIPLE: مَجِيءٌ MAṢDAR: مَجِيءٌ ROOT: جيء FORM I TO COME جَاءَ

		3 f pl	3 m pl	2 f pl	2 m pl	1 pl	3 f dual	3 m dual	2 dual	3 f sgl	3 m sgl	2 f sgl	2 m sgl	1 sgl
ACTIVE	PERFECT	جِئْنَ	جَاؤُوا	جِئْتُنَّ	جِئْتُمْ	جِئْنَا	جَاءَتَا	جَاءَا	جِئْتُمَا	جَاءَتْ	جَاءَ	جِئْتِ	جِئْتَ	جِئْتُ
	IMPERFECT INDICATIVE	يَجِئْنَ	يَجِيؤُونَ	تَجِئْنَ	تَجِيؤُونَ	نَجِيءُ	تَجِيئَانِ	يَجِيئَانِ	تَجِيئَانِ	تَجِيءُ	يَجِيءُ	تَجِيئِينَ	تَجِيءُ	أَجِيءُ
	IMPERFECT SUBJUNCTIVE	يَجِئْنَ	يَجِيؤُوا	تَجِئْنَ	تَجِيؤُوا	نَجِيءَ	تَجِيئَا	يَجِيئَا	تَجِيئَا	تَجِيءَ	يَجِيءَ	تَجِيئِي	تَجِيءَ	أَجِيءَ
	IMPERFECT JUSSIVE	يَجِئْنَ	يَجِيؤُوا	تَجِئْنَ	تَجِيؤُوا	نَجِئْ	تَجِيئَا	يَجِيئَا	تَجِيئَا	تَجِئْ	يَجِئْ	تَجِيئِي	تَجِئْ	أَجِئْ
	IMPERATIVE			جِئْنَ	جِيؤُوا				جِيئَا			جِيئِي	جِئْ	
PASSIVE	PERFECT	جِئْنَ	جِيؤُوا	جِئْتُنَّ	جِئْتُمْ	جِئْنَا	جِيئَتَا	جِيئَا	جِئْتُمَا	جِيئَتْ	جِيءَ	جِئْتِ	جِئْتَ	جِئْتُ
	IMPERFECT INDICATIVE	يُجَأْنَ	يُجَاؤُونَ	تُجَأْنَ	تُجَاؤُونَ	نُجَاءُ	تُجَاءَانِ	يُجَاءَانِ	تُجَاءَانِ	تُجَاءُ	يُجَاءُ	تُجَائِينَ	تُجَاءُ	أُجَاءُ
	IMPERFECT SUBJUNCTIVE	يُجَأْنَ	يُجَاؤُوا	تُجَأْنَ	تُجَاؤُوا	نُجَاءَ	تُجَاءَ	يُجَاءَا	تُجَاءَا	تُجَاءَ	يُجَاءَ	تُجَائِي	تُجَاءَ	أُجَاءَ
	IMPERFECT JUSSIVE	يُجَأْنَ	يُجَاؤُوا	تُجَأْنَ	تُجَاؤُوا	نُجَأْ	تُجَاءَا	يُجَاءَا	تُجَاءَا	تُجَأْ	يُجَأْ	تُجَائِي	تُجَأْ	أُجَأْ

* Genitive جَاءٍ ; accusative جَائِيًا. With article: nominative أَلْجَائِي ; genitive أَلْجَائِي ; accusative أَلْجَائِيَ.

ACTIVE PARTICIPLE: مُحَاجٌّ PASSIVE PARTICIPLE: مُحَاجٌّ MAṢDAR: حِجَاجٌ ROOT: حجج FORM III TO ARGUE حَاجَّ*

3 f pl	3 m pl	2 f pl	2 m pl	1 pl	3 f dual	3 m dual	2 dual	3 f sgl	3 m sgl	2 f sgl	2 m sgl	1 sgl		
حَاجَجْنَ	حَاجُّوا	حَاجَجْتُنَّ	حَاجَجْتُمْ	حَاجَجْنَا	حَاجَّتَا	حَاجَّا	حَاجَجْتُمَا	حَاجَّتْ	حَاجَّ	حَاجَجْتِ	حَاجَجْتَ	حَاجَجْتُ	PERFECT	ACTIVE
يُحَاجِجْنَ	يُحَاجُّونَ	تُحَاجِجْنَ	تُحَاجُّونَ	نُحَاجُّ	تُحَاجَّانِ	يُحَاجَّانِ	تُحَاجَّانِ	تُحَاجُّ	يُحَاجُّ	تُحَاجِّينَ	تُحَاجُّ	أُحَاجُّ	IMPERFECT INDICATIVE	
يُحَاجِجْنَ	يُحَاجُّوا	تُحَاجِجْنَ	تُحَاجُّوا	نُحَاجَّ	تُحَاجَّا	يُحَاجَّا	تُحَاجَّا	تُحَاجَّ	يُحَاجَّ	تُحَاجِّي	تُحَاجَّ	أُحَاجَّ	IMPERFECT SUBJUNCTIVE	
يُحَاجِجْنَ	يُحَاجُّوا	تُحَاجِجْنَ	تُحَاجُّوا	نُحَاجِجْ	تُحَاجَّا	يُحَاجَّا	تُحَاجَّا	تُحَاجِجْ	يُحَاجِجْ	تُحَاجِّي	تُحَاجِجْ	أُحَاجِجْ	IMPERFECT JUSSIVE	
		حَاجِجْنَ	حَاجُّوا				حَاجَّا			حَاجِّي	حَاجِجْ		IMPERATIVE	
حُوجِجْنَ	حُوجِجُوا	حُوجِجْتُنَّ	حُوجِجْتُمْ	حُوجِجْنَا	حُوجِجَتَا	حُوجِجَا	حُوجِجْتُمَا	حُوجِجَتْ	حُوجِجَ	حُوجِجْتِ	حُوجِجْتَ	حُوجِجْتُ	PERFECT	PASSIVE
يُحَاجَجْنَ	يُحَاجُّونَ	تُحَاجَجْنَ	تُحَاجُّونَ	نُحَاجُّ	تُحَاجَّانِ	يُحَاجَّانِ	تُحَاجَّانِ	تُحَاجُّ	يُحَاجُّ	تُحَاجِّينَ	تُحَاجُّ	أُحَاجُّ	IMPERFECT INDICATIVE	
يُحَاجَجْنَ	يُحَاجُّوا	تُحَاجَجْنَ	تُحَاجُّوا	نُحَاجَّ	تُحَاجَّا	يُحَاجَّا	تُحَاجَّا	تُحَاجَّ	يُحَاجَّ	تُحَاجِّي	تُحَاجَّ	أُحَاجَّ	IMPERFECT SUBJUNCTIVE	
يُحَاجَجْنَ	يُحَاجُّوا	تُحَاجَجْنَ	تُحَاجُّوا	نُحَاجَجْ	تُحَاجَّا	يُحَاجَّا	تُحَاجَّا	تُحَاجَجْ	يُحَاجَجْ	تُحَاجِّي	تُحَاجَجْ	أُحَاجَجْ	IMPERFECT JUSSIVE	

*Contracted form

ACTIVE PARTICIPLE: مُحَاجِجٌ PASSIVE PARTICIPLE: مُحَاجَجٌ MAṢDAR:** حِجَاجٌ ROOT: حجج FORM III TO ARGUE حَاجَجَ.*

		3 f pl	3 m pl	2 f pl	2 m pl	1 pl	3 f dual	3 m dual	2 dual	3 f sgl	3 m sgl	2 f sgl	2 m sgl	1 sgl
ACTIVE	PERFECT	حَاجَجْنَ	حَاجَجُوا	حَاجَجْتُنَّ	حَاجَجْتُمْ	حَاجَجْنَا	حَاجَجَتَا	حَاجَجَا	حَاجَجْتُمَا	حَاجَجَتْ	حَاجَجَ	حَاجَجْتِ	حَاجَجْتَ	حَاجَجْتُ
ACTIVE	IMPERFECT INDICATIVE	يُحَاجِجْنَ	يُحَاجِجُونَ	تُحَاجِجْنَ	تُحَاجِجُونَ	نُحَاجِجُ	تُحَاجِجَانِ	يُحَاجِجَانِ	تُحَاجِجَانِ	تُحَاجِجُ	يُحَاجِجُ	تُحَاجِجِينَ	تُحَاجِجُ	أُحَاجِجُ
ACTIVE	IMPERFECT SUBJUNCTIVE	يُحَاجِجْنَ	يُحَاجِجُوا	تُحَاجِجْنَ	تُحَاجِجُوا	نُحَاجِجَ	تُحَاجِجَا	يُحَاجِجَا	تُحَاجِجَا	تُحَاجِجَ	يُحَاجِجَ	تُحَاجِجِي	تُحَاجِجَ	أُحَاجِجَ
ACTIVE	IMPERFECT JUSSIVE	يُحَاجِجْنَ	يُحَاجِجُوا	تُحَاجِجْنَ	تُحَاجِجُوا	نُحَاجِجْ	تُحَاجِجَا	يُحَاجِجَا	تُحَاجِجَا	تُحَاجِجْ	يُحَاجِجْ	تُحَاجِجِي	تُحَاجِجْ	أُحَاجِجْ
ACTIVE	IMPERATIVE			حَاجِجْنَ	حَاجِجُوا				حَاجِجَا			حَاجِجِي	حَاجِجْ	
PASSIVE	PERFECT	حُوجِجْنَ	حُوجِجُوا	حُوجِجْتُنَّ	حُوجِجْتُمْ	حُوجِجْنَا	حُوجِجَتَا	خُوجِجَا	حُوجِجْتُمَا	حُوجِجَتْ	حُوجِجَ	حُوجِجْتِ	حُوجِجْتَ	حُوجِجْتُ
PASSIVE	IMPERFECT INDICATIVE	يُحَاجَجْنَ	يُحَاجَجُونَ	تُحَاجَجْنَ	تُحَاجَجُونَ	نُحَاجَجُ	تُحَاجَجَانِ	يُحَاجَجَانِ	تُحَاجَجَانِ	تُحَاجَجُ	يُحَاجَجُ	تُحَاجَجِينَ	تُحَاجَجُ	أُحَاجَجُ
PASSIVE	IMPERFECT SUBJUNCTIVE	يُحَاجَجْنَ	يُحَاجَجُوا	تُحَاجَجْنَ	تُحَاجَجُوا	نُحَاجَجَ	تُحَاجَجَا	يُحَاجَجَا	تُحَاجَجَا	تُحَاجَجَ	يُحَاجَجَ	تُحَاجَجِي	تُحَاجَجَ	أُحَاجَجَ
PASSIVE	IMPERFECT JUSSIVE	يُحَاجَجْنَ	يُحَاجَجُوا	تُحَاجَجْنَ	تُحَاجَجُوا	نُحَاجَجْ	تُحَاجَجَا	يُحَاجَجَا	تُحَاجَجَا	تُحَاجَجْ	يُحَاجَجْ	تُحَاجَجِي	تُحَاجَجْ	أُحَاجَجْ

* Uncontracted form

** Also مُحَاجَجَةٌ

ACTIVE PARTICIPLE: مُحْسِنٌ PASSIVE PARTICIPLE مُحْسَنٌ MAṢDAR: إِحْسَانٌ ROOT: حسن FORM IV TO DO WELL أَحْسَنَ

3 f pl	*3 m pl*	*2 f pl*	*2 m pl*	*1 pl*	*3 f dual*	*3 m dual*	*2 dual*	*3 f sgl*	*3 m sgl*	*2 f sgl*	*2 m sgl*	*1 sgl*		
أَحْسَنَّ	أَحْسَنُوا	أَحْسَنْتُنَّ	أَحْسَنْتُمْ	أَحْسَنَّا	أَحْسَنَتَا	أَحْسَنَا	أَحْسَنْتُمَا	أَحْسَنَتْ	أَحْسَنَ	أَحْسَنْتِ	أَحْسَنْتَ	أَحْسَنْتُ	PERFECT	ACTIVE
يُحْسِنَّ	يُحْسِنُونَ	تُحْسِنَّ	تُحْسِنُونَ	نُحْسِنُ	تُحْسِنَانِ	يُحْسِنَانِ	تُحْسِنَانِ	تُحْسِنُ	يُحْسِنُ	تُحْسِنِينَ	تُحْسِنُ	أُحْسِنُ	IMPERFECT INDICATIVE	
يُحْسِنَّ	يُحْسِنُوا	تُحْسِنَّ	تُحْسِنُوا	نُحْسِنَ	تُحْسِنَا	يُحْسِنَا	تُحْسِنَا	تُحْسِنَ	يُحْسِنَ	تُحْسِنِي	تُحْسِنَ	أُحْسِنَ	IMPERFECT SUBJUNCTIVE	
يُحْسِنَّ	يُحْسِنُوا	تُحْسِنَّ	تُحْسِنُوا	نُحْسِنْ	تُحْسِنَا	يُحْسِنَا	تُحْسِنَا	تُحْسِنْ	يُحْسِنْ	تُحْسِنِي	تُحْسِنْ	أُحْسِنْ	IMPERFECT JUSSIVE	
		أَحْسِنَّ	أَحْسِنُوا				أَحْسِنَا			أَحْسِنِي	أَحْسِنْ		IMPERATIVE	
أُحْسِنَّ	أُحْسِنُوا	أُحْسِنْتُنَّ	أُحْسِنْتُمْ	أُحْسِنَّا	أُحْسِنَتَا	أُحْسِنَا	أُحْسِنْتُمَا	أُحْسِنَتْ	أُحْسِنَ	أُحْسِنْتِ	أُحْسِنْتَ	أُحْسِنْتُ	PERFECT	PASSIVE
يُحْسَنَّ	يُحْسَنُونَ	تُحْسَنَّ	تُحْسَنُونَ	نُحْسَنُ	تُحْسَنَانِ	يُحْسَنَانِ	تُحْسَنَانِ	تُحْسَنُ	يُحْسَنُ	تُحْسَنِينَ	تُحْسَنُ	أُحْسَنُ	IMPERFECT INDICATIVE	
يُحْسَنَّ	يُحْسَنُوا	تُحْسَنَّ	تُحْسَنُوا	نُحْسَنَ	تُحْسَنَا	يُحْسَنَا	تُحْسَنَا	تُحْسَنَ	يُحْسَنَ	تُحْسَنِي	تُحْسَنَ	أُحْسَنَ	IMPERFECT SUBJUNCTIVE	
يُحْسَنَّ	يُحْسَنُوا	تُحْسَنَّ	تُحْسَنُوا	نُحْسَنْ	تُحْسَنَا	يُحْسَنَا	تُحْسَنَا	تُحْسَنْ	يُحْسَنْ	تُحْسَنِي	تُحْسَنْ	أُحْسَنْ	IMPERFECT JUSSIVE	

ACTIVE PARTICIPLE: حَاضِرٌ PASSIVE PARTICIPLE: مَحْضُورٌ MAṢDAR: حُضُورٌ ROOT: حضر FORM I TO BE PRESENT حَضَرَ

	3 f pl	3 m pl	2 f pl	2 m pl	1 pl	3 f dual	3 m dual	2 dual	3 f sgl	3 m sgl	2 f sgl	2 m sgl	1 sgl	
ACTIVE	حَضَرْنَ	حَضَرُوا	حَضَرْتُنَّ	حَضَرْتُمْ	حَضَرْنَا	حَضَرَتَا	حَضَرَا	حَضَرْتُمَا	حَضَرَتْ	حَضَرَ	حَضَرْتِ	حَضَرْتَ	حَضَرْتُ	PERFECT
	يَحْضُرْنَ	يَحْضُرُونَ	تَحْضُرْنَ	تَحْضُرُونَ	نَحْضُرُ	تَحْضُرَانِ	يَحْضُرَانِ	تَحْضُرَانِ	تَحْضُرُ	يَحْضُرُ	تَحْضُرِينَ	تَحْضُرُ	أَحْضُرُ	IMPERFECT INDICATIVE
	يَحْضُرْنَ	يَحْضُرُوا	تَحْضُرْنَ	تَحْضُرُوا	نَحْضُرَ	تَحْضُرَا	يَحْضُرَا	تَحْضُرَا	تَحْضُرَ	يَحْضُرَ	تَحْضُرِي	تَحْضُرَ	أَحْضُرَ	IMPERFECT SUBJUNCTIVE
	يَحْضُرْنَ	يَحْضُرُوا	تَحْضُرْنَ	تَحْضُرُوا	نَحْضُرْ	تَحْضُرَا	يَحْضُرَا	تَحْضُرَا	تَحْضُرْ	يَحْضُرْ	تَحْضُرِي	تَحْضُرْ	أَحْضُرْ	IMPERFECT JUSSIVE
			أُحْضُرْنَ	أُحْضُرُوا				أُحْضُرَا			أُحْضُرِي	أُحْضُرْ		IMPERATIVE
PASSIVE	حُضِرْنَ	حُضِرُوا	حُضِرْتُنَّ	حُضِرْتُمْ	حُضِرْنَا	حُضِرَتَا	حُضِرَا	حُضِرْتُمَا	حُضِرَتْ	حُضِرَ	حُضِرْتِ	حُضِرْتَ	حُضِرْتُ	PERFECT
	يُحْضَرْنَ	يُحْضَرُونَ	تُحْضَرْنَ	تُحْضَرُونَ	نُحْضَرُ	تُحْضَرَانِ	يُحْضَرَانِ	تُحْضَرَانِ	تُحْضَرُ	يُحْضَرُ	تُحْضَرِينَ	تُحْضَرُ	أُحْضَرُ	IMPERFECT INDICATIVE
	يُحْضَرْنَ	يُحْضَرُوا	تُحْضَرْنَ	تُحْضَرُوا	نُحْضَرَ	تُحْضَرَا	يُحْضَرَا	تُحْضَرَا	تُحْضَرَ	يُحْضَرَ	تُحْضَرِي	تُحْضَرَ	أُحْضَرَ	IMPERFECT SUBJUNCTIVE
	يُحْضَرْنَ	يُحْضَرُوا	تُحْضَرْنَ	تُحْضَرُوا	نُحْضَرْ	تُحْضَرَا	يُحْضَرَا	تُحْضَرَا	تُحْضَرْ	يُحْضَرْ	تُحْضَرِي	تُحْضَرْ	أُحْضَرْ	IMPERFECT JUSSIVE

ACTIVE PARTICIPLE مُحْتَلٌّ PASSIVE PARTICIPLE: مُحْتَلٌّ MAṢDAR: إِحْتِلَالٌ ROOT: حلل FORM VIII TO OCCUPY إِحْتَلَّ

		3 f pl	*3 m pl*	*2 f pl*	*2 m pl*	*1 pl*	*3 f dual*	*3 m dual*	*2 dual*	*3 f sgl*	*3 m sgl*	*2 f sgl*	*2 m sgl*	*1 sgl*
ACTIVE	PERFECT	إِحْتَلَلْنَ	إِحْتَلُّوا	إِحْتَلَلْتُنَّ	إِحْتَلَلْتُمْ	إِحْتَلَلْنَا	إِحْتَلَّتَا	إِحْتَلاَّ	إِحْتَلَلْتُمَا	إِحْتَلَّتْ	إِحْتَلَّ	إِحْتَلَلْتِ	إِحْتَلَلْتَ	إِحْتَلَلْتُ
ACTIVE	IMPERFECT INDICATIVE	يَحْتَلِلْنَ	يَحْتَلُّونَ	تَحْتَلِلْنَ	تَحْتَلُّونَ	نَحْتَلُّ	تَحْتَلاَّنِ	يَحْتَلاَّنِ	تَحْتَلاَّنِ	تَحْتَلُّ	يَحْتَلُّ	تَحْتَلِّينَ	تَحْتَلُّ	أَحْتَلُّ
ACTIVE	IMPERFECT SUBJUNCTIVE	يَحْتَلِلْنَ	يَحْتَلُّوا	تَحْتَلِلْنَ	تَحْتَلُّوا	نَحْتَلَّ	تَحْتَلاَّ	يَحْتَلاَّ	تَحْتَلاَّ	تَحْتَلَّ	يَحْتَلَّ	تَحْتَلِّي	تَحْتَلَّ	أَحْتَلَّ
ACTIVE	IMPERFECT JUSSIVE	يَحْتَلِلْنَ	يَحْتَلُّوا	تَحْتَلِلْنَ	تَحْتَلُّوا	نَحْتَلِلْ	تَحْتَلاَّ	يَحْتَلاَّ	تَحْتَلاَّ	تَحْتَلِلْ	يَحْتَلِلْ	تَحْتَلِّي	تَحْتَلِلْ	أَحْتَلِلْ
ACTIVE	IMPERATIVE			إِحْتَلِلْنَ	إِحْتَلُّوا				إِحْتَلاَّ			إِحْتَلِّي	إِحْتَلِلْ	
PASSIVE	PERFECT	أُحْتُلِلْنَ	أُحْتُلُّوا	أُحْتُلِلْتُنَّ	أُحْتُلِلْتُمْ	أُحْتُلِلْنَا	أُحْتُلَّتَا	أُحْتُلاَّ	أُحْتُلِلْتُمَا	أُحْتُلَّتْ	أُحْتُلَّ	أُحْتُلِلْتِ	أُحْتُلِلْتَ	أُحْتُلِلْتُ
PASSIVE	IMPERFECT INDICATIVE	يُحْتَلَلْنَ	يُحْتَلُّونَ	تُحْتَلَلْنَ	تُحْتَلُّونَ	نُحْتَلُّ	تُحْتَلاَّنِ	يُحْتَلاَّنِ	تُحْتَلاَّنِ	تُحْتَلُّ	يُحْتَلُّ	تُحْتَلِّينَ	تُحْتَلُّ	أُحْتَلُّ
PASSIVE	IMPERFECT SUBJUNCTIVE	يُحْتَلَلْنَ	يُحْتَلُّوا	تُحْتَلَلْنَ	تُحْتَلُّوا	نُحْتَلَّ	تُحْتَلاَّ	يُحْتَلاَّ	تُحْتَلاَّ	تُحْتَلَّ	يُحْتَلَّ	تُحْتَلِّي	تُحْتَلَّ	أُحْتَلَّ
PASSIVE	IMPERFECT JUSSIVE	يُحْتَلَلْنَ	يُحْتَلُّوا	تُحْتَلَلْنَ	تُحْتَلُّوا	نُحْتَلَلْ	تُحْتَلاَّ	يُحْتَلاَّ	تُحْتَلاَّ	تُحْتَلَلْ	يُحْتَلَلْ	تُحْتَلِّي	تُحْتَلَلْ	أُحْتَلَلْ

ACTIVE PARTICIPLE: مُحْتَوٍ* PASSIVE PARTICIPLE: مُحْتَوًى MAṢDAR: إِحْتِوَاءٌ ROOT: حوي FORM VIII TO CONTAIN إِحْتَوَى

		3 f pl	3 m pl	2 f pl	2 m pl	1 pl	3 f dual	3 m dual	2 dual	3 f sgl	3 m sgl	2 f sgl	2 m sgl	1 sgl
ACTIVE	PERFECT	إِحْتَوَيْنَ	إِحْتَوَوْا	إِحْتَوَيْتُنَّ	إِحْتَوَيْتُمْ	إِحْتَوَيْنَا	إِحْتَوَتَا	إِحْتَوَيَا	إِحْتَوَيْتُمَا	إِحْتَوَتْ	إِحْتَوَى	إِحْتَوَيْتِ	إِحْتَوَيْتَ	إِحْتَوَيْتُ
	IMPERFECT INDICATIVE	يَحْتَوِينَ	يَحْتَوُونَ	تَحْتَوِينَ	تَحْتَوُونَ	نَحْتَوِي	تَحْتَوِيَانِ	يَحْتَوِيَانِ	تَحْتَوِيَانِ	تَحْتَوِي	يَحْتَوِي	تَحْتَوِينَ	تَحْتَوِي	أَحْتَوِي
	IMPERFECT SUBJUNCTIVE	يَحْتَوِينَ	يَحْتَوُوا	تَحْتَوِينَ	تَحْتَوُوا	نَحْتَوِيَ	تَحْتَوِيَا	يَحْتَوِيَا	تَحْتَوِيَا	تَحْتَوِيَ	يَحْتَوِيَ	تَحْتَوِي	تَحْتَوِيَ	أَحْتَوِيَ
	IMPERFECT JUSSIVE	يَحْتَوِينَ	يَحْتَوُوا	تَحْتَوِينَ	تَحْتَوُوا	نَحْتَوِ	تَحْتَوِيَا	يَحْتَوِيَا	تَحْتَوِيَا	تَحْتَوِ	يَحْتَوِ	تَحْتَوِي	تَحْتَوِ	أَحْتَوِ
	IMPERATIVE			إِحْتَوِينَ	إِحْتَوُوا				إِحْتَوِيَا			إِحْتَوِي	إِحْتَوِ	
PASSIVE	PERFECT	أُحْتُوِينَ	أُحْتُوُوا	أُحْتُوِيتُنَّ	أُحْتُوِيتُمْ	أُحْتُوِينَا	أُحْتُوِيَتَا	أُحْتُوِيَا	أُحْتُوِيتُمَا	أُحْتُوِيَتْ	أُحْتُوِيَ	أُحْتُوِيتِ	أُحْتُوِيتَ	أُحْتُوِيتُ
	IMPERFECT INDICATIVE	يُحْتَوَيْنَ	يُحْتَوَوْنَ	تُحْتَوَيْنَ	تُحْتَوَوْنَ	نُحْتَوَى	تُحْتَوَيَانِ	يُحْتَوَيَانِ	تُحْتَوَيَانِ	تُحْتَوَى	يُحْتَوَى	تُحْتَوَيْنَ	تُحْتَوَى	أُحْتَوَى
	IMPERFECT SUBJUNCTIVE	يُحْتَوَيْنَ	يُحْتَوَوْا	تُحْتَوَيْنَ	تُحْتَوَوْا	نُحْتَوَى	تُحْتَوَيَا	يُحْتَوَيَا	تُحْتَوَيَا	تُحْتَوَى	يُحْتَوَى	تُحْتَوَيْ	تُحْتَوَى	أُحْتَوَى
	IMPERFECT JUSSIVE	يُحْتَوَيْنَ	يُحْتَوَوْا	تُحْتَوَيْنَ	تُحْتَوَوْا	نُحْتَوَ	تُحْتَوَيَا	يُحْتَوَيَا	تُحْتَوَيَا	تُحْتَوَ	يُحْتَوَ	تُحْتَوَيْ	تُحْتَوَ	أُحْتَوَ

*Genitive مُحْتَوٍ ; accusative مُحْتَوِيًا . With article: nominative أَلْمُحْتَوِي ; genitive أَلْمُحْتَوِي ; accusative أَلْمُحْتَوِيَ .

ACTIVE PARTICIPLE: حَايٍ PASSIVE PARTICIPLE: MAṢDAR: حَيَاةٌ ROOT: حيي FORM I TO LIVE حَيَّ

		3 f pl	3 m pl	2 f pl	2 m pl	1 pl	3 f dual	3 m dual	2 dual	3 f sgl	3 m sgl	2 f sgl	2 m sgl	1 sgl
ACTIVE	PERFECT	حَيِينَ	حَيُوا	حَيِيتُنَّ	حَيِيتُمْ	حَيِينَا	حَيَّتَا	حَيَّا	حَيِيتُمَا	حَيَّتْ	حَيَّ	حَيِيتِ	حَيِيتَ	حَيِيتُ
	IMPERFECT INDICATIVE	يَحْيَيْنَ	يَحْيَوْنَ	تَحْيَيْنَ	تَحْيَوْنَ	نَحْيَا	تَحْيَانِ	يَحْيَانِ	تَحْيَانِ	تَحْيَا	يَحْيَا	تَحْيَيْنَ	تَحْيَا	أَحْيَا
	IMPERFECT SUBJUNCTIVE	يَحْيَيْنَ	يَحْيَوْا	تَحْيَيْنَ	تَحْيَوْا	نَحْيَا	تَحْيَا	يَحْيَا	تَحْيَا	تَحْيَا	يَحْيَا	تَحْيَيْ	تَحْيَا	أَحْيَا
	IMPERFECT JUSSIVE	يَحْيَيْنَ	يَحْيَوْا	تَحْيَيْنَ	تَحْيَوْا	نَحْيَ	تَحْيَا	يَحْيَا	تَحْيَا	تَحْيَ	يَحْيَ	تَحْيَيْ	تَحْيَ	أَحْيَ
	IMPERATIVE			إِحْيَيْنَ	إِحْيَوْا				إِحْيَا			إِحْيَيْ	إِحْيَ	
PASSIVE	PERFECT													
	IMPERFECT INDICATIVE													
	IMPERFECT SUBJUNCTIVE													
	IMPERFECT JUSSIVE													

ACTIVE PARTICIPLE: مُخْبِرٌ PASSIVE PARTICIPLE: مُخْبَرٌ MAṢDAR: إِخْبَارٌ ROOT: خبر FORM IV TO NOTIFY أَخْبَرَ

		3 f pl	3 m pl	2 f pl	2 m pl	1 pl	3 f dual	3 m dual	2 dual	3 f sgl	3 m sgl	2 f sgl	2 m sgl	1 sgl
ACTIVE	PERFECT	أَخْبَرْنَ	أَخْبَرُوا	أَخْبَرْتُنَّ	أَخْبَرْتُمْ	أَخْبَرْنَا	أَخْبَرَتَا	أَخْبَرَا	أَخْبَرْتُمَا	أَخْبَرَتْ	أَخْبَرَ	أَخْبَرْتِ	أَخْبَرْتَ	أَخْبَرْتُ
	IMPERFECT INDICATIVE	يُخْبِرْنَ	يُخْبِرُونَ	تُخْبِرْنَ	تُخْبِرُونَ	نُخْبِرُ	تُخْبِرَانِ	يُخْبِرَانِ	تُخْبِرَانِ	تُخْبِرُ	يُخْبِرُ	تُخْبِرِينَ	تُخْبِرُ	أُخْبِرُ
	IMPERFECT SUBJUNCTIVE	يُخْبِرْنَ	يُخْبِرُوا	تُخْبِرْنَ	تُخْبِرُوا	نُخْبِرَ	تُخْبِرَا	يُخْبِرَا	تُخْبِرَا	تُخْبِرَ	يُخْبِرَ	تُخْبِرِي	تُخْبِرَ	أُخْبِرَ
	IMPERFECT JUSSIVE	يُخْبِرْنَ	يُخْبِرُوا	تُخْبِرْنَ	تُخْبِرُوا	نُخْبِرْ	تُخْبِرَا	يُخْبِرَا	تُخْبِرَا	تُخْبِرْ	يُخْبِرْ	تُخْبِرِي	تُخْبِرْ	أُخْبِرْ
	IMPERATIVE			أَخْبِرْنَ	أَخْبِرُوا				أَخْبِرَا			أَخْبِرِي	أَخْبِرْ	
PASSIVE	PERFECT	أُخْبِرْنَ	أُخْبِرُوا	أُخْبِرْتُنَّ	أُخْبِرْتُمْ	أُخْبِرْنَا	أُخْبِرَتَا	أُخْبِرَا	أُخْبِرْتُمَا	أُخْبِرَتْ	أُخْبِرَ	أُخْبِرْتِ	أُخْبِرْتَ	أُخْبِرْتُ
	IMPERFECT INDICATIVE	يُخْبَرْنَ	يُخْبَرُونَ	تُخْبَرْنَ	تُخْبَرُونَ	نُخْبَرُ	تُخْبَرَانِ	يُخْبَرَانِ	تُخْبَرَانِ	تُخْبَرُ	يُخْبَرُ	تُخْبَرِينَ	تُخْبَرُ	أُخْبَرُ
	IMPERFECT SUBJUNCTIVE	يُخْبَرْنَ	يُخْبَرُوا	تُخْبَرْنَ	تُخْبَرُوا	نُخْبَرَ	تُخْبَرَا	يُخْبَرَا	تُخْبَرَا	تُخْبَرَ	يُخْبَرَ	تُخْبَرِي	تُخْبَرَ	أُخْبَرَ
	IMPERFECT JUSSIVE	يُخْبَرْنَ	يُخْبَرُوا	تُخْبَرْنَ	تُخْبَرُوا	نُخْبَرْ	تُخْبَرَا	يُخْبَرَا	تُخْبَرَا	تُخْبَرْ	يُخْبَرْ	تُخْبَرِي	تُخْبَرْ	أُخْبَرْ

ACTIVE PARTICIPLE: مُتَخَلِّلٌ PASSIVE PARTICIPLE: مُتَخَلَّلٌ MAṢDAR: تَخَلُّلٌ ROOT: خلل FORM V TO INTERVENE تَخَلَّلَ

	3 f pl	3 m pl	2 f pl	2 m pl	1 pl	3 f dual	3 m dual	2 dual	3 f sgl	3 m sgl	2 f sgl	2 m sgl	1 sgl		
ACTIVE	تَخَلَّلْنَ	تَخَلَّلُوا	تَخَلَّلْتُنَّ	تَخَلَّلْتُمْ	تَخَلَّلْنَا	تَخَلَّلَتَا	تَخَلَّلَا	تَخَلَّلْتُمَا	تَخَلَّلَتْ	تَخَلَّلَ	تَخَلَّلْتِ	تَخَلَّلْتَ	تَخَلَّلْتُ	PERFECT	
	يَتَخَلَّلْنَ	يَتَخَلَّلُونَ	تَتَخَلَّلْنَ	تَتَخَلَّلُونَ	نَتَخَلَّلُ	تَتَخَلَّلَانِ	يَتَخَلَّلَانِ	تَتَخَلَّلَانِ	تَتَخَلَّلُ	يَتَخَلَّلُ	تَتَخَلَّلِينَ	تَتَخَلَّلُ	أَتَخَلَّلُ	IMPERFECT INDICATIVE	
	يَتَخَلَّلْنَ	يَتَخَلَّلُوا	تَتَخَلَّلْنَ	تَتَخَلَّلُوا	نَتَخَلَّلَ	تَتَخَلَّلَا	يَتَخَلَّلَا	تَتَخَلَّلَا	تَتَخَلَّلَ	يَتَخَلَّلَ	تَتَخَلَّلِي	تَتَخَلَّلَ	أَتَخَلَّلَ	IMPERFECT SUBJUNCTIVE	
	يَتَخَلَّلْنَ	يَتَخَلَّلُوا	تَتَخَلَّلْنَ	تَتَخَلَّلُوا	نَتَخَلَّلْ	تَتَخَلَّلَا	يَتَخَلَّلَا	تَتَخَلَّلَا	تَتَخَلَّلْ	يَتَخَلَّلْ	تَتَخَلَّلِي	تَتَخَلَّلْ	أَتَخَلَّلْ	IMPERFECT JUSSIVE	
			تَخَلَّلْنَ	تَخَلَّلُوا				تَخَلَّلَا			تَخَلَّلِي	تَخَلَّلْ		IMPERATIVE	
PASSIVE	تُخُلِّلْنَ	تُخُلِّلُوا	تُخُلِّلْتُنَّ	تُخُلِّلْتُمْ	تُخُلِّلْنَا	تُخُلِّلَتَا	تُخُلِّلَا	تُخُلِّلْتُمَا	تُخُلِّلَتْ	تُخُلِّلَ	تُخُلِّلْتِ	تُخُلِّلْتَ	تُخُلِّلْتُ	PERFECT	
	يُتَخَلَّلْنَ	يُتَخَلَّلُونَ	تُتَخَلَّلْنَ	تُتَخَلَّلُونَ	نُتَخَلَّلُ	تُتَخَلَّلَانِ	يُتَخَلَّلَانِ	تُتَخَلَّلَانِ	تُتَخَلَّلُ	يُتَخَلَّلُ	تُتَخَلَّلِينَ	تُتَخَلَّلُ	أُتَخَلَّلُ	IMPERFECT INDICATIVE	
	يُتَخَلَّلْنَ	يُتَخَلَّلُوا	تُتَخَلَّلْنَ	تُتَخَلَّلُوا	نُتَخَلَّلَ	تُتَخَلَّلَا	يُتَخَلَّلَا	تُتَخَلَّلَا	تُتَخَلَّلَ	يُتَخَلَّلَ	تُتَخَلَّلِي	تُتَخَلَّلَ	أُتَخَلَّلَ	IMPERFECT SUBJUNCTIVE	
	يُتَخَلَّلْنَ	يُتَخَلَّلُوا	تُتَخَلَّلْنَ	تُتَخَلَّلُوا	نُتَخَلَّلْ	تُتَخَلَّلَا	يُتَخَلَّلَا	تُتَخَلَّلَا	تُتَخَلَّلْ	يُتَخَلَّلْ	تُتَخَلَّلِي	تُتَخَلَّلْ	أُتَخَلَّلْ	IMPERFECT JUSSIVE	

ACTIVE PARTICIPLE: خَائِفٌ PASSIVE PARTICIPLE: مَخُوفٌ MAṢDAR:* خَوْفٌ ROOT: خوف FORM I TO FEAR خَافَ

	3 f pl	3 m pl	2 f pl	2 m pl	1 pl	3 f dual	3 m dual	2 dual	3 f sgl	3 m sgl	2 f sgl	2 m sgl	1 sgl	
ACTIVE	خِفْنَ	خَافُوا	خِفْتُنَّ	خِفْتُمْ	خِفْنَا	خَافَتَا	خَافَا	خِفْتُمَا	خَافَتْ	خَافَ	خِفْتِ	خِفْتَ	خِفْتُ	PERFECT
ACTIVE	يَخَفْنَ	يَخَافُونَ	تَخَفْنَ	تَخَافُونَ	نَخَافُ	تَخَافَانِ	يَخَافَانِ	تَخَافَانِ	تَخَافُ	يَخَافُ	تَخَافِينَ	تَخَافُ	أَخَافُ	IMPERFECT INDICATIVE
ACTIVE	يَخَفْنَ	يَخَافُوا	تَخَفْنَ	تَخَافُوا	نَخَافَ	تَخَافَا	يَخَافَا	تَخَافَا	تَخَافَ	يَخَافَ	تَخَافِي	تَخَافَ	أَخَافَ	IMPERFECT SUBJUNCTIVE
ACTIVE	يَخَفْنَ	يَخَافُوا	تَخَفْنَ	تَخَافُوا	نَخَفْ	تَخَافَا	يَخَافَا	تَخَافَا	تَخَفْ	يَخَفْ	تَخَافِي	تَخَفْ	أَخَفْ	IMPERFECT JUSSIVE
ACTIVE			خَفْنَ	خَافُوا				خَافَا			خَافِي	خَفْ		IMPERATIVE
PASSIVE	خِفْنَ	خِيفُوا	خِفْتُنَّ	خِفْتُمْ	خِفْنَا	خِيفَتَا	خِيفَا	خِفْتُمَا	خِيفَتْ	خِيفَ	خِفْتِ	خِفْتَ	خِفْتُ	PERFECT
PASSIVE	يُخَفْنَ	يُخَافُونَ	تُخَفْنَ	تُخَافُونَ	نُخَافُ	تُخَافَانِ	يُخَافَانِ	تُخَافَانِ	تُخَافُ	يُخَافُ	تُخَافِينَ	تُخَافُ	أُخَافُ	IMPERFECT INDICATIVE
PASSIVE	يُخَفْنَ	يُخَافُوا	تُخَفْنَ	تُخَافُوا	نُخَافَ	تُخَافَا	يُخَافَا	تُخَافَا	تُخَافَ	يُخَافَ	تُخَافِي	تُخَافَ	أُخَافَ	IMPERFECT SUBJUNCTIVE
PASSIVE	يُخَفْنَ	يُخَافُوا	تُخَفْنَ	تُخَافُوا	نُخَفْ	تُخَافَا	يُخَافَا	تُخَافَا	تُخَفْ	يُخَفْ	تُخَافِي	تُخَفْ	أُخَفْ	IMPERFECT JUSSIVE

***Also** مَخَافَةٌ , خِيفَةٌ .

ACTIVE PARTICIPLE: مُخَوِّلٌ PASSIVE PARTICIPLE: مُخَوَّلٌ MAṢDAR: تَخْوِيلٌ ROOT: خول FORM II TO GRANT خَوَّلَ

		3 f pl	3 m pl	2 f pl	2 m pl	1 pl	3 f dual	3 m dual	2 dual	3 f sgl	3 m sgl	2 f sgl	2 m sgl	1 sgl
ACTIVE	PERFECT	خَوَّلْنَ	خَوَّلُوا	خَوَّلْتُنَّ	خَوَّلْتُمْ	خَوَّلْنَا	خَوَّلَتَا	خَوَّلَا	خَوَّلْتُمَا	خَوَّلَتْ	خَوَّلَ	خَوَّلْتِ	خَوَّلْتَ	خَوَّلْتُ
	IMPERFECT INDICATIVE	يُخَوِّلْنَ	يُخَوِّلُونَ	تُخَوِّلْنَ	تُخَوِّلُونَ	نُخَوِّلُ	تُخَوِّلَانِ	يُخَوِّلَانِ	تُخَوِّلَانِ	تُخَوِّلُ	يُخَوِّلُ	تُخَوِّلِينَ	تُخَوِّلُ	أُخَوِّلُ
	IMPERFECT SUBJUNCTIVE	يُخَوِّلْنَ	يُخَوِّلُوا	تُخَوِّلْنَ	تُخَوِّلُوا	نُخَوِّلَ	تُخَوِّلَا	يُخَوِّلَا	تُخَوِّلَا	تُخَوِّلَ	يُخَوِّلَ	تُخَوِّلِي	تُخَوِّلَ	أُخَوِّلَ
	IMPERFECT JUSSIVE	يُخَوِّلْنَ	يُخَوِّلُوا	تُخَوِّلْنَ	تُخَوِّلُوا	نُخَوِّلْ	تُخَوِّلَا	يُخَوِّلَا	تُخَوِّلَا	تُخَوِّلْ	يُخَوِّلْ	تُخَوِّلِي	تُخَوِّلْ	أُخَوِّلْ
	IMPERATIVE			خَوِّلْنَ	خَوِّلُوا				خَوِّلَا			خَوِّلِي	خَوِّلْ	
PASSIVE	PERFECT	خُوِّلْنَ	خُوِّلُوا	خُوِّلْتُنَّ	خُوِّلْتُمْ	خُوِّلْنَا	خُوِّلَتَا	خُوِّلَا	خُوِّلْتُمَا	خُوِّلَتْ	خُوِّلَ	خُوِّلْتِ	خُوِّلْتَ	خُوِّلْتُ
	IMPERFECT INDICATIVE	يُخَوَّلْنَ	يُخَوَّلُونَ	تُخَوَّلْنَ	تُخَوَّلُونَ	نُخَوَّلُ	تُخَوَّلَانِ	يُخَوَّلَانِ	تُخَوَّلَانِ	تُخَوَّلُ	يُخَوَّلُ	تُخَوَّلِينَ	تُخَوَّلُ	أُخَوَّلُ
	IMPERFECT SUBJUNCTIVE	يُخَوَّلْنَ	يُخَوَّلُوا	تُخَوَّلْنَ	تُخَوَّلُوا	نُخَوَّلَ	تُخَوَّلَا	يُخَوَّلَا	تُخَوَّلَا	تُخَوَّلَ	يُخَوَّلَ	تُخَوَّلِي	تُخَوَّلَ	أُخَوَّلَ
	IMPERFECT JUSSIVE	يُخَوَّلْنَ	يُخَوَّلُوا	تُخَوَّلْنَ	تُخَوَّلُوا	نُخَوَّلْ	تُخَوَّلَا	يُخَوَّلَا	تُخَوَّلَا	تُخَوَّلْ	يُخَوَّلْ	تُخَوَّلِي	تُخَوَّلْ	أُخَوَّلْ

ACTIVE PARTICIPLE: مُدَبِّرٌ PASSIVE PARTICIPLE: مُدَبَّرٌ MAṢDAR: تَدْبِيرٌ ROOT: دبر FORM II TO MANAGE دَبَّرَ

3 f pl	3 m pl	2 f pl	2 m pl	1 pl	3 f dual	3 m dual	2 dual	3 f sgl	3 m sgl	2 f sgl	2 m sgl	1 sgl		
دَبَّرْنَ	دَبَّرُوا	دَبَّرْتُنَّ	دَبَّرْتُمْ	دَبَّرْنَا	دَبَّرَتَا	دَبَّرَا	دَبَّرْتُمَا	دَبَّرَتْ	دَبَّرَ	دَبَّرْتِ	دَبَّرْتَ	دَبَّرْتُ	PERFECT	ACTIVE
يُدَبِّرْنَ	يُدَبِّرُونَ	تُدَبِّرْنَ	تُدَبِّرُونَ	نُدَبِّرُ	تُدَبِّرَانِ	يُدَبِّرَانِ	تُدَبِّرَانِ	تُدَبِّرُ	يُدَبِّرُ	تُدَبِّرِينَ	تُدَبِّرُ	أُدَبِّرُ	IMPERFECT INDICATIVE	
يُدَبِّرْنَ	يُدَبِّرُوا	تُدَبِّرْنَ	تُدَبِّرُوا	نُدَبِّرَ	تُدَبِّرَا	يُدَبِّرَا	تُدَبِّرَا	تُدَبِّرَ	يُدَبِّرَ	تُدَبِّرِي	تُدَبِّرَ	أُدَبِّرَ	IMPERFECT SUBJUNCTIVE	
يُدَبِّرْنَ	يُدَبِّرُوا	تُدَبِّرْنَ	تُدَبِّرُوا	نُدَبِّرْ	تُدَبِّرَا	يُدَبِّرَا	تُدَبِّرَا	تُدَبِّرْ	يُدَبِّرْ	تُدَبِّرِي	تُدَبِّرْ	أُدَبِّرْ	IMPERFECT JUSSIVE	
		دَبِّرْنَ	دَبِّرُوا				دَبِّرَا			دَبِّرِي	دَبِّرْ		IMPERATIVE	
دُبِّرْنَ	دُبِّرُوا	دُبِّرْتُنَّ	دُبِّرْتُمْ	دُبِّرْنَا	دُبِّرَتَا	دُبِّرَا	دُبِّرْتُمَا	دُبِّرَتْ	دُبِّرَ	دُبِّرْتِ	دُبِّرْتَ	دُبِّرْتُ	PERFECT	PASSIVE
يُدَبَّرْنَ	يُدَبَّرُونَ	تُدَبَّرْنَ	تُدَبَّرُونَ	نُدَبَّرُ	تُدَبَّرَانِ	يُدَبَّرَانِ	تُدَبَّرَانِ	تُدَبَّرُ	يُدَبَّرُ	تُدَبَّرِينَ	تُدَبَّرُ	أُدَبَّرُ	IMPERFECT INDICATIVE	
يُدَبَّرْنَ	يُدَبَّرُوا	تُدَبَّرْنَ	تُدَبَّرُوا	نُدَبَّرَ	تُدَبَّرَا	يُدَبَّرَا	تُدَبَّرَا	تُدَبَّرَ	يُدَبَّرَ	تُدَبَّرِي	تُدَبَّرَ	أُدَبَّرَ	IMPERFECT SUBJUNCTIVE	
يُدَبَّرْنَ	يُدَبَّرُوا	تُدَبَّرْنَ	تُدَبَّرُوا	نُدَبَّرْ	تُدَبَّرَا	يُدَبَّرَا	تُدَبَّرَا	تُدَبَّرْ	يُدَبَّرْ	تُدَبَّرِي	تُدَبَّرْ	أُدَبَّرْ	IMPERFECT JUSSIVE	

TO ENTER دَخَلَ　FORM I　ROOT: دخل　MAṢDAR: دُخُولٌ　PASSIVE PARTICIPLE: مَدْخُولٌ　ACTIVE PARTICIPLE: دَاخِلٌ

		3 f pl	3 m pl	2 f pl	2 m pl	1 pl	3 f dual	3 m dual	2 dual	3 f sgl	3 m sgl	2 f sgl	2 m sgl	1 sgl
ACTIVE	PERFECT	دَخَلْنَ	دَخَلُوا	دَخَلْتُنَّ	دَخَلْتُمْ	دَخَلْنَا	دَخَلَتَا	دَخَلاَ	دَخَلْتُمَا	دَخَلَتْ	دَخَلَ	دَخَلْتِ	دَخَلْتَ	دَخَلْتُ
	IMPERFECT INDICATIVE	يَدْخُلْنَ	يَدْخُلُونَ	تَدْخُلْنَ	تَدْخُلُونَ	نَدْخُلُ	تُدْخُلاَنِ	يَدْخُلاَنِ	تَدْخُلاَنِ	تَدْخُلُ	يَدْخُلُ	تَدْخُلِينَ	تَدْخُلُ	أَدْخُلُ
	IMPERFECT SUBJUNCTIVE	يَدْخُلْنَ	يَدْخُلُوا	تَدْخُلْنَ	تَدْخُلُوا	نَدْخُلَ	تَدْخُلاَ	يَدْخُلاَ	تَدْخُلاَ	تَدْخُلَ	يَدْخُلَ	تَدْخُلِي	تَدْخُلَ	أَدْخُلَ
	IMPERFECT JUSSIVE	يَدْخُلْنَ	يَدْخُلُوا	تَدْخُلْنَ	تَدْخُلُوا	نَدْخُلْ	تَدْخُلاَ	يَدْخُلاَ	تَدْخُلاَ	تَدْخُلْ	يَدْخُلْ	تَدْخُلِي	تَدْخُلْ	أَدْخُلْ
	IMPERATIVE			أُدْخُلْنَ	أُدْخُلُوا				أُدْخُلاَ			أُدْخُلِي	أُدْخُلْ	
PASSIVE	PERFECT	دُخِلْنَ	دُخِلُوا	دُخِلْتُنَّ	دُخِلْتُمْ	دُخِلْنَا	دُخِلَتَا	دُخِلاَ	دُخِلْتُمَا	دُخِلَتْ	دُخِلَ	دُخِلْتِ	دُخِلْتَ	دُخِلْتُ
	IMPERFECT INDICATIVE	يُدْخَلْنَ	يُدْخَلُونَ	تُدْخَلْنَ	تُدْخَلُونَ	نُدْخَلُ	تُدْخَلاَنِ	يُدْخَلاَنِ	تُدْخَلاَنِ	تُدْخَلُ	يُدْخَلُ	تُدْخَلِينَ	تُدْخَلُ	أُدْخَلُ
	IMPERFECT SUBJUNCTIVE	يُدْخَلْنَ	يُدْخَلُوا	تُدْخَلْنَ	تُدْخَلُوا	نُدْخَلَ	تُدْخَلاَ	يُدْخَلاَ	تُدْخَلاَ	تُدْخَلَ	يُدْخَلَ	تُدْخَلِي	تُدْخَلَ	أُدْخَلَ
	IMPERFECT JUSSIVE	يُدْخَلْنَ	يُدْخَلُوا	تُدْخَلْنَ	تُدْخَلُوا	نُدْخَلْ	تُدْخَلاَ	يُدْخَلاَ	تُدْخَلاَ	تُدْخَلْ	يُدْخَلْ	تُدْخَلِي	تُدْخَلْ	أُدْخَلْ

ACTIVE PARTICIPLE:* دَاعٍ PASSIVE PARTICIPLE: مَدْعُوٌّ MAṢDAR: دُعَاءٌ ROOT: دعو FORM I TO CALL دَعَا

	3 f pl	*3 m pl*	*2 f pl*	*2 m pl*	*1 pl*	*3 f dual*	*3 m dual*	*2 dual*	*3 f sgl*	*3 m sgl*	*2 f sgl*	*2 m sgl*	*1 sgl*	
ACTIVE	دَعَوْنَ	دَعَوْا	دَعَوْتُنَّ	دَعَوْتُمْ	دَعَوْنَا	دَعَتَا	دَعَوَا	دَعَوْتُمَا	دَعَتْ	دَعَا	دَعَوْتِ	دَعَوْتَ	دَعَوْتُ	PERFECT
	يَدْعُونَ	يَدْعُونَ	تَدْعُونَ	تَدْعُونَ	نَدْعُو	تَدْعُوَانِ	يَدْعُوَانِ	تَدْعُوَانِ	تَدْعُو	يَدْعُو	تَدْعِينَ	تَدْعُو	أَدْعُو	IMPERFECT INDICATIVE
	يَدْعُونَ	يَدْعُوا	تَدْعُونَ	تَدْعُوا	نَدْعُوَ	تَدْعُوَا	يَدْعُوَا	تَدْعُوَا	تَدْعُوَ	يَدْعُوَ	تَدْعِي	تَدْعُوَ	أَدْعُوَ	IMPERFECT SUBJUNCTIVE
	يَدْعُونَ	يَدْعُوا	تَدْعُونَ	تَدْعُوا	نَدْعُ	تَدْعُوَا	يَدْعُوَا	تَدْعُوَا	تَدْعُ	يَدْعُ	تَدْعِي	تَدْعُ	أَدْعُ	IMPERFECT JUSSIVE
			أُدْعُونَ	أُدْعُوا				أُدْعُوَا			أُدْعِي	أُدْعُ		IMPERATIVE
PASSIVE	دُعِينَ	دُعُوا	دُعِيتُنَّ	دُعِيتُمْ	دُعِينَا	دُعِيَتَا	دُعِيَا	دُعِيتُمَا	دُعِيَتْ	دُعِيَ	دُعِيتِ	دُعِيتَ	دُعِيتُ	PERFECT
	يُدْعَيْنَ	يُدْعَوْنَ	تُدْعَيْنَ	تُدْعَوْنَ	نُدْعَى	تُدْعَيَانِ	يُدْعَيَانِ	تُدْعَيَانِ	تُدْعَى	يُدْعَى	تُدْعَيْنَ	تُدْعَى	أُدْعَى	IMPERFECT INDICATIVE
	يُدْعَيْنَ	يُدْعَوْا	تُدْعَيْنَ	تُدْعَوْا	نُدْعَى	تُدْعَيَا	يُدْعَيَا	تُدْعَيَا	تُدْعَى	يُدْعَى	تُدْعَيْ	تُدْعَى	أُدْعَى	IMPERFECT SUBJUNCTIVE
	يُدْعَيْنَ	يُدْعَوْا	تُدْعَيْنَ	تُدْعَوْا	نُدْعَ	تُدْعَيَا	يُدْعَيَا	تُدْعَيَا	تُدْعَ	يُدْعَ	تُدْعَيْ	تُدْعَ	أُدْعَ	IMPERFECT JUSSIVE

*Genitive دَاعٍ; accusative دَاعِيًا. With article: nominative أَلدَّاعِي; genitive أَلدَّاعِي; accusative أَلدَّاعِيَ.

ACTIVE PARTICIPLE: مُدَّعٍ* PASSIVE PARTICIPLE: مُدَّعًى MAṢDAR: إِدِّعَاءٌ ROOT: دعو FORM VIII TO ALLEGE إِدَّعَى

		3 f pl	3 m pl	2 f pl	2 m pl	1 pl	3 f dual	3 m dual	2 dual	3 f sgl	3 m sgl	2 f sgl	2 m sgl	1 sgl
ACTIVE	PERFECT	إِدَّعَيْنَ	إِدَّعَوْا	إِدَّعَيْتُنَّ	إِدَّعَيْتُمْ	إِدَّعَيْنَا	إِدَّعَتَا	إِدَّعَيَا	إِدَّعَيْتُمَا	إِدَّعَتْ	إِدَّعَى	إِدَّعَيْتِ	إِدَّعَيْتَ	إِدَّعَيْتُ
ACTIVE	IMPERFECT INDICATIVE	يَدَّعِينَ	يَدَّعُونَ	تَدَّعِينَ	تَدَّعُونَ	نَدَّعِي	تَدَّعِيَانِ	يَدَّعِيَانِ	تَدَّعِيَانِ	تَدَّعِي	يَدَّعِي	تَدَّعِينَ	تَدَّعِي	أَدَّعِي
ACTIVE	IMPERFECT SUBJUNCTIVE	يَدَّعِينَ	يَدَّعُوا	تَدَّعِينَ	تَدَّعُوا	نَدَّعِيَ	تَدَّعِيَا	يَدَّعِيَا	تَدَّعِيَا	تَدَّعِيَ	يَدَّعِيَ	تَدَّعِي	تَدَّعِيَ	أَدَّعِيَ
ACTIVE	IMPERFECT JUSSIVE	يَدَّعِينَ	يَدَّعُوا	تَدَّعِينَ	تَدَّعُوا	نَدَّعِ	تَدَّعِيَا	يَدَّعِيَا	تَدَّعِيَا	تَدَّعِ	يَدَّعِ	تَدَّعِي	تَدَّعِ	أَدَّعِ
ACTIVE	IMPERATIVE			إِدَّعِينَ	إِدَّعُوا				إِدَّعِيَا			إِدَّعِي	إِدَّعِ	
PASSIVE	PERFECT	أُدُّعِينَ	أُدُّعُوا	أُدُّعِيتُنَّ	أُدُّعِيتُمْ	أُدُّعِينَا	أُدُّعِيَتَا	أُدُّعِيَا	أُدُّعِيتُمَا	أُدُّعِيَتْ	أُدُّعِيَ	أُدُّعِيتِ	أُدُّعِيتَ	أُدُّعِيتُ
PASSIVE	IMPERFECT INDICATIVE	يُدَّعَيْنَ	يُدَّعَوْنَ	تُدَّعَيْنَ	تُدَّعَوْنَ	نُدَّعَى	تُدَّعَيَانِ	يُدَّعَيَانِ	تُدَّعَيَانِ	تُدَّعَى	يُدَّعَى	تُدَّعَيْنَ	تُدَّعَى	أُدَّعَى
PASSIVE	IMPERFECT SUBJUNCTIVE	يُدَّعَيْنَ	يُدَّعَوْا	تُدَّعَيْنَ	تُدَّعَوْا	نُدَّعَى	تُدَّعَيَا	يُدَّعَيَا	تُدَّعَيَا	تُدَّعَى	يُدَّعَى	تُدَّعَيْ	تُدَّعَى	أُدَّعَى
PASSIVE	IMPERFECT JUSSIVE	يُدَّعَيْنَ	يُدَّعَوْا	تُدَّعَيْنَ	تُدَّعَوْا	نُدَّعَ	تُدَّعَيَا	يُدَّعَيَا	تُدَّعَيَا	تُدَّعَ	يُدَّعَ	تُدَّعَيْ	تُدَّعَ	أُدَّعَ

*Genitive مُدَّعٍ ; accusative مُدَّعِيًا. With article: nominative أَلْمُدَّعِي ; genitive أَلْمُدَّعِي ; accusative أَلْمُدَّعِيَ.

ACTIVE PARTICIPLE: دَالٌّ PASSIVE PARTICIPLE: مَدْلُولٌ MAṢDAR: دَلاَلَةٌ ROOT: دلل FORM I TO INDICATE دَلَّ

3 f pl	*3 m pl*	*2 f pl*	*2 m pl*	*1 pl*	*3 f dual*	*3 m dual*	*2 dual*	*3 f sgl*	*3 m sgl*	*2 f sgl*	*2 m sgl*	*1 sgl*		
دَلَلْنَ	دَلُّوا	دَلَلْتُنَّ	دَلَلْتُمْ	دَلَلْنَا	دَلَّتَا	دَلاَّ	دَلَلْتُمَا	دَلَّتْ	دَلَّ	دَلَلْتِ	دَلَلْتَ	دَلَلْتُ	PERFECT	ACTIVE
يَدْلُلْنَ	يَدُلُّونَ	تَدْلُلْنَ	تَدُلُّونَ	نَدُلُّ	تَدُلاَّنِ	يَدُلاَّنِ	تَدُلاَّنِ	تَدُلُّ	يَدُلُّ	تَدُلِّينَ	تَدُلُّ	أَدُلُّ	IMPERFECT INDICATIVE	
يَدْلُلْنَ	يَدُلُّوا	تَدْلُلْنَ	تَدُلُّوا	نَدُلَّ	تَدُلاَّ	يَدُلاَّ	تَدُلاَّ	تَدُلَّ	يَدُلَّ	تَدُلِّي	تَدُلَّ	أَدُلَّ	IMPERFECT SUBJUNCTIVE	
يَدْلُلْنَ	يَدُلُّوا	تَدْلُلْنَ	تَدُلُّوا	نَدْلُلْ	تَدُلاَّ	يَدُلاَّ	تَدُلاَّ	تَدْلُلْ	يَدْلُلْ	تَدُلِّي	تَدْلُلْ	أَدْلُلْ	IMPERFECT JUSSIVE*	
		اُدْلُلْنَ	دُلُّوا				دُلاَّ			دُلِّي	دُلَّ		IMPERATIVE**	
دُلِلْنَ	دُلُّوا	دُلِلْتُنَّ	دُلِلْتُمْ	دُلِلْنَا	دُلَّتَا	دُلاَّ	دُلِلْتُمَا	دُلَّتْ	دُلَّ	دُلِلْتِ	دُلِلْتَ	دُلِلْتُ	PERFECT	PASSIVE
يُدْلَلْنَ	يُدَلُّونَ	تُدْلَلْنَ	تُدَلُّونَ	نُدَلُّ	تُدَلاَّنِ	يُدَلاَّنِ	تُدَلاَّنِ	تُدَلُّ	يُدَلُّ	تُدَلِّينَ	تُدَلُّ	أُدَلُّ	IMPERFECT INDICATIVE	
يُدْلَلْنَ	يُدَلُّوا	تُدْلَلْنَ	تُدَلُّوا	نُدَلَّ	تُدَلاَّ	يُدَلاَّ	تُدَلاَّ	تُدَلَّ	يُدَلَّ	تُدَلِّي	تُدَلَّ	أُدَلَّ	IMPERFECT SUBJUNCTIVE	
يُدْلَلْنَ	يُدَلُّوا	تُدْلَلْنَ	تُدَلُّوا	نُدْلَلْ	تُدَلاَّ	يُدَلاَّ	تُدَلاَّ	تُدْلَلْ	يُدْلَلْ	تُدَلِّي	تُدْلَلْ	أُدْلَلْ	IMPERFECT JUSSIVE	

*Also أَدُلَّ ; تَدُلَّ ; تَدُلِّي ; يَدُلَّ ; تَدُلَّ ... نَدُلَّ .

**Also أُدْلُلْ ; أُدْلُلِي ; أُدْلُلاَ ; أُدْلُلُوا ; أُدْلُلْنَ .

ACTIVE PARTICIPLE: دَائِمٌ PASSIVE PARTICIPLE: MAṢDAR: * دَوْمٌ ROOT: دوم FORM I TO LAST دَامَ

3 f pl	3 m pl	2 f pl	2 m pl	1 pl	3 f dual	3 m dual	2 dual	3 f sgl	3 m sgl	2 f sgl	2 m sgl	1 sgl		
دُمْنَ	دَامُوا	دُمْتُنَّ	دُمْتُمْ	دُمْنَا	دَامَتَا	دَامَا	دُمْتُمَا	دَامَتْ	دَامَ	دُمْتِ	دُمْتَ	دُمْتُ	PERFECT	ACTIVE
يَدُمْنَ	يَدُومُونَ	تَدُمْنَ	تَدُومُونَ	نَدُومُ	تَدُومَانِ	يَدُومَانِ	تَدُومَانِ	تَدُومُ	يَدُومُ	تَدُومِينَ	تَدُومُ	أَدُومُ	IMPERFECT INDICATIVE	
يَدُمْنَ	يَدُومُوا	تَدُمْنَ	تَدُومُوا	نَدُومَ	تَدُومَا	يَدُومَا	تَدُومَا	تَدُومَ	يَدُومَ	تَدُومِي	تَدُومَ	أَدُومَ	IMPERFECT SUBJUNCTIVE	
يَدُمْنَ	يَدُومُوا	تَدُمْنَ	تَدُومُوا	نَدُمْ	تَدُومَا	يَدُومَا	تَدُومَا	تَدُمْ	يَدُمْ	تَدُومِي	تَدُمْ	أَدُمْ	IMPERFECT JUSSIVE	
		دُمْنَ	دُومُوا				دُومَا			دُومِي	دُمْ		IMPERATIVE	
													PERFECT	PASSIVE
													IMPERFECT INDICATIVE	
													IMPERFECT SUBJUNCTIVE	
													IMPERFECT JUSSIVE	

*Also دَوَامٌ .

ACTIVE PARTICIPLE: مُدَّخِرٌ PASSIVE PARTICIPLE: مُدَّخَرٌ MAṢDAR: إِدِّخَارٌ ROOT: دخر FORM VIII TO STORE إِدَّخَرَ*

3 f pl	*3 m pl*	*2 f pl*	*2 m pl*	*1 pl*	*3 f dual*	*3 m dual*	*2 dual*	*3 f sgl*	*3 m sgl*	*2 f sgl*	*2 m sgl*	*1 sgl*		
إِدَّخَرْنَ	إِدَّخَرُوا	إِدَّخَرْتُنَّ	إِدَّخَرْتُمْ	إِدَّخَرْنَا	إِدَّخَرَتَا	إِدَّخَرَا	إِدَّخَرْتُمَا.	إِدَّخَرَتْ	إِدَّخَرَ	إِدَّخَرْتِ	إِدَّخَرْتَ	إِدَّخَرْتُ	PERFECT	ACTIVE
يَدَّخِرْنَ	يَدَّخِرُونَ	تَدَّخِرْنَ	تَدَّخِرُونَ	نَدَّخِرُ	تَدَّخِرَانِ	يَدَّخِرَانِ	تَدَّخِرَانِ	تَدَّخِرُ	يَدَّخِرُ	تَدَّخِرِينَ	تَدَّخِرُ	أَدَّخِرُ	IMPERFECT INDICATIVE	
يَدَّخِرْنَ	يَدَّخِرُوا	تَدَّخِرْنَ	تَدَّخِرُوا	نَدَّخِرَ	تَدَّخِرَا	يَدَّخِرَا	تَدَّخِرَا	تَدَّخِرَ	يَدَّخِرَ	تَدَّخِرِي	تَدَّخِرَ	أَدَّخِرَ	IMPERFECT SUBJUNCTIVE	
يَدَّخِرْنَ	يَدَّخِرُوا	تَدَّخِرْنَ	تَدَّخِرُوا	نَدَّخِرْ	تَدَّخِرَا	يَدَّخِرَا	تَدَّخِرَا	تَدَّخِرْ	يَدَّخِرْ	تَدَّخِرِي	تَدَّخِرْ	أَدَّخِرْ	IMPERFECT JUSSIVE	
		إِدَّخِرْنَ	إِدَّخِرُوا				إِدَّخِرَا			إِدَّخِرِي	إِدَّخِرْ		IMPERATIVE	
أُدُّخِرْنَ	أُدُّخِرُوا	أُدُّخِرْتُنَّ	أُدُّخِرْتُمْ	أُدُّخِرْنَا	أُدُّخِرَتَا	أُدُّخِرَا	أُدُّخِرْتُمَا	أُدُّخِرَتْ	أُدُّخِرَ	أُدُّخِرْتِ	أُدُّخِرْتَ	أُدُّخِرْتُ	PERFECT	PASSIVE
يُدَّخَرْنَ	يُدَّخَرُونَ	تُدَّخَرْنَ	تُدَّخَرُونَ	نُدَّخَرُ	تُدَّخَرَانِ	يُدَّخَرَانِ	تُدَّخَرَانِ	تُدَّخَرُ	يُدَّخَرُ	تُدَّخَرِينَ	تُدَّخَرُ	أُدَّخَرُ	IMPERFECT INDICATIVE	
يُدَّخَرْنَ	يُدَّخَرُوا	تُدَّخَرْنَ	تُدَّخَرُوا	نُدَّخَرَ	تُدَّخَرَا	يُدَّخَرَا	تُدَّخَرَا	تُدَّخَرَ	يُدَّخَرَ	تُدَّخَرِي	تُدَّخَرَ	أُدَّخَرَ	IMPERFECT SUBJUNCTIVE	
يُدَّخَرْنَ	يُدَّخَرُوا	تُدَّخَرْنَ	تُدَّخَرُوا	نُدَّخَرْ	تُدَّخَرَا	يُدَّخَرَا	تُدَّخَرَا	تُدَّخَرْ	يُدَّخَرْ	تُدَّخَرِي	تُدَّخَرْ	أُدَّخَرْ	IMPERFECT JUSSIVE	

* **Also** إِذَّخَرَ .

ACTIVE PARTICIPLE: ذَاكِرٌ PASSIVE PARTICIPLE: مَذْكُورٌ MAṢDAR: ذِكْرٌ ROOT: ذكر FORM I TO MENTION ذَكَرَ

3 f pl	*3 m pl*	*2 f pl*	*2 m pl*	*1 pl*	*3 f dual*	*3 m dual*	*2 dual*	*3 f sgl*	*3 m sgl*	*2 f sgl*	*2 m sgl*	*1 sgl*		
ذَكَرْنَ	ذَكَرُوا	ذَكَرْتُنَّ	ذَكَرْتُمْ	ذَكَرْنَا	ذَكَرَتَا	ذَكَرَا	ذَكَرْتُمَا	ذَكَرَتْ	ذَكَرَ	ذَكَرْتِ	ذَكَرْتَ	ذَكَرْتُ	PERFECT	ACTIVE
يَذْكُرْنَ	يَذْكُرُونَ	تَذْكُرْنَ	تَذْكُرُونَ	نَذْكُرُ	تَذْكُرَانِ	يَذْكُرَانِ	تَذْكُرَانِ	تَذْكُرُ	يَذْكُرُ	تَذْكُرِينَ	تَذْكُرُ	أَذْكُرُ	IMPERFECT INDICATIVE	
يَذْكُرْنَ	يَذْكُرُوا	تَذْكُرْنَ	تَذْكُرُوا	نَذْكُرَ	تَذْكُرَا	يَذْكُرَا	تَذْكُرَا	تَذْكُرَ	يَذْكُرَ	تَذْكُرِي	تَذْكُرَ	أَذْكُرَ	IMPERFECT SUBJUNCTIVE	
يَذْكُرْنَ	يَذْكُرُوا	تَذْكُرْنَ	تَذْكُرُوا	نَذْكُرْ	تَذْكُرَا	يَذْكُرَا	تَذْكُرَا	تَذْكُرْ	يَذْكُرْ	تَذْكُرِي	تَذْكُرْ	أَذْكُرْ	IMPERFECT JUSSIVE	
		أُذْكُرْنَ	أُذْكُرُوا				أُذْكُرَا			أُذْكُرِي	أُذْكُرْ		IMPERATIVE	
ذُكِرْنَ	ذُكِرُوا	ذُكِرْتُنَّ	ذُكِرْتُمْ	ذُكِرْنَا	ذُكِرَتَا	ذُكِرَا	ذُكِرْتُمَا	ذُكِرَتْ	ذُكِرَ	ذُكِرْتِ	ذُكِرْتَ	ذُكِرْتُ	PERFECT	PASSIVE
يُذْكَرْنَ	يُذْكَرُونَ	تُذْكَرْنَ	تُذْكَرُونَ	نُذْكَرُ	تُذْكَرَانِ	يُذْكَرَانِ	تُذْكَرَانِ	تُذْكَرُ	يُذْكَرُ	تُذْكَرِينَ	تُذْكَرُ	أُذْكَرُ	IMPERFECT INDICATIVE	
يُذْكَرْنَ	يُذْكَرُوا	تُذْكَرْنَ	تُذْكَرُوا	نُذْكَرَ	تُذْكَرَا	يُذْكَرَا	تُذْكَرَا	تُذْكَرَ	يُذْكَرَ	تُذْكَرِي	تُذْكَرَ	أُذْكَرَ	IMPERFECT SUBJUNCTIVE	
يُذْكَرْنَ	يُذْكَرُوا	تُذْكَرْنَ	تُذْكَرُوا	نُذْكَرْ	تُذْكَرَا	يُذْكَرَا	تُذْكَرَا	تُذْكَرْ	يُذْكَرْ	تُذْكَرِي	تُذْكَرْ	أُذْكَرْ	IMPERFECT JUSSIVE	

ACTIVE PARTICIPLE: ذَاهِبٌ PASSIVE PARTICIPLE: MAṢDAR: ذَهَابٌ ROOT: ذهب FORM I TO GO ذَهَبَ

	3 f pl	3 m pl	2 f pl	2 m pl	1 pl	3 f dual	3 m dual	2 dual	3 f sgl	3 m sgl	2 f sgl	2 m sgl	1 sgl		
	ذَهَبْنَ	ذَهَبُوا	ذَهَبْتُنَّ	ذَهَبْتُمْ	ذَهَبْنَا	ذَهَبَتَا	ذَهَبَا	ذَهَبْتُمَا	ذَهَبَتْ	ذَهَبَ	ذَهَبْتِ	ذَهَبْتَ	ذَهَبْتُ	PERFECT	ACTIVE
	يَذْهَبْنَ	يَذْهَبُونَ	تَذْهَبْنَ	تَذْهَبُونَ	نَذْهَبُ	تَذْهَبَانِ	يَذْهَبَانِ	تَذْهَبَانِ	تَذْهَبُ	يَذْهَبُ	تَذْهَبِينَ	تَذْهَبُ	أَذْهَبُ	IMPERFECT INDICATIVE	
	يَذْهَبْنَ	يَذْهَبُوا	تَذْهَبْنَ	تَذْهَبُوا	نَذْهَبَ	تَذْهَبَا	يَذْهَبَا	تَذْهَبَا	تَذْهَبَ	يَذْهَبَ	تَذْهَبِي	تَذْهَبَ	أَذْهَبَ	IMPERFECT SUBJUNCTIVE	
	يَذْهَبْنَ	يَذْهَبُوا	تَذْهَبْنَ	تَذْهَبُوا	نَذْهَبْ	تَذْهَبَا	يَذْهَبَا	تَذْهَبَا	تَذْهَبْ	يَذْهَبْ	تَذْهَبِي	تَذْهَبْ	أَذْهَبْ	IMPERFECT JUSSIVE	
			إِذْهَبْنَ	إِذْهَبُوا				إِذْهَبَا			إِذْهَبِي	إِذْهَبْ		IMPERATIVE	
														PERFECT	PASSIVE
														IMPERFECT INDICATIVE	
														IMPERFECT SUBJUNCTIVE	
														IMPERFECT JUSSIVE	

رَأَسَ

TO BE IN CHARGE FORM I ROOT: رأس MAṢDAR: رِئَاسَةٌ PASSIVE PARTICIPLE: مَرْؤُوسٌ ACTIVE PARTICIPLE: رَائِسٌ

		3 f pl	*3 m pl*	*2 f pl*	*2 m pl*	*1 pl*	*3 f dual*	*3 m dual*	*2 dual*	*3 f sgl*	*3 m sgl*	*2 f sgl*	*2 m sgl*	*1 sgl*
ACTIVE	PERFECT	رَأَسْنَ	رَأَسُوا	رَأَسْتُنَّ	رَأَسْتُمْ	رَأَسْنَا	رَأَسَتَا	رَأَسَا	رَأَسْتُمَا	رَأَسَتْ	رَأَسَ	رَأَسْتِ	رَأَسْتَ	رَأَسْتُ
	IMPERFECT INDICATIVE	يَرْأَسْنَ	يَرْأَسُونَ	تَرْأَسْنَ	تَرْأَسُونَ	نَرْأَسُ	تَرْأَسَانِ	يَرْأَسَانِ	تَرْأَسَانِ	تَرْأَسُ	يَرْأَسُ	تَرْأَسِينَ	تَرْأَسُ	أَرْأَسُ
	IMPERFECT SUBJUNCTIVE	يَرْأَسْنَ	يَرْأَسُوا	تَرْأَسْنَ	تَرْأَسُوا	نَرْأَسَ	تَرْأَسَا	يَرْأَسَا	تَرْأَسَا	تَرْأَسَ	يَرْأَسَ	تَرْأَسِي	تَرْأَسَ	أَرْأَسَ
	IMPERFECT JUSSIVE	يَرْأَسْنَ	يَرْأَسُوا	تَرْأَسْنَ	تَرْأَسُوا	نَرْأَسْ	تَرْأَسَا	يَرْأَسَا	تَرْأَسَا	تَرْأَسْ	يَرْأَسْ	تَرْأَسِي	تَرْأَسْ	أَرْأَسْ
	IMPERATIVE			إِرْأَسْنَ	إِرْأَسُوا				إِرْأَسَا			إِرْأَسِي	إِرْأَسْ	
PASSIVE	PERFECT	رُئِسْنَ	رُئِسُوا	رُئِسْتُنَّ	رُئِسْتُمْ	رُئِسْنَا	رُئِسَتَا	رُئِسَا	رُئِسْتُمَا	رُئِسَتْ	رُئِسَ	رُئِسْتِ	رُئِسْتَ	رُئِسْتُ
	IMPERFECT INDICATIVE	يُرْأَسْنَ	يُرْأَسُونَ	تُرْأَسْنَ	تُرْأَسُونَ	نُرْأَسُ	تُرْأَسَانِ	يُرْأَسَانِ	تُرْأَسَانِ	تُرْأَسُ	يُرْأَسُ	تُرْأَسِينَ	تُرْأَسُ	أُرْأَسُ
	IMPERFECT SUBJUNCTIVE	يُرْأَسْنَ	يُرْأَسُوا	تُرْأَسْنَ	تُرْأَسُوا	نُرْأَسَ	تُرْأَسَا	يُرْأَسَا	تُرْأَسَا	تُرْأَسَ	يُرْأَسَ	تُرْأَسِي	تُرْأَسَ	أُرْأَسَ
	IMPERFECT JUSSIVE	يُرْأَسْنَ	يُرْأَسُوا	تُرْأَسْنَ	تُرْأَسُوا	نُرْأَسْ	تُرْأَسَا	يُرْأَسَا	تُرْأَسَا	تُرْأَسْ	يُرْأَسْ	تُرْأَسِي	تُرْأَسْ	أُرْأَسْ

ACTIVE PARTICIPLE:* رَاءٍ   PASSIVE PARTICIPLE: مَرْئِيٌّ   MAṢDAR: رَأْيٌ   ROOT: رأي   FORM I   TO SEE رَأَى

		3 f pl	3 m pl	2 f pl	2 m pl	1 pl	3 f dual	3 m dual	2 dual	3 f sgl	3 m sgl	2 f sgl	2 m sgl	1 sgl
ACTIVE	PERFECT	رَأَيْنَ	رَأَوْا	رَأَيْتُنَّ	رَأَيْتُمْ	رَأَيْنَا	رَأَتَا	رَأَيَا	رَأَيْتُمَا	رَأَتْ	رَأَى	رَأَيْتِ	رَأَيْتَ	رَأَيْتُ
	IMPERFECT INDICATIVE	يَرَيْنَ	يَرَوْنَ	تَرَيْنَ	تَرَوْنَ	نَرَى	تَرَيَانِ	يَرَيَانِ	تَرَيَانِ	تَرَى	يَرَى	تَرَيْنَ	تَرَى	أَرَى
	IMPERFECT SUBJUNCTIVE	يَرَيْنَ	يَرَوْا	تَرَيْنَ	تَرَوْا	نَرَى	تَرَيَا	يَرَيَا	تَرَيَا	تَرَى	يَرَى	تَرَيْ	تَرَى	أَرَى
	IMPERFECT JUSSIVE	يَرَيْنَ	يَرَوْا	تَرَيْنَ	تَرَوْا	نَرَ	تَرَيَا	يَرَيَا	تَرَيَا	تَرَ	يَرَ	تَرَيْ	تَرَ	أَرَ
	IMPERATIVE			رَيْنَ	رَوْا				رَيَا			رَيْ	رَ	
PASSIVE	PERFECT	رُئِينَ	رُؤُوا	رُئِيتُنَّ	رُئِيتُمْ	رُئِينَا	رُئِيَتَا	رُئِيَا	رُئِيتُمَا	رُئِيَتْ	رُئِيَ	رُئِيتِ	رُئِيتَ	رُئِيتُ
	IMPERFECT INDICATIVE	يُرَيْنَ	يُرَوْنَ	تُرَيْنَ	تُرَوْنَ	نُرَى	تُرَيَانِ	يُرَيَانِ	تُرَيَانِ	تُرَى	يُرَى	تُرَيْنَ	تُرَى	أُرَى
	IMPERFECT SUBJUNCTIVE	يُرَيْنَ	يُرَوْا	تُرَيْنَ	تُرَوْا	نُرَى	تُرَيَا	يُرَيَا	تُرَيَا	تُرَى	يُرَى	تُرَيْ	تُرَى	أُرَى
	IMPERFECT JUSSIVE	تُرَيْنَ	يُرَوْا	تُرَيْنَ	تُرَوْا	نُرَ	تُرَيَا	يُرَيَا	تُرَيَا	تُرَ	يُرَ	تُرَيْ	تُرَ	أُرَ

*Genitive رَاءٍ ; accusative رَائِيًا. With article: nominative أَلرَّائِي ; genitive أَلرَّائِي ; accusative أَلرَّائِيَ .

ACTIVE PARTICIPLE: مُرٍ** PASSIVE PARTICIPLE: مُرًّى MAṢDAR: إِرَاءَةٌ* ROOT: رأى FORM IV TO SHOW أَرَى

	3 f pl	3 m pl	2 f pl	2 m pl	1 pl	3 f dual	3 m dual	2 dual	3 f sgl	3 m sgl	2 f sgl	2 m sgl	1 sgl		
	أَرَيْنَ	أَرَوْا	أَرَيْتُنَّ	أَرَيْتُمْ	أَرَيْنَا	أَرَتَا	أَرَيَا	أَرَيْتُمَا	أَرَتْ	أَرَى	أَرَيْتِ	أَرَيْتَ	أَرَيْتُ	PERFECT	ACTIVE
	يُرِينَ	يُرُونَ	تُرِينَ	تُرُونَ	نُرِي	تُرِيَانِ	يُرِيَانِ	تُرِيَانِ	تُرِي	يُرِي	تُرِينَ	تُرِي	أُرِي	IMPERFECT INDICATIVE	ACTIVE
	يُرِينَ	يُرُوا	تُرِينَ	تُرُوا	نُرِيَ	تُرِيَا	يُرِيَا	تُرِيَا	تُرِيَ	يُرِيَ	تُرِي	تُرِيَ	أُرِيَ	IMPERFECT SUBJUNCTIVE	ACTIVE
	يُرِينَ	يُرُوا	تُرِينَ	تُرُوا	نُرِ	تُرِيَا	يُرِيَا	تُرِيَا	تُرِ	يُرِ	تُرِي	تُرِ	أُرِ	IMPERFECT JUSSIVE	ACTIVE
			أَرِينَ	أَرُوا				أَرِيَا			أَرِي	أَرِ		IMPERATIVE	ACTIVE
	أُرِينَ	أُرُوا	أُرِيتُنَّ	أُرِيتُمْ	أُرِينَا	أُرِيَتَا	أُرِيَا	أُرِيتُمَا	أُرِيَتْ	أُرِيَ	أُرِيتِ	أُرِيتَ	أُرِيتُ	PERFECT	PASSIVE
	يُرَيْنَ	يُرَوْنَ	تُرَيْنَ	تُرَوْنَ	نُرَى	تُرَيَانِ	يُرَيَانِ	تُرَيَانِ	تُرَى	يُرَى	تُرَيْنَ	تُرَى	أُرَى	IMPERFECT INDICATIVE	PASSIVE
	يُرَيْنَ	يُرَوْا	تُرَيْنَ	تُرَوْا	نُرَى	تُرَيَا	يُرَيَا	تُرَيَا	تُرَى	يُرَى	تُرَيْ	تُرَى	أُرَى	IMPERFECT SUBJUNCTIVE	PASSIVE
	يُرَيْنَ	يُرَوْا	تُرَيْنَ	تُرَوْا	نُرَ	تُرَيَا	يُرَيَا	تُرَيَا	تُرَ	يُرَ	تُرَيْ	تُرَ	أُرَ	IMPERFECT JUSSIVE	PASSIVE

* Also إِرَاءٌ.

** Genitive مُرٍ. accusative مُرِيًا. With article: nominative أَلْمُرِي. genitive أَلْمُرِي. accusative أَلْمُرِيَ.

ACTIVE PARTICIPLE: رَاجِعٌ PASSIVE PARTICIPLE: MAṢDAR: رُجُوعٌ ROOT: رجع FORM I TO RETURN رَجَعَ

		3 f pl	3 m pl	2 f pl	2 m pl	1 pl	3 f dual	3 m dual	2 dual	3 f sgl	3 m sgl	2 f sgl	2 m sgl	1 sgl
ACTIVE	PERFECT	رَجَعْنَ	رَجَعُوا	رَجَعْتُنَّ	رَجَعْتُمْ	رَجَعْنَا	رَجَعَتَا	رَجَعَا	رَجَعْتُمَا	رَجَعَتْ	رَجَعَ	رَجَعْتِ	رَجَعْتَ	رَجَعْتُ
	IMPERFECT INDICATIVE	يَرْجِعْنَ	يَرْجِعُونَ	تَرْجِعْنَ	تَرْجِعُونَ	نَرْجِعُ	تَرْجِعَانِ	يَرْجِعَانِ	تَرْجِعَانِ	تَرْجِعُ	يَرْجِعُ	تَرْجِعِينَ	تَرْجِعُ	أَرْجِعُ
	IMPERFECT SUBJUNCTIVE	يَرْجِعْنَ	يَرْجِعُوا	تَرْجِعْنَ	تَرْجِعُوا	نَرْجِعَ	تَرْجِعَا	يَرْجِعَا	تَرْجِعَا	تَرْجِعَ	يَرْجِعَ	تَرْجِعِي	تَرْجِعَ	أَرْجِعَ
	IMPERFECT JUSSIVE	يَرْجِعْنَ	يَرْجِعُوا	تَرْجِعْنَ	تَرْجِعُوا	نَرْجِعْ	تَرْجِعَا	يَرْجِعَا	تَرْجِعَا	تَرْجِعْ	يَرْجِعْ	تَرْجِعِي	تَرْجِعْ	أَرْجِعْ
	IMPERATIVE			إِرْجِعْنَ	إِرْجِعُوا				إِرْجِعَا			إِرْجِعِي	إِرْجِعْ	
PASSIVE	PERFECT													
	IMPERFECT INDICATIVE													
	IMPERFECT SUBJUNCTIVE													
	IMPERFECT JUSSIVE													

ACTIVE PARTICIPLE: مُرْسِلٌ PASSIVE PARTICIPLE: مُرْسَلٌ MAṢDAR: إِرْسَالٌ ROOT: رسل FORM IV TO SEND أَرْسَلَ

3 f pl	3 m pl	2 f pl	2 m pl	1 pl	3 f dual	3 m dual	2 dual	3 f sgl	3 m sgl	2 f sgl	2 m sgl	1 sgl		
أَرْسَلْنَ	أَرْسَلُوا	أَرْسَلْتُنَّ	أَرْسَلْتُمْ	أَرْسَلْنَا	أَرْسَلَتَا	أَرْسَلَا	أَرْسَلْتُمَا	أَرْسَلَتْ	أَرْسَلَ	أَرْسَلْتِ	أَرْسَلْتَ	أَرْسَلْتُ	PERFECT	ACTIVE
يُرْسِلْنَ	يُرْسِلُونَ	تُرْسِلْنَ	تُرْسِلُونَ	نُرْسِلُ	تُرْسِلَانِ	يُرْسِلَانِ	تُرْسِلَانِ	تُرْسِلُ	يُرْسِلُ	تُرْسِلِينَ	تُرْسِلُ	أُرْسِلُ	IMPERFECT INDICATIVE	ACTIVE
يُرْسِلْنَ	يُرْسِلُوا	تُرْسِلْنَ	تُرْسِلُوا	نُرْسِلَ	تُرْسِلَا	يُرْسِلَا	تُرْسِلَا	تُرْسِلَ	يُرْسِلَ	تُرْسِلِي	تُرْسِلَ	أُرْسِلَ	IMPERFECT SUBJUNCTIVE	ACTIVE
يُرْسِلْنَ	يُرْسِلُوا	تُرْسِلْنَ	تُرْسِلُوا	نُرْسِلْ	تُرْسِلَا	يُرْسِلَا	تُرْسِلَا	تُرْسِلْ	يُرْسِلْ	تُرْسِلِي	تُرْسِلْ	أُرْسِلْ	IMPERFECT JUSSIVE	ACTIVE
		أَرْسِلْنَ	أَرْسِلُوا				أَرْسِلَا			أَرْسِلِي	أَرْسِلْ		IMPERATIVE	ACTIVE
أُرْسِلْنَ	أُرْسِلُوا	أُرْسِلْتُنَّ	أُرْسِلْتُمْ	أُرْسِلْنَا	أُرْسِلَتَا	أُرْسِلَا	أُرْسِلْتُمَا	أُرْسِلَتْ	أُرْسِلَ	أُرْسِلْتِ	أُرْسِلْتَ	أُرْسِلْتُ	PERFECT	PASSIVE
يُرْسَلْنَ	يُرْسَلُونَ	تُرْسَلْنَ	تُرْسَلُونَ	نُرْسَلُ	تُرْسَلَانِ	يُرْسَلَانِ	تُرْسَلَانِ	تُرْسَلُ	يُرْسَلُ	تُرْسَلِينَ	تُرْسَلُ	أُرْسَلُ	IMPERFECT INDICATIVE	PASSIVE
يُرْسَلْنَ	يُرْسَلُوا	تُرْسَلْنَ	تُرْسَلُوا	نُرْسَلَ	تُرْسَلَا	يُرْسَلَا	تُرْسَلَا	تُرْسَلَ	يُرْسَلَ	تُرْسَلِي	تُرْسَلَ	أُرْسَلَ	IMPERFECT SUBJUNCTIVE	PASSIVE
يُرْسَلْنَ	يُرْسَلُوا	تُرْسَلْنَ	تُرْسَلُوا	نُرْسَلْ	تُرْسَلَا	يُرْسَلَا	تُرْسَلَا	تُرْسَلْ	يُرْسَلْ	تُرْسَلِي	تُرْسَلْ	أُرْسَلْ	IMPERFECT JUSSIVE	PASSIVE

ACTIVE PARTICIPLE: رَاضٍ* PASSIVE PARTICIPLE: مَرْضِيٌّ MAṢDAR: رِضًى ROOT: رضو FORM I TO APPROVE رَضِيَ

3 f pl	*3 m pl*	*2 f pl*	*2 m pl*	*1 pl*	*3 f dual*	*3 m dual*	*2 dual*	*3 f sgl*	*3 m sgl*	*2 f sgl*	*2 m sgl*	*1 sgl*		
رَضِينَ	رَضُوا	رَضِيتُنَّ	رَضِيتُمْ	رَضِينَا	رَضِيَتَا	رَضِيَا	رَضِيتُمَا	رَضِيَتْ	رَضِيَ	رَضِيتِ	رَضِيتَ	رَضِيتُ	PERFECT	ACTIVE
يَرْضَيْنَ	يَرْضَوْنَ	تَرْضَيْنَ	تَرْضَوْنَ	نَرْضَى	تَرْضَيَانِ	يَرْضَيَانِ	تَرْضَيَانِ	تَرْضَى	يَرْضَى	تَرْضَيْنَ	تَرْضَى	أَرْضَى	IMPERFECT INDICATIVE	
يَرْضَيْنَ	يَرْضَوْا	تَرْضَيْنَ	تَرْضَوْا	نَرْضَى	تَرْضَيَا	يَرْضَيَا	تَرْضَيَا	تَرْضَى	يَرْضَى	تَرْضَيْ	تَرْضَى	أَرْضَى	IMPERFECT SUBJUNCTIVE	
يَرْضَيْنَ	يَرْضَوْا	تَرْضَيْنَ	تَرْضَوْا	نَرْضَ	تَرْضَيَا	يَرْضَيَا	تَرْضَيَا	تَرْضَ	يَرْضَ	تَرْضَيْ	تَرْضَ	أَرْضَ	IMPERFECT JUSSIVE	
		إِرْضَيْنَ	إِرْضَوْا				إِرْضَيَا			إِرْضَيْ	إِرْضَ		IMPERATIVE	
رُضِينَ	رُضُوا	رُضِيتُنَّ	رُضِيتُمْ	رُضِينَا	رُضِيَتَا	رُضِيَا	رُضِيتُمَا	رُضِيَتْ	رُضِيَ	رُضِيتِ	رُضِيتَ	رُضِيتُ	PERFECT	PASSIVE
يُرْضَيْنَ	يُرْضَوْنَ	تُرْضَيْنَ	تُرْضَوْنَ	نُرْضَى	تُرْضَيَانِ	يُرْضَيَانِ	تُرْضَيَانِ	تُرْضَى	يُرْضَى	تُرْضَيْنَ	تُرْضَى	أُرْضَى	IMPERFECT INDICATIVE	
يُرْضَيْنَ	يُرْضَوْا	تُرْضَيْنَ	تُرْضَوْا	نُرْضَى	تُرْضَيَا	يُرْضَيَا	تُرْضَيَا	تُرْضَى	يُرْضَى	تُرْضَيْ	تُرْضَى	أُرْضَى	IMPERFECT SUBJUNCTIVE	
يُرْضَيْنَ	يُرْضَوْا	تُرْضَيْنَ	تُرْضَوْا	نُرْضَ	تُرْضَيَا	يُرْضَيَا	تُرْضَيَا	تُرْضَ	يُرْضَ	تُرْضَيْ	تُرْضَ	أُرْضَ	IMPERFECT JUSSIVE	

*Genitive رَاضٍ ; accusative رَاضِيًا . With article: nominative أَلرَّاضِي ; genitive أَلرَّاضِي ; accusative أَلرَّاضِيَ .

ACTIVE PARTICIPLE: رَافِعٌ PASSIVE PARTICIPLE: مَرْفُوعٌ MAṢDAR رَفْعٌ ROOT: رفع FORM I TO LIFT رَفَعَ

3 f pl	3 m pl	2 f pl	2 m pl	1 pl	3 f dual	3 m dual	2 dual	3 f sgl	3 m sgl	2 f sgl	2 m sgl	1 sgl		
رَفَعْنَ	رَفَعُوا	رَفَعْتُنَّ	رَفَعْتُمْ	رَفَعْنَا	رَفَعَتَا	رَفَعَا	رَفَعْتُمَا	رَفَعَتْ	رَفَعَ	رَفَعْتِ	رَفَعْتَ	رَفَعْتُ	PERFECT	ACTIVE
يَرْفَعْنَ	يَرْفَعُونَ	تَرْفَعْنَ	تَرْفَعُونَ	نَرْفَعُ	تَرْفَعَانِ	يَرْفَعَانِ	تَرْفَعَانِ	تَرْفَعُ	يَرْفَعُ	تَرْفَعِينَ	تَرْفَعُ	أَرْفَعُ	IMPERFECT INDICATIVE	
يَرْفَعْنَ	يَرْفَعُوا	تَرْفَعْنَ	تَرْفَعُوا	نَرْفَعَ	تَرْفَعَا	يَرْفَعَا	تَرْفَعَا	تَرْفَعَ	يَرْفَعَ	تَرْفَعِي	تَرْفَعَ	أَرْفَعَ	IMPERFECT SUBJUNCTIVE	
يَرْفَعْنَ	يَرْفَعُوا	تَرْفَعْنَ	تَرْفَعُوا	نَرْفَعْ	تَرْفَعَا	يَرْفَعَا	تَرْفَعَا	تَرْفَعْ	يَرْفَعْ	تَرْفَعِي	تَرْفَعْ	أَرْفَعْ	IMPERFECT JUSSIVE	
		إِرْفَعْنَ	إِرْفَعُوا				إِرْفَعَا			إِرْفَعِي	إِرْفَعْ		IMPERATIVE	
رُفِعْنَ	رُفِعُوا	رُفِعْتُنَّ	رُفِعْتُمْ	رُفِعْنَا	رُفِعَتَا	رُفِعَا	رُفِعْتُمَا	رُفِعَتْ	رُفِعَ	رُفِعْتِ	رُفِعْتَ	رُفِعْتُ	PERFECT	PASSIVE
يُرْفَعْنَ	يُرْفَعُونَ	تُرْفَعْنَ	تُرْفَعُونَ	نُرْفَعُ	تُرْفَعَانِ	يُرْفَعَانِ	تُرْفَعَانِ	تُرْفَعُ	يُرْفَعُ	تُرْفَعِينَ	تُرْفَعُ	أُرْفَعُ	IMPERFECT INDICATIVE	
يُرْفَعْنَ	يُرْفَعُوا	تُرْفَعْنَ	تُرْفَعُوا	نُرْفَعَ	تُرْفَعَا	يُرْفَعَا	تُرْفَعَا	تُرْفَعَ	يُرْفَعَ	تُرْفَعِي	تُرْفَعَ	أُرْفَعَ	IMPERFECT SUBJUNCTIVE	
يُرْفَعْنَ	يُرْفَعُوا	تُرْفَعْنَ	تُرْفَعُوا	نُرْفَعْ	تُرْفَعَا	يُرْفَعَا	تُرْفَعَا	تُرْفَعْ	يُرْفَعْ	تُرْفَعِي	تُرْفَعْ	أُرْفَعْ	IMPERFECT JUSSIVE	

ACTIVE PARTICIPLE: رَاكِبٌ PASSIVE PARTICIPLE: مَرْكُوبٌ MAṢDAR: رُكُوبٌ ROOT: ركب FORM I TO RIDE رَكِبَ

3 f pl	*3 m pl*	*2 f pl*	*2 m pl*	*1 pl*	*3 f dual*	*3 m dual*	*2 dual*	*3 f sgl*	*3 m sgl*	*2 f sgl*	*2 m sgl*	*1 sgl*		
رَكِبْنَ	رَكِبُوا	رَكِبْتُنَّ	رَكِبْتُمْ	رَكِبْنَا	رَكِبَتَا	رَكِبَا	رَكِبْتُمَا	رَكِبَتْ	رَكِبَ	رَكِبْتِ	رَكِبْتَ	رَكِبْتُ	PERFECT	ACTIVE
يَرْكَبْنَ	يَرْكَبُونَ	تَرْكَبْنَ	تَرْكَبُونَ	نَرْكَبُ	تَرْكَبَانِ	يَرْكَبَانِ	تَرْكَبَانِ	تَرْكَبُ	يَرْكَبُ	تَرْكَبِينَ	تَرْكَبُ	أَرْكَبُ	IMPERFECT INDICATIVE	
يَرْكَبْنَ	يَرْكَبُوا	تَرْكَبْنَ	تَرْكَبُوا	نَرْكَبَ	تَرْكَبَا	يَرْكَبَا	تَرْكَبَا	تَرْكَبَ	يَرْكَبَ	تَرْكَبِي	تَرْكَبَ	أَرْكَبَ	IMPERFECT SUBJUNCTIVE	
يَرْكَبْنَ	يَرْكَبُوا	تَرْكَبْنَ	تَرْكَبُوا	نَرْكَبْ	تَرْكَبَا	يَرْكَبَا	تَرْكَبَا	تَرْكَبْ	يَرْكَبْ	تَرْكَبِي	تَرْكَبْ	أَرْكَبْ	IMPERFECT JUSSIVE	
		إِرْكَبْنَ	إِرْكَبُوا				إِرْكَبَا			إِرْكَبِي	إِرْكَبْ		IMPERATIVE	
رُكِبْنَ	رُكِبُوا	رُكِبْتُنَّ	رُكِبْتُمْ	رُكِبْنَا	رُكِبَتَا	رُكِبَا	رُكِبْتُمَا	رُكِبَتْ	رُكِبَ	رُكِبْتِ	رُكِبْتَ	رُكِبْتُ	PERFECT	PASSIVE
يُرْكَبْنَ	يُرْكَبُونَ	تُرْكَبْنَ	تُرْكَبُونَ	نُرْكَبُ	تُرْكَبَانِ	يُرْكَبَانِ	تُرْكَبَانِ	تُرْكَبُ	يُرْكَبُ	تُرْكَبِينَ	تُرْكَبُ	أُرْكَبُ	IMPERFECT INDICATIVE	
يُرْكَبْنَ	يُرْكَبُوا	تُرْكَبْنَ	تُرْكَبُوا	نُرْكَبَ	تُرْكَبَا	يُرْكَبَا	تُرْكَبَا	تُرْكَبَ	يُرْكَبَ	تُرْكَبِي	تُرْكَبَ	أُرْكَبَ	IMPERFECT SUBJUNCTIVE	
يُرْكَبْنَ	يُرْكَبُوا	تُرْكَبْنَ	تُرْكَبُوا	نُرْكَبْ	تُرْكَبَا	يُرْكَبَا	تُرْكَبَا	تُرْكَبْ	يُرْكَبْ	تُرْكَبِي	تُرْكَبْ	أُرْكَبْ	IMPERFECT JUSSIVE	

ACTIVE PARTICIPLE: *رَامٍ PASSIVE PARTICIPLE: مَرْمِيٌّ MAṢDAR: رَمْيٌ ROOT: رمي FORM I TO THROW رَمَى

3 f pl	3 m pl	2 f pl	2 m pl	1 pl	3 f dual	3 m dual	2 dual	3 f sgl	3 m sgl	2 f sgl	2 m sgl	1 sgl		
رَمَيْنَ	رَمَوْا	رَمَيْتُنَّ	رَمَيْتُمْ	رَمَيْنَا	رَمَتَا	رَمَيَا	رَمَيْتُمَا	رَمَتْ	رَمَى	رَمَيْتِ	رَمَيْتَ	رَمَيْتُ	PERFECT	ACTIVE
يَرْمِينَ	يَرْمُونَ	تَرْمِينَ	تَرْمُونَ	نَرْمِي	تَرْمِيَانِ	يَرْمِيَانِ	تَرْمِيَانِ	تَرْمِي	يَرْمِي	تَرْمِينَ	تَرْمِي	أَرْمِي	IMPERFECT INDICATIVE	
يَرْمِينَ	يَرْمُوا	تَرْمِينَ	تَرْمُوا	نَرْمِيَ	تَرْمِيَا	يَرْمِيَا	تَرْمِيَا	تَرْمِيَ	يَرْمِيَ	تَرْمِي	تَرْمِيَ	أَرْمِيَ	IMPERFECT SUBJUNCTIVE	
يَرْمِينَ	يَرْمُوا	تَرْمِينَ	تَرْمُوا	نَرْمِ	تَرْمِيَا	يَرْمِيَا	تَرْمِيَا	تَرْمِ	يَرْمِ	تَرْمِي	تَرْمِ	أَرْمِ	IMPERFECT JUSSIVE	
		إِرْمِينَ	إِرْمُوا				إِرْمِيَا			إِرْمِي	إِرْمِ		IMPERATIVE	
رُمِينَ	رُمُوا	رُمِيتُنَّ	رُمِيتُمْ	رُمِينَا	رُمِيَتَا	رُمِيَا	رُمِيتُمَا	رُمِيَتْ	رُمِيَ	رُمِيتِ	رُمِيتَ	رُمِيتُ	PERFECT	PASSIVE
يُرْمَيْنَ	يُرْمَوْنَ	تُرْمَيْنَ	تُرْمَوْنَ	نُرْمَى	تُرْمَيَانِ	يُرْمَيَانِ	تُرْمَيَانِ	تُرْمَى	يُرْمَى	تُرْمَيْنَ	تُرْمَى	أُرْمَى	IMPERFECT INDICATIVE	
يُرْمَيْنَ	يُرْمَوْا	تُرْمَيْنَ	تُرْمَوْا	نُرْمَى	تُرْمَيَا	يُرْمَيَا	تُرْمَيَا	تُرْمَى	يُرْمَى	تُرْمَيْ	تُرْمَى	أُرْمَى	IMPERFECT SUBJUNCTIVE	
يُرْمَيْنَ	يُرْمَوْا	تُرْمَيْنَ	تُرْمَوْا	نُرْمَ	تُرْمَيَا	يُرْمَيَا	تُرْمَيَا	تُرْمَ	يُرْمَ	تُرْمَيْ	تُرْمَ	أُرْمَ	IMPERFECT JUSSIVE	

*Genitive رَامٍ ; accusative رَامِيًا . With article: nominative أَلرَّامِي ; genitive أَلرَّامِي ; accusative أَلرَّامِيَ .

ACTIVE PARTICIPLE: مُرِيدٌ PASSIVE PARTICIPLE: مُرَادٌ MAṢDAR: إِرَادَةٌ ROOT: رود FORM IV TO WANT أَرَادَ

3 f pl	*3 m pl*	*2 f pl*	*2 m pl*	*1 pl*	*3 f dual*	*3 m dual*	*2 dual*	*3 f sgl*	*3 m sgl*	*2 f sgl*	*2 m sgl*	*1 sgl*		
أَرَدْنَ	أَرَادُوا	أَرَدْتُنَّ	أَرَدْتُمْ	أَرَدْنَا	أَرَادَتَا	أَرَادَا	أَرَدْتُمَا	أَرَادَتْ	أَرَادَ	أَرَدْتِ	أَرَدْتَ	أَرَدْتُ	PERFECT	ACTIVE
يُرِدْنَ	يُرِيدُونَ	تُرِدْنَ	تُرِيدُونَ	نُرِيدُ	تُرِيدَانِ	يُرِيدَانِ	تُرِيدَانِ	تُرِيدُ	يُرِيدُ	يُرِيدِينَ	تُرِيدُ	أُرِيدُ	IMPERFECT INDICATIVE	ACTIVE
يُرِدْنَ	يُرِيدُوا	تُرِدْنَ	تُرِيدُوا	نُرِيدَ	تُرِيدَا	يُرِيدَا	تُرِيدَا	تُرِيدَ	يُرِيدَ	تُرِيدِي	تُرِيدَ	أُرِيدَ	IMPERFECT SUBJUNCTIVE	ACTIVE
يُرِدْنَ	يُرِيدُوا	تُرِدْنَ	تُرِيدُوا	نُرِدْ	تُرِيدَا	يُرِيدَا	تُرِيدَا	تُرِدْ	يُرِدْ	تُرِيدِي	تُرِدْ	أُرِدْ	IMPERFECT JUSSIVE	ACTIVE
		أَرِدْنَ	أَرِيدُوا				أَرِيدَا			أَرِيدِي	أَرِدْ		IMPERATIVE	ACTIVE
أُرِدْنَ	أُرِيدُوا	أُرِدْتُنَّ	أُرِدْتُمْ	أُرِدْنَا	أُرِيدَتَا	أُرِيدَا	أُرِدْتُمَا	أُرِيدَتْ	أُرِيدَ	أُرِدْتِ	أُرِدْتَ	أُرِدْتُ	PERFECT	PASSIVE
يُرَدْنَ	يُرَادُونَ	تُرَدْنَ	تُرَادُونَ	نُرَادُ	تُرَادَانِ	يُرَادَانِ	تُرَادَانِ	تُرَادُ	يُرَادُ	تُرَادِينَ	تُرَادُ	أُرَادُ	IMPERFECT INDICATIVE	PASSIVE
يُرَدَنَ	يُرَادُوا	تُرَدْنَ	تُرَادُوا	نُرَادَ	تُرَادَا	يُرَادَا	تُرَادَا	تُرَادَ	يُرَادَ	تُرَادِي	تُرَادَ	أُرَادَ	IMPERFECT SUBJUNCTIVE	PASSIVE
يُرَدْنَ	يُرَادُوا	تُرَدْنَ	تُرَادُوا	نُرَدْ	تُرَادَا	يُرَادَا	تُرَادَا	تُرَدْ	يُرَدْ	تُرَادِي	تُرَدْ	أُرَدْ	IMPERFECT JUSSIVE	PASSIVE

ACTIVE PARTICIPLE:* رَاوٍ   PASSIVE PARTICIPLE: مَرْوِيٌّ   MAṢDAR: رِوَايَةٌ   ROOT: روي   FORM I   TO RELATE   رَوَى

3 f pl	3 m pl	2 f pl	2 m pl	1 pl	3 f dual	3 m dual	2 dual	3 f sgl	3 m sgl	2 f sgl	2 m sgl	1 sgl		
رَوَيْنَ	رَوَوْا	رَوَيْتُنَّ	رَوَيْتُمْ	رَوَيْنَا	رَوَتَا	رَوَيَا	رَوَيْتُمَا	رَوَتْ	رَوَى	رَوَيْتِ	رَوَيْتَ	رَوَيْتُ	PERFECT	ACTIVE
يَرْوِينَ	يَرْوُونَ	تَرْوِينَ	تَرْوُونَ	نَرْوِي	تَرْوِيَانِ	يَرْوِيَانِ	تَرْوِيَانِ	تَرْوِي	يَرْوِي	تَرْوِينَ	تَرْوِي	أَرْوِي	IMPERFECT INDICATIVE	ACTIVE
يَرْوِينَ	يَرْوُوا	تَرْوِينَ	تَرْوُوا	نَرْوِيَ	تَرْوِيَا	يَرْوِيَا	تَرْوِيَا	تَرْوِيَ	يَرْوِيَ	تَرْوِي	تَرْوِيَ	أَرْوِيَ	IMPERFECT SUBJUNCTIVE	ACTIVE
يَرْوِينَ	يَرْوُوا	تَرْوِينَ	تَرْوُوا	نَرْوِ	تَرْوِيَا	يَرْوِيَا	تَرْوِيَا	تَرْوِ	يَرْوِ	تَرْوِي	تَرْوِ	أَرْوِ	IMPERFECT JUSSIVE	ACTIVE
		إِرْوِينَ	إِرْوُوا				إِرْوِيَا			إِرْوِي	إِرْوِ		IMPERATIVE	ACTIVE
رُوِينَ	رُوُوا	رُوِيتُنَّ	رُوِيتُمْ	رُوِينَا	رُوِيَتَا	رُوِيَا	رُوِيتُمَا	رُوِيَتْ	رُوِيَ	رُوِيتِ	رُوِيتَ	رُوِيتُ	PERFECT	PASSIVE
يُرْوَيْنَ	يُرْوَوْنَ	تُرْوَيْنَ	تُرْوَوْنَ	نُرْوَى	تُرْوَيَانِ	يُرْوَيَانِ	تُرْوَيَانِ	تُرْوَى	يُرْوَى	تُرْوَيْنَ	تُرْوَى	أُرْوَى	IMPERFECT INDICATIVE	PASSIVE
يُرْوَيْنَ	يُرْوَوْا	تُرْوَيْنَ	تُرْوَوْا	نُرْوَى	تُرْوَيَا	يُرْوَيَا	تُرْوَيَا	تُرْوَى	يُرْوَى	تُرْوَيْ	تُرْوَى	أُرْوَى	IMPERFECT SUBJUNCTIVE	PASSIVE
يُرْوَيْنَ	يُرْوَوْا	تُرْوَيْنَ	تُرْوَوْا	نُرْوَ	تُرْوَيَا	يُرْوَيَا	تُرْوَيَا	تُرْوَ	يُرْوَ	تُرْوَيْ	تُرْوَ	أُرْوَ	IMPERFECT JUSSIVE	PASSIVE

* Genitive رَاوٍ ; accusative رَاوِيًا . With article: nominative أَلرَّاوِي ; genitive أَلرَّاوِي ; accusative أَلرَّاوِيَ .

ACTIVE PARTICIPLE:* رَاوٍ   PASSIVE PARTICIPLE: MAṢDAR: رَيٌّ   ROOT: روي   FORM I   TO DRINK ONES FILL رَوِيَ

	3 f pl	3 m pl	2 f pl	2 m pl	1 pl	3 f dual	3 m dual	2 dual	3 f sgl	3 m sgl	2 f sgl	2 m sgl	1 sgl	
ACTIVE	رَوِينَ	رَوُوا	رَوِيتُنَّ	رَوِيتُمْ	رَوِينَا	رَوِيَتَا	رَوِيَا	رَوِيتُمَا	رَوِيَتْ	رَوِيَ	رَوِيتِ	رَوِيتَ	رَوِيتُ	PERFECT
	يَرْوَيْنَ	يَرْوَوْنَ	تَرْوَيْنَ	تَرْوَوْنَ	نَرْوَى	تَرْوَيَانِ	يَرْوَيَانِ	تَرْوَيَانِ	تَرْوَى	يَرْوَى	تَرْوَيْنَ	تَرْوَى	أَرْوَى	IMPERFECT INDICATIVE
	يَرْوَيْنَ	يَرْوَوْا	تَرْوَيْنَ	تَرْوَوْا	نَرْوَى	تَرْوَيَا	يَرْوَيَا	تَرْوَيَا	تَرْوَى	يَرْوَى	تَرْوَيْ	تَرْوَى	أَرْوَى	IMPERFECT SUBJUNCTIVE
	يَرْوَيْنَ	يَرْوَوْا	تَرْوَيْنَ	تَرْوَوْا	نَرْوَ	تَرْوَيَا	يَرْوَيَا	تَرْوَيَا	تَرْوَ	يَرْوَ	تَرْوَيْ	تَرْوَ	أَرْوَ	IMPERFECT JUSSIVE
			إِرْوَيْنَ	إِرْوَوْا				إِرْوَيَا			إِرْوَيْ	إِرْوَ		IMPERATIVE
PASSIVE														PERFECT
														IMPERFECT INDICATIVE
														IMPERFECT SUBJUNCTIVE
														IMPERFECT JUSSIVE

*Genitive رَاوٍ ; accusative رَاوِيًا. With article: nominative أَلرَّاوِي ; genitive أَلرَّاوِي ; accusative أَلرَّاوِيَ.

ACTIVE PARTICIPLE: مُزْدَحِمٌ PASSIVE PARTICIPLE: MAṢDAR: إِزْدِحَامٌ ROOT: زحم FORM VIII TO TEEM إِزْدَحَمَ

	3 f pl	3 m pl	2 f pl	2 m pl	1 pl	3 f dual	3 m dual	2 dual	3 f sgl	3 m sgl	2 f sgl	2 m sgl	1 sgl	
ACTIVE	إِزْدَحَمْنَ	إِزْدَحَمُوا	إِزْدَحَمْتُنَّ	إِزْدَحَمْتُمْ	إِزْدَحَمْنَا	إِزْدَحَمَتَا	إِزْدَحَمَا	إِزْدَحَمْتُمَا	إِزْدَحَمَتْ	إِزْدَحَمَ	إِزْدَحَمْتِ	إِزْدَحَمْتَ	إِزْدَحَمْتُ	PERFECT
	يَزْدَحِمْنَ	يَزْدَحِمُونَ	تَزْدَحِمْنَ	تَزْدَحِمُونَ	نَزْدَحِمُ	تَزْدَحِمَانِ	يَزْدَحِمَانِ	تَزْدَحِمَانِ	تَزْدَحِمُ	يَزْدَحِمُ	تَزْدَحِمِينَ	تَزْدَحِمُ	أَزْدَحِمُ	IMPERFECT INDICATIVE
	يَزْدَحِمْنَ	يَزْدَحِمُوا	تَزْدَحِمْنَ	تَزْدَحِمُوا	نَزْدَحِمَ	تَزْدَحِمَا	يَزْدَحِمَا	تَزْدَحِمَا	تَزْدَحِمَ	يَزْدَحِمَ	تَزْدَحِمِي	تَزْدَحِمَ	أَزْدَحِمَ	IMPERFECT SUBJUNCTIVE
	يَزْدَحِمْنَ	يَزْدَحِمُوا	تَزْدَحِمْنَ	تَزْدَحِمُوا	نَزْدَحِمْ	تَزْدَحِمَا	يَزْدَحِمَا	تَزْدَحِمَا	تَزْدَحِمْ	يَزْدَحِمْ	تَزْدَحِمِي	تَزْدَحِمْ	أَزْدَحِمْ	IMPERFECT JUSSIVE
			إِزْدَحِمْنَ	إِزْدَحِمُوا				إِزْدَحِمَا			إِزْدَحِمِي	إِزْدَحِمْ		IMPERATIVE
PASSIVE														PERFECT
														IMPERFECT INDICATIVE
														IMPERFECT SUBJUNCTIVE
														IMPERFECT JUSSIVE

ACTIVE PARTICIPLE: مُزْدَوِجٌ PASSIVE PARTICIPLE: MAṢDAR: إِزْدِوَاجٌ ROOT: زوج FORM VIII TO PAIR إِزْدَوَجَ

		3 f pl	*3 m pl*	*2 f pl*	*2 m pl*	*1 pl*	*3 f dual*	*3 m dual*	*2 dual*	*3 f sgl*	*3 m sgl*	*2 f sgl*	*2 m sgl*	*1 sgl*
ACTIVE	PERFECT	إِزْدَوَجْنَ	إِزْدَوَجُوا	إِزْدَوَجْتُنَّ	إِزْدَوَجْتُمْ	إِزْدَوَجْنَا	إِزْدَوَجَتَا	إِزْدَوَجَا	إِزْدَوَجْتُمَا	إِزْدَوَجَتْ	إِزْدَوَجَ	إِزْدَوَجْتِ	إِزْدَوَجْتَ	إِزْدَوَجْتُ
	IMPERFECT INDICATIVE	يَزْدَوِجْنَ	يَزْدَوِجُونَ	تَزْدَوِجْنَ	تَزْدَوِجُونَ	نَزْدَوِجُ	تَزْدَوِجَانِ	يَزْدَوِجَانِ	تَزْدَوِجَانِ	تَزْدَوِجُ	يَزْدَوِجُ	تَزْدَوِجِينَ	تَزْدَوِجُ	أَزْدَوِجُ
	IMPERFECT SUBJUNCTIVE	يَزْدَوِجْنَ	يَزْدَوِجُوا	تَزْدَوِجْنَ	تَزْدَوِجُوا	نَزْدَوِجَ	تَزْدَوِجَا	يَزْدَوِجَا	تَزْدَوِجَا	تَزْدَوِجَ	يَزْدَوِجَ	تَزْدَوِجِي	تَزْدَوِجَ	أَزْدَوِجَ
	IMPERFECT JUSSIVE	يَزْدَوِجْنَ	يَزْدَوِجُوا	تَزْدَوِجْنَ	تَزْدَوِجُوا	نَزْدَوِجْ	تَزْدَوِجَا	يَزْدَوِجَا	تَزْدَوِجَا	تَزْدَوِجْ	يَزْدَوِجْ	تَزْدَوِجِي	تَزْدَوِجْ	أَزْدَوِجْ
	IMPERATIVE			إِزْدَوِجْنَ	إِزْدَوِجُوا				إِزْدَوِجَا			إِزْدَوِجِي	إِزْدَوِجْ	
PASSIVE	PERFECT													
	IMPERFECT INDICATIVE													
	IMPERFECT SUBJUNCTIVE													
	IMPERFECT JUSSIVE													

ACTIVE PARTICIPLE: زَائِدٌ PASSIVE PARTICIPLE: مَزِيدٌ MAṢDAR: زِيَادَةٌ ROOT: زيد FORM I TO INCREASE زَادَ

		3 f pl	*3 m pl*	*2 f pl*	*2 m pl*	*1 pl*	*3 f dual*	*3 m dual*	*2 dual*	*3 f sgl*	*3 m sgl*	*2 f sgl*	*2 m sgl*	*1 sgl*
ACTIVE	PERFECT	زِدْنَ	زَادُوا	زِدْتُنَّ	زِدْتُمْ	زِدْنَا	زَادَتَا	زَادَا	زِدْتُمَا	زَادَتْ	زَادَ	زِدْتِ	زِدْتَ	زِدْتُ
	IMPERFECT INDICATIVE	يَزِدْنَ	يَزِيدُونَ	تَزِدْنَ	تَزِيدُونَ	نَزِيدُ	تَزِيدَانِ	يَزِيدَانِ	تَزِيدَانِ	تَزِيدُ	يَزِيدُ	تَزِيدِينَ	تَزِيدُ	أَزِيدُ
	IMPERFECT SUBJUNCTIVE	يَزِدْنَ	يَزِيدُوا	تَزِدْنَ	تَزِيدُوا	نَزِيدَ	تَزِيدَا	يَزِيدَا	تَزِيدَا	تَزِيدَ	يَزِيدَ	تَزِيدِي	تَزِيدَ	أَزِيدَ
	IMPERFECT JUSSIVE	يَزِدْنَ	يَزِيدُوا	تَزِدْنَ	تَزِيدُوا	نَزِدْ	تَزِيدَا	يَزِيدَا	تَزِيدَا	تَزِدْ	يَزِدْ	تَزِيدِي	تَزِدْ	أَزِدْ
	IMPERATIVE			زِدْنَ	زِيدُوا				زِيدَا			زِيدِي	زِدْ	
PASSIVE	PERFECT	زِدْنَ	زِيدُوا	زِدْتُنَّ	زِدْتُمْ	زِدْنَا	زِيدَتَا	زِيدَا	زِدْتُمَا	زِيدَتْ	زِيدَ	زِدْتِ	زِدْتَ	زِدْتُ
	IMPERFECT INDICATIVE	يُزَدْنَ	يُزَادُونَ	تُزَدْنَ	تُزَادُونَ	نُزَادُ	تُزَادَانِ	يُزَادَانِ	تُزَادَانِ	تُزَادُ	يُزَادُ	تُزَادِينَ	تُزَادُ	أُزَادُ
	IMPERFECT SUBJUNCTIVE	يُزَدْنَ	يُزَادُوا	تُزَدْنَ	تُزَادُوا	نُزَادَ	تُزَادَا	يُزَادَا	تُزَادَا	تُزَادَ	يُزَادَ	تُزَادِي	تُزَادَ	أُزَادَ
	IMPERFECT JUSSIVE	يُزَدْنَ	يُزَادُوا	تُزَدْنَ	تُزَادُوا	نُزَدْ	تُزَادَا	يُزَادَا	تُزَادَا	تُزَدْ	يُزَدْ	تُزَادِي	تُزَدْ	أُزَدْ

ACTIVE PARTICIPLE: مُتَزَايِدٌ PASSIVE PARTICIPLE: MAṢDAR: تَزَايُدٌ ROOT: زيد FORM VI TO INTENSIFY تَزَايَدَ

3 f pl	*3 m pl*	*2 f pl*	*2 m pl*	*1 pl*	*3 f dual*	*3 m dual*	*2 dual*	*3 f sgl*	*3 m sgl*	*2 f sgl*	*2 m sgl*	*1 sgl*		
تَزَايَدْنَ	تَزَايَدُوا	تَزَايَدْتُنَّ	تَزَايَدْتُمْ	تَزَايَدْنَا	تَزَايَدَتَا	تَزَايَدَا	تَزَايَدْتُمَا	تَزَايَدَتْ	تَزَايَدَ	تَزَايَدْتِ	تَزَايَدْتَ	تَزَايَدْتُ	PERFECT	ACTIVE
يَتَزَايَدْنَ	يَتَزَايَدُونَ	تَتَزَايَدْنَ	تَتَزَايَدُونَ	نَتَزَايَدُ	تَتَزَايَدَانِ	يَتَزَايَدَانِ	تَتَزَايَدَانِ	تَتَزَايَدُ	يَتَزَايَدُ	تَتَزَايَدِينَ	تَتَزَايَدُ	أَتَزَايَدُ	IMPERFECT INDICATIVE	
يَتَزَايَدْنَ	يَتَزَايَدُوا	تَتَزَايَدْنَ	تَتَزَايَدُوا	نَتَزَايَدَا	تَتَزَايَدَا	يَتَزَايَدَا	تَتَزَايَدَا	تَتَزَايَدَ	يَتَزَايَدَ	تَتَزَايَدِي	تَتَزَايَدَ	أَتَزَايَدَ	IMPERFECT SUBJUNCTIVE	
يَتَزَايَدْنَ	يَتَزَايَدُوا	تَتَزَايَدْنَ	تَتَزَايَدُوا	نَتَزَايَدَ	تَتَزَايَدَا	يَتَزَايَدَا	تَتَزَايَدَا	تَتَزَايَدْ	يَتَزَايَدْ	تَتَزَايَدِي	تَتَزَايَدْ	أَتَزَايَدْ	IMPERFECT JUSSIVE	
		تَزَايَدْنَ	تَزَايَدُوا				تَزَايَدَا			تَزَايَدِي	تَزَايَدْ		IMPERATIVE	
													PERFECT	PASSIVE
													IMPERFECT INDICATIVE	
													IMPERFECT SUBJUNCTIVE	
													IMPERFECT JUSSIVE	

ACTIVE PARTICIPLE: زَائِلٌ PASSIVE PARTICIPLE: MAṢDAR: زَيْلٌ ROOT: زيل FORM I TO CEASE زَالَ

	3 f pl	3 m pl	2 f pl	2 m pl	1 pl	3 f dual	3 m dual	2 dual	3 f sgl	3 m sgl	2 f sgl	2 m sgl	1 sgl		
	زِلْنَ	زَالُوا	زِلْتُنَّ	زِلْتُمْ	زِلْنَا	زَالَتَا	زَالاَ	زِلْتُمَا	زَالَتْ	زَالَ	زِلْتِ	زِلْتَ	زِلْتُ	PERFECT	ACTIVE
	يَزَلْنَ	يَزَالُونَ	تَزَلْنَ	تَزَالُونَ	نَزَالُ	تَزَالاَنِ	يَزَالاَنِ	تَزَالاَنِ	تَزَالُ	يَزَالُ	تَزَالِينَ	تَزَالُ	أَزَالُ	IMPERFECT INDICATIVE	
	يَزَلْنَ	يَزَالُوا	تَزَلْنَ	تَزَالُوا	نَزَالَ	تَزَالاَ	يَزَالاَ	تَزَالاَ	تَزَالَ	يَزَالَ	تَزَالِي	تَزَالَ	أَزَالَ	IMPERFECT SUBJUNCTIVE	
	يَزَلْنَ	يَزَالُوا	تَزَلْنَ	تَزَالُوا	نَزَلْ	تَزَالاَ	يَزَالاَ	تَزَالاَ	تَزَلْ	يَزَلْ	تَزَالِي	تَزَلْ	أَزَلْ	IMPERFECT JUSSIVE	
														IMPERATIVE	
														PERFECT	PASSIVE
														IMPERFECT INDICATIVE	
														IMPERFECT SUBJUNCTIVE	
														IMPERFECT JUSSIVE	

ACTIVE PARTICIPLE: سَائِلٌ PASSIVE PARTICIPLE: مَسْؤُولٌ MAṢDAR:* سُؤَالٌ ROOT: سأل FORM I TO ASK سَأَلَ

		3 f pl	3 m pl	2 f pl	2 m pl	1 pl	3 f dual	3 m dual	2 dual	3 f sgl	3 m sgl	2 f sgl	2 m sgl	1 sgl
ACTIVE	PERFECT	سَأَلْنَ	سَأَلُوا	سَأَلْتُنَّ	سَأَلْتُمْ	سَأَلْنَا	سَأَلَتَا	سَأَلَا	سَأَلْتُمَا	سَأَلَتْ	سَأَلَ	سَأَلْتِ	سَأَلْتَ	سَأَلْتُ
	IMPERFECT INDICATIVE	يَسْأَلْنَ	يَسْأَلُونَ	تَسْأَلْنَ	تَسْأَلُونَ	نَسْأَلُ	تَسْأَلَانِ	يَسْأَلَانِ	تَسْأَلَانِ	تَسْأَلُ	يَسْأَلُ	تَسْأَلِينَ	تَسْأَلُ	أَسْأَلُ
	IMPERFECT SUBJUNCTIVE	يَسْأَلْنَ	يَسْأَلُوا	تَسْأَلْنَ	تَسْأَلُوا	نَسْأَلَ	تَسْأَلَا	يَسْأَلَا	تَسْأَلَا	تَسْأَلَ	يَسْأَلَ	تَسْأَلِي	تَسْأَلَ	أَسْأَلَ
	IMPERFECT JUSSIVE	يَسْأَلْنَ	يَسْأَلُوا	تَسْأَلْنَ	تَسْأَلُوا	نَسْأَلْ	تَسْأَلَا	يَسْأَلَا	تَسْأَلَا	تَسْأَلْ	يَسْأَلْ	تَسْأَلِي	تَسْأَلْ	أَسْأَلْ
	IMPERATIVE **			إِسْأَلْنَ	إِسْأَلُوا				إِسْأَلَا			إِسْأَلِي	إِسْأَلْ	
PASSIVE	PERFECT	سُئِلْنَ	سُئِلُوا	سُئِلْتُنَّ	سُئِلْتُمْ	سُئِلْنَا	سُئِلَتَا	سُئِلَا	سُئِلْتُمَا	سُئِلَتْ	سُئِلَ	سُئِلْتِ	سُئِلْتَ	سُئِلْتُ
	IMPERFECT INDICATIVE	يُسْأَلْنَ	يُسْأَلُونَ	تُسْأَلْنَ	تُسْأَلُونَ	نُسْأَلُ	تُسْأَلَانِ	يُسْأَلَانِ	تُسْأَلَانِ	تُسْأَلُ	يُسْأَلُ	تُسْأَلِينَ	تُسْأَلُ	أُسْأَلُ
	IMPERFECT SUBJUNCTIVE	يُسْأَلْنَ	يُسْأَلُوا	تُسْأَلْنَ	تُسْأَلُوا	نُسْأَلَ	تُسْأَلَا	يُسْأَلَا	تُسْأَلَا	تُسْأَلَ	يُسْأَلَ	تُسْأَلِي	تُسْأَلَ	أُسْأَلَ
	IMPERFECT JUSSIVE	يُسْأَلْنَ	يُسْأَلُوا	تُسْأَلْنَ	تُسْأَلُوا	نُسْأَلْ	تُسْأَلَا	يُسْأَلَا	تُسْأَلَا	تُسْأَلْ	يُسْأَلْ	تُسْأَلِي	تُسْأَلْ	أُسْأَلْ

*Also مَسْأَلَةٌ

**Also سَلْ ; سَلِي ; سَلَا ; سَلُوا ; سَلْنَ.

ACTIVE PARTICIPLE: مُتَسَائِلٌ PASSIVE PARTICIPLE: MAṢDAR: تَسَاؤُلٌ ROOT: سأل FORM VI TO INQUIRE تَسَاءَلَ

	3 f pl	3 m pl	2 f pl	2 m pl	1 pl	3 f dual	3 m dual	2 dual	3 f sgl	3 m sgl	2 f sgl	2 m sgl	1 sgl
ACTIVE													
PERFECT	تَسَاءَلْنَ	تَسَاءَلُوا	تَسَاءَلْتُنَّ	تَسَاءَلْتُمْ	تَسَاءَلْنَا	تَسَاءَلَتَا	تَسَاءَلَا	تَسَاءَلْتُمَا	تَسَاءَلَتْ	تَسَاءَلَ	تَسَاءَلْتِ	تَسَاءَلْتَ	تَسَاءَلْتُ
IMPERFECT INDICATIVE	يَتَسَاءَلْنَ	يَتَسَاءَلُونَ	تَتَسَاءَلْنَ	تَتَسَاءَلُونَ	نَتَسَاءَلُ	تَتَسَاءَلَانِ	يَتَسَاءَلَانِ	تَتَسَاءَلَانِ	تَتَسَاءَلُ	يَتَسَاءَلُ	تَتَسَاءَلِينَ	تَتَسَاءَلُ	أَتَسَاءَلُ
IMPERFECT SUBJUNCTIVE	يَتَسَاءَلْنَ	يَتَسَاءَلُوا	تَتَسَاءَلْنَ	تَتَسَاءَلُوا	نَتَسَاءَلَ	تَتَسَاءَلَا	يَتَسَاءَلَا	تَتَسَاءَلَا	تَتَسَاءَلَ	يَتَسَاءَلَ	تَتَسَاءَلِي	تَتَسَاءَلَ	أَتَسَاءَلَ
IMPERFECT JUSSIVE	يَتَسَاءَلْنَ	يَتَسَاءَلُوا	تَتَسَاءَلْنَ	تَتَسَاءَلُوا	نَتَسَاءَلْ	تَتَسَاءَلَا	يَتَسَاءَلَا	تَتَسَاءَلَا	تَتَسَاءَلْ	يَتَسَاءَلْ	تَتَسَاءَلِي	تَتَسَاءَلْ	أَتَسَاءَلْ
IMPERATIVE			تَسَاءَلْنَ	تَسَاءَلُوا				تَسَاءَلَا			تَسَاءَلِي	تَسَاءَلْ	
PASSIVE													
PERFECT													
IMPERFECT INDICATIVE													
IMPERFECT SUBJUNCTIVE													
IMPERFECT JUSSIVE													

ACTIVE PARTICIPLE: مُسَافِرٌ PASSIVE PARTICIPLE: MAṢDAR: سِفَارٌ ROOT: سفر FORM III TO TRAVEL سَافَرَ

	3 f pl	*3 m pl*	*2 f pl*	*2 m pl*	*1 pl*	*3 f dual*	*3 m dual*	*2 dual*	*3 f sgl*	*3 m sgl*	*2 f sgl*	*2 m sgl*	*1 sgl*	
ACTIVE	سَافَرْنَ	سَافَرُوا	سَافَرْتُنَّ	سَافَرْتُمْ	سَافَرْنَا	سَافَرَتَا	سَافَرَا	سَافَرْتُمَا	سَافَرَتْ	سَافَرَ	سَافَرْتِ	سَافَرْتَ	سَافَرْتُ	PERFECT
	يُسَافِرْنَ	يُسَافِرُونَ	تُسَافِرْنَ	تُسَافِرُونَ	نُسَافِرُ	تُسَافِرَانِ	يُسَافِرَانِ	تُسَافِرَانِ	تُسَافِرُ	يُسَافِرُ	تُسَافِرِينَ	تُسَافِرُ	أُسَافِرُ	IMPERFECT INDICATIVE
	يُسَافِرْنَ	يُسَافِرُوا	تُسَافِرْنَ	تُسَافِرُوا	نُسَافِرَ	تُسَافِرَا	يُسَافِرَا	تُسَافِرَا	تُسَافِرَ	يُسَافِرَ	تُسَافِرِي	تُسَافِرَ	أُسَافِرَ	IMPERFECT SUBJUNCTIVE
	يُسَافِرْنَ	يُسَافِرُوا	تُسَافِرْنَ	تُسَافِرُوا	نُسَافِرْ	تُسَافِرَا	يُسَافِرَا	تُسَافِرَا	تُسَافِرْ	يُسَافِرْ	تُسَافِرِي	تُسَافِرْ	أُسَافِرْ	IMPERFECT JUSSIVE
			سَافِرْنَ	سَافِرُوا				سَافِرَا			سَافِرِي	سَافِرْ		IMPERATIVE
PASSIVE														PERFECT
														IMPERFECT INDICATIVE
														IMPERFECT SUBJUNCTIVE
														IMPERFECT JUSSIVE

TO ALLOW سَمَحَ FORM I ROOT: سمح MAṢDAR: سَمَاحٌ

ACTIVE PARTICIPLE: سَامِحٌ PASSIVE PARTICIPLE:

	3 f pl	*3 m pl*	*2 f pl*	*2 m pl*	*1 pl*	*3 f dual*	*3 m dual*	*2 dual*	*3 f sgl*	*3 m sgl*	*2 f sgl*	*2 m sgl*	*1 sgl*		
	سَمَحْنَ	سَمَحُوا	سَمَحْتُنَّ	سَمَحْتُمْ	سَمَحْنَا	سَمَحَتَا	سَمَحَا	سَمَحْتُمَا	سَمَحَتْ	سَمَحَ	سَمَحْتِ	سَمَحْتَ	سَمَحْتُ	PERFECT	ACTIVE
	يَسْمَحْنَ	يَسْمَحُونَ	تَسْمَحْنَ	تَسْمَحُونَ	نَسْمَحُ	تَسْمَحَانِ	يَسْمَحَانِ	تَسْمَحَانِ	تَسْمَحُ	يَسْمَحُ	تَسْمَحِينَ	تَسْمَحُ	أَسْمَحُ	IMPERFECT INDICATIVE	
	يَسْمَحْنَ	يَسْمَحُوا	تَسْمَحْنَ	تَسْمَحُوا	نَسْمَحَ	تَسْمَحَا	يَسْمَحَا	تَسْمَحَا	تَسْمَحَ	يَسْمَحَ	تَسْمَحِي	تَسْمَحَ	أَسْمَحَ	IMPERFECT SUBJUNCTIVE	
	يَسْمَحْنَ	يَسْمَحُوا	تَسْمَحْنَ	تَسْمَحُوا	نَسْمَحْ	تَسْمَحَا	يَسْمَحَا	تَسْمَحَا	تَسْمَحْ	يَسْمَحْ	تَسْمَحِي	تَسْمَحْ	أَسْمَحْ	IMPERFECT JUSSIVE	
			إِسْمَحْنَ	إِسْمَحُوا				إِسْمَحَا			إِسْمَحِي	إِسْمَحْ		IMPERATIVE	
														PERFECT	PASSIVE
														IMPERFECT INDICATIVE	
														IMPERFECT SUBJUNCTIVE	
														IMPERFECT JUSSIVE	

ACTIVE PARTICIPLE: سَامِعٌ PASSIVE PARTICIPLE: مَسْمُوعٌ MAṢDAR:* سَمْعٌ ROOT: سمع FORM I TO HEAR سَمِعَ

	3 f pl	*3 m pl*	*2 f pl*	*2 m pl*	*1 pl*	*3 f dual*	*3 m dual*	*2 dual*	*3 f sgl*	*3 m sgl*	*2 f sgl*	*2 m sgl*	*1 sgl*	
ACTIVE	سَمِعْنَ	سَمِعُوا	سَمِعْتُنَّ	سَمِعْتُمْ	سَمِعْنَا	سَمِعَتَا	سَمِعَا	سَمِعْتُمَا	سَمِعَتْ	سَمِعَ	سَمِعْتِ	سَمِعْتَ	سَمِعْتُ	PERFECT
ACTIVE	يَسْمَعْنَ	يَسْمَعُونَ	تَسْمَعْنَ	تَسْمَعُونَ	نَسْمَعُ	تَسْمَعَانِ	يَسْمَعَانِ	تَسْمَعَانِ	تَسْمَعُ	يَسْمَعُ	تَسْمَعِينَ	تَسْمَعُ	أَسْمَعُ	IMPERFECT INDICATIVE
ACTIVE	يَسْمَعْنَ	يَسْمَعُوا	تَسْمَعْنَ	تَسْمَعُوا	نَسْمَعَ	تَسْمَعَا	يَسْمَعَا	تَسْمَعَا	تَسْمَعَ	يَسْمَعَ	تَسْمَعِي	تَسْمَعَ	أَسْمَعَ	IMPERFECT SUBJUNCTIVE
ACTIVE	يَسْمَعْنَ	يَسْمَعُوا	تَسْمَعْنَ	تَسْمَعُوا	نَسْمَعْ	تَسْمَعَا	يَسْمَعَا	تَسْمَعَا	تَسْمَعْ	يَسْمَعْ	تَسْمَعِي	تَسْمَعْ	أَسْمَعْ	IMPERFECT JUSSIVE
ACTIVE			إِسْمَعْنَ	إِسْمَعُوا				إِسْمَعَا			إِسْمَعِي	إِسْمَعْ		IMPERATIVE
PASSIVE	سُمِعْنَ	سُمِعُوا	سُمِعْتُنَّ	سُمِعْتُمْ	سُمِعْنَا	سُمِعَتَا	سُمِعَا	سُمِعْتُمَا	سُمِعَتْ	سُمِعَ	سُمِعْتِ	سُمِعْتَ	سُمِعْتُ	PERFECT
PASSIVE	يُسْمَعْنَ	يُسْمَعُونَ	تُسْمَعْنَ	تُسْمَعُونَ	نُسْمَعُ	تُسْمَعَانِ	يُسْمَعَانِ	تُسْمَعَانِ	تُسْمَعُ	يُسْمَعُ	تُسْمَعِينَ	تُسْمَعُ	أُسْمَعُ	IMPERFECT INDICATIVE
PASSIVE	يُسْمَعْنَ	يُسْمَعُوا	تُسْمَعْنَ	تُسْمَعُوا	نُسْمَعَ	تُسْمَعَا	يُسْمَعَا	تُسْمَعَا	تُسْمَعَ	يُسْمَعَ	تُسْمَعِي	تُسْمَعَ	أُسْمَعَ	IMPERFECT SUBJUNCTIVE
PASSIVE	يُسْمَعْنَ	يُسْمَعُوا	تُسْمَعْنَ	تُسْمَعُوا	نُسْمَعْ	تُسْمَعَا	يُسْمَعَا	تُسْمَعَا	تُسْمَعْ	يُسْمَعْ	تُسْمَعِي	تُسْمَعْ	أُسْمَعْ	IMPERFECT JUSSIVE

***Also** سَمَاعٌ and سَمَاعَةٌ .

ACTIVE PARTICIPLE: مُسْتَمِعٌ PASSIVE PARTICIPLE: مُسْتَمَعٌ MAṢDAR: إِسْتِمَاعٌ ROOT: سمع FORM VIII TO OVERHEAR إِسْتَمَعَ

3 f pl	*3 m pl*	*2 f pl*	*2 m pl*	*1 pl*	*3 f dual*	*3 m dual*	*2 dual*	*3 f sgl*	*3 m sgl*	*2 f sgl*	*2 m sgl*	*1 sgl*		
إِسْتَمَعْنَ	إِسْتَمَعُوا	إِسْتَمَعْتُنَّ	إِسْتَمَعْتُمْ	إِسْتَمَعْنَا	إِسْتَمَعَتَا	إِسْتَمَعَا	إِسْتَمَعْتُمَا	إِسْتَمَعَتْ	إِسْتَمَعَ	إِسْتَمَعْتِ	إِسْتَمَعْتَ	إِسْتَمَعْتُ	PERFECT	ACTIVE
يَسْتَمِعْنَ	يَسْتَمِعُونَ	تَسْتَمِعْنَ	تَسْتَمِعُونَ	نَسْتَمِعُ	تَسْتَمِعَانِ	يَسْتَمِعَانِ	تَسْتَمِعَانِ	تَسْتَمِعُ	يَسْتَمِعُ	تَسْتَمِعِينَ	تَسْتَمِعُ	أَسْتَمِعُ	IMPERFECT INDICATIVE	
يَسْتَمِعْنَ	يَسْتَمِعُوا	تَسْتَمِعْنَ	تَسْتَمِعُوا	نَسْتَمِعَ	تَسْتَمِعَا	يَسْتَمِعَا	تَسْتَمِعَا	تَسْتَمِعَ	يَسْتَمِعَ	تَسْتَمِعِي	تَسْتَمِعَ	أَسْتَمِعَ	IMPERFECT SUBJUNCTIVE	
يَسْتَمِعْنَ	يَسْتَمِعُوا	تَسْتَمِعْنَ	تَسْتَمِعُوا	نَسْتَمِعْ	تَسْتَمِعَا	يَسْتَمِعَا	تَسْتَمِعَا	تَسْتَمِعْ	يَسْتَمِعْ	تَسْتَمِعِي	تَسْتَمِعْ	أَسْتَمِعْ	IMPERFECT JUSSIVE	
		إِسْتَمِعْنَ	إِسْتَمِعُوا				إِسْتَمِعَا			إِسْتَمِعِي	إِسْتَمِعْ		IMPERATIVE	
أُسْتُمِعْنَ	أُسْتُمِعُوا	أُسْتُمِعْتُنَّ	أُسْتُمِعْتُمْ	أُسْتُمِعْنَا	أُسْتُمِعَتَا	أُسْتُمِعَا	أُسْتُمِعْتُمَا	أُسْتُمِعَتْ	أُسْتُمِعَ	أُسْتُمِعْتِ	أُسْتُمِعْتَ	أُسْتُمِعْتُ	PERFECT	PASSIVE
يُسْتَمَعْنَ	يُسْتَمَعُونَ	تُسْتَمَعْنَ	تُسْتَمَعُونَ	نُسْتَمَعُ	تُسْتَمَعَانِ	يُسْتَمَعَانِ	تُسْتَمَعَانِ	تُسْتَمَعُ	يُسْتَمَعُ	تُسْتَمَعِينَ	تُسْتَمَعُ	أُسْتَمَعُ	IMPERFECT INDICATIVE	
يُسْتَمَعْنَ	يُسْتَمَعُوا	تُسْتَمَعْنَ	تُسْتَمَعُوا	نُسْتَمَعَ	تُسْتَمَعَا	يُسْتَمَعَا	تُسْتَمَعَا	تُسْتَمَعَ	يُسْتَمَعَ	تُسْتَمَعِي	تُسْتَمَعَ	أُسْتَمَعَ	IMPERFECT SUBJUNCTIVE	
يُسْتَمَعْنَ	يُسْتَمَعُوا	تُسْتَمَعْنَ	تُسْتَمَعُوا	نُسْتَمَعْ	تُسْتَمَعَا	يُسْتَمَعَا	تُسْتَمَعَا	تُسْتَمَعْ	يُسْتَمَعْ	تُسْتَمَعِي	تُسْتَمَعْ	أُسْتَمَعْ	IMPERFECT JUSSIVE	

ACTIVE PARTICIPLE:* مُسَمٍّ   PASSIVE PARTICIPLE: مُسَمًّى   MAṢDAR: تَسْمِيَةٌ   ROOT: سمي   FORM II   TO NAME سَمَّى

	3 f pl	3 m pl	2 f pl	2 m pl	1 pl	3 f dual	3 m dual	2 dual	3 f sgl	3 m sgl	2 f sgl	2 m sgl	1 sgl		
ACTIVE	سَمَّيْنَ	سَمَّوْا	سَمَّيْتُنَّ	سَمَّيْتُمْ	سَمَّيْنَا	سَمَّتَا	سَمَّيَا	سَمَّيْتُمَا	سَمَّتْ	سَمَّى	سَمَّيْتِ	سَمَّيْتَ	سَمَّيْتُ	PERFECT	ACTIVE
	يُسَمِّينَ	يُسَمُّونَ	تُسَمِّينَ	تُسَمُّونَ	نُسَمِّي	تُسَمِّيَانِ	يُسَمِّيَانِ	تُسَمِّيَانِ	تُسَمِّي	يُسَمِّي	تُسَمِّينَ	تُسَمِّي	أُسَمِّي	IMPERFECT INDICATIVE	
	يُسَمِّينَ	يُسَمُّوا	تُسَمِّينَ	تُسَمُّوا	نُسَمِّيَ	تُسَمِّيَا	يُسَمِّيَا	تُسَمِّيَا	تُسَمِّيَ	يُسَمِّيَ	تُسَمِّي	تُسَمِّيَ	أُسَمِّيَ	IMPERFECT SUBJUNCTIVE	
	يُسَمِّينَ	يُسَمُّوا	تُسَمِّينَ	تُسَمُّوا	نُسَمِّ	تُسَمِّيَا	يُسَمِّيَا	تُسَمِّيَا	تُسَمِّ	يُسَمِّ	تُسَمِّي	تُسَمِّ	أُسَمِّ	IMPERFECT JUSSIVE	
			سَمِّينَ	سَمُّوا				سَمِّيَا			سَمِّي	سَمِّ		IMPERATIVE	
PASSIVE	سُمِّينَ	سُمُّوا	سُمِّيتُنَّ	سُمِّيتُمْ	سُمِّينَا	سُمِّيَتَا	سُمِّيَا	سُمِّيتُمَا	سُمِّيَتْ	سُمِّيَ	سُمِّيتِ	سُمِّيتَ	سُمِّيتُ	PERFECT	PASSIVE
	يُسَمَّيْنَ	يُسَمَّوْنَ	تُسَمَّيْنَ	تُسَمَّوْنَ	نُسَمَّى	تُسَمَّيَانِ	يُسَمَّيَانِ	تُسَمَّيَانِ	تُسَمَّى	يُسَمَّى	تُسَمَّيْنَ	تُسَمَّى	أُسَمَّى	IMPERFECT INDICATIVE	
	يُسَمَّيْنَ	يُسَمَّوْا	تُسَمَّيْنَ	تُسَمَّوْا	نُسَمَّى	تُسَمَّيَا	يُسَمَّيَا	تُسَمَّيَا	تُسَمَّى	يُسَمَّى	تُسَمَّيْ	تُسَمَّى	أُسَمَّى	IMPERFECT SUBJUNCTIVE	
	يُسَمَّيْنَ	يُسَمَّوْا	تُسَمَّيْنَ	تُسَمَّوْا	نُسَمَّ	تُسَمَّيَا	يُسَمَّيَا	تُسَمَّيَا	تُسَمَّ	يُسَمَّ	تُسَمَّيْ	تُسَمَّ	أُسَمَّ	IMPERFECT JUSSIVE	

*Genitive مُسَمٍّ ; accusative مُسَمِّيًا . With article: nominative أَلْمُسَمِّي ; genitive أَلْمُسَمِّي ; accusative أَلْمُسَمِّيَ .

TO HARM أَسَاءَ FORM IV ROOT: سوء MAṢDAR: إِسَاءَةٌ PASSIVE PARTICIPLE: مُسَاءٌ ACTIVE PARTICIPLE: مُسِيءٌ

		3 f pl	3 m pl	2 f pl	2 m pl	1 pl	3 f dual	3 m dual	2 dual	3 f sgl	3 m sgl	2 f sgl	2 m sgl	1 sgl
ACTIVE	PERFECT	أَسَأْنَ	أَسَاؤُوا	أَسَأْتُنَّ	أَسَأْتُمْ	أَسَأْنَا	أَسَاءَتَا	أَسَاءَا	أَسَأْتُمَا	أَسَاءَتْ	أَسَاءَ	أَسَأْتِ	أَسَأْتَ	أَسَأْتُ
	IMPERFECT INDICATIVE	يُسِئْنَ	يُسِيئُونَ	تُسِئْنَ	تُسِيئُونَ	نُسِيءُ	تُسِيئَانِ	يُسِيئَانِ	تُسِيئَانِ	تُسِيءُ	يُسِيءُ	تُسِيئِينَ	تُسِيءُ	أُسِيءُ
	IMPERFECT SUBJUNCTIVE	يُسِئْنَ	يُسِيئُوا	تُسِئْنَ	تُسِيئُوا	نُسِيءَ	تُسِيئَا	يُسِيئَا	تُسِيئَا	تُسِيءَ	يُسِيءَ	تُسِيئِي	تُسِيءَ	أُسِيءَ
	IMPERFECT JUSSIVE	يُسِئْنَ	يُسِيئُوا	تُسِئْنَ	تُسِيئُوا	نُسِئْ	تُسِيئَا	يُسِيئَا	تُسِيئَا	تُسِئْ	يُسِئْ	تُسِيئِي	تُسِئْ	أُسِئْ
	IMPERATIVE			أَسِئْنَ	أَسِيئُوا				أَسِيئَا			أَسِيئِي	أَسِئْ	
PASSIVE	PERFECT	أُسِئْنَ	أُسِيئُوا	أُسِئْتُنَّ	أُسِئْتُمْ	أُسِئْنَا	أُسِيئَتَا	أُسِيئَا	أُسِئْتُمَا	أُسِيئَتْ	أُسِيءَ	أُسِئْتِ	أُسِئْتَ	أُسِئْتُ
	IMPERFECT INDICATIVE	يُسَأْنَ	يُسَاؤُونَ	تُسَأْنَ	تُسَاؤُونَ	نُسَاءُ	تُسَاءَانِ	يُسَاءَانِ	تُسَاءَانِ	تُسَاءُ	يُسَاءُ	تُسَائِينَ	تُسَاءُ	أُسَاءُ
	IMPERFECT SUBJUNCTIVE	يُسَأْنَ	يُسَاؤُوا	تُسَأْنَ	تُسَاؤُوا	نُسَاءَ	تُسَاءَا	يُسَاءَا	تُسَاءَا	تُسَاءَ	يُسَاءَ	تُسَائِي	تُسَاءَ	أُسَاءَ
	IMPERFECT JUSSIVE	يُسَأْنَ	يُسَاؤُوا	تُسَأْنَ	تُسَاؤُوا	نُسَأْ	تُسَاءَا	يُسَاءَا	تُسَاءَا	تُسَأْ	يُسَأْ	تُسَائِي	تُسَأْ	أُسَأْ

ACTIVE PARTICIPLE: مُسْتَاءٌ PASSIVE PARTICIPLE: MAṢDAR: إِسْتِيَاءٌ ROOT: سوء FORM VIII TO BE ANNOYED إِسْتَاءَ

	3 f pl	3 m pl	2 f pl	2 m pl	1 pl	3 f dual	3 m dual	2 dual	3 f sgl	3 m sgl	2 f sgl	2 m sgl	1 sgl		
	إِسْتَأْنَ	إِسْتَاؤُوا	إِسْتَأْتُنَّ	إِسْتَأْتُمْ	إِسْتَأْنَا	إِسْتَاءَتَا	إِسْتَاءَا	إِسْتَأْتُمَا	إِسْتَاءَتْ	إِسْتَاءَ	إِسْتَأْتِ	إِسْتَأْتَ	إِسْتَأْتُ	PERFECT	ACTIVE
	يَسْتَأْنَ	يَسْتَاؤُونَ	تَسْتَأْنَ	تَسْتَاؤُونَ	نَسْتَاءُ	تَسْتَاءَانِ	يَسْتَاءَانِ	تَسْتَاءَانِ	تَسْتَاءُ	يَسْتَاءُ	تَسْتَائِينَ	تَسْتَاءُ	أَسْتَاءُ	IMPERFECT INDICATIVE	
	يَسْتَأْنَ	يَسْتَاؤُوا	تَسْتَأْنَ	تَسْتَاؤُوا	نَسْتَاءَ	تَسْتَاءَا	يَسْتَاءَا	تَسْتَاءَا	تَسْتَاءَ	يَسْتَاءَ	تَسْتَائِي	تَسْتَاءَ	أَسْتَاءَ	IMPERFECT SUBJUNCTIVE	
	يَسْتَأْنَ	يَسْتَاؤُوا	تَسْتَأْنَ	تَسْتَاؤُوا	نَسْتَأْ	تَسْتَاءَا	يَسْتَاءَا	تَسْتَاءَا	تَسْتَأْ	يَسْتَأْ	تَسْتَائِي	تَسْتَأْ	أَسْتَأْ	IMPERFECT JUSSIVE	
			إِسْتَأْنَ	إِسْتَاؤُوا				إِسْتَاءَا			إِسْتَائِي	إِسْتَأْ		IMPERATIVE	
														PERFECT	PASSIVE
														IMPERFECT INDICATIVE	
														IMPERFECT SUBJUNCTIVE	
														IMPERFECT JUSSIVE	

ACTIVE PARTICIPLE: سَاوٍ* PASSIVE PARTICIPLE: مَسْوِيٌّ MAṢDAR: سَوًى ROOT: سوي FORM I TO EQUAL سَوِيَ

	3 f pl	3 m pl	2 f pl	2 m pl	1 pl	3 f dual	3 m dual	2 dual	3 f sgl	3 m sgl	2 f sgl	2 m sgl	1 sgl		
	سَوِينَ	سَوُوا	سَوِيتُنَّ	سَوِيتُمْ	سَوِينَا	سَوِيَتَا	سَوِيَا	سَوِيتُمَا	سَوِيَتْ	سَوِيَ	سَوِيتِ	سَوِيتَ	سَوِيتُ	PERFECT	ACTIVE
	يَسْوَيْنَ	يَسْوَوْنَ	تَسْوَيْنَ	تَسْوَوْنَ	نَسْوَى	تَسْوَيَانِ	يَسْوَيَانِ	تَسْوَيَانِ	تَسْوَى	يَسْوَى	تَسْوَيْنَ	تَسْوَى	أَسْوَى	IMPERFECT INDICATIVE	
	يَسْوَيْنَ	يَسْوَوْا	تَسْوَيْنَ	تَسْوَوْا	نَسْوَى	تَسْوَيَا	يَسْوَيَا	تَسْوَيَا	تَسْوَى	يَسْوَى	تَسْوَيْ	تَسْوَى	أَسْوَى	IMPERFECT SUBJUNCTIVE	
	يَسْوَيْنَ	يَسْوَوْ	تَسْوَيْنَ	تَسْوَوْا	نَسْوَ	تَسْوَيَا	يَسْوَيَا	تَسْوَيَا	تَسْوَ	يَسْوَ	تَسْوَيْ	تَسْوَ	أَسْوَ	IMPERFECT JUSSIVE	
			إِسْوَيْنَ	إِسْوَوْا				إِسْوَيَا			إِسْوَيْ	إِسْوَ		IMPERATIVE	
	سُوِينَ	سُوُوا	سُوِيتُنَّ	سُوِيتُمْ	سُوِينَا	سُوِيَتَا	سُوِيَا	سُوِيتُمَا	سُوِيَتْ	سُوِيَ	سُوِيتِ	سُوِيتَ	سُوِيتُ	PERFECT	PASSIVE
	يُسْوَيْنَ	يُسْوَوْنَ	تُسْوَيْنَ	تُسْوَوْنَ	نُسْوَى	تُسْوَيَانِ	يُسْوَيَانِ	تُسْوَيَانِ	تُسْوَى	يُسْوَى	تُسْوَيْنَ	تُسْوَى	أُسْوَى	IMPERFECT INDICATIVE	
	يُسْوَيْنَ	يُسْوَوْا	تُسْوَيْنَ	تُسْوَوْا	نُسْوَى	تُسْوَيَا	يُسْوَيَا	تُسْوَيَا	تُسْوَى	يُسْوَى	تُسْوَيْ	تُسْوَى	أُسْوَى	IMPERFECT SUBJUNCTIVE	
	يُسْوَيْنَ	يُسْوَوْا	تُسْوَيْنَ	تُسْوَوْا	نُسْوَ	تُسْوَيَا	يُسْوَيَا	تُسْوَيَا	تُسْوَ	يُسْوَ	تُسْوَيْ	تُسْوَ	أُسْوَ	IMPERFECT JUSSIVE	

* Genitive سَاوٍ ; accusative سَاوِيًا. With article: nominative أَلسَّاوِي ; genitive أَلسَّاوِي ; accusative أَلسَّاوِيَ.

ACTIVE PARTICIPLE:* مُسَاوٍ PASSIVE PARTICIPLE: مُسَاوًى MAṢDAR: مُسَاوَاةٌ ROOT: سوي FORM III TO EQUAL سَاوَى

	3 f pl	3 m pl	2 f pl	2 m pl	1 pl	3 f dual	3 m dual	2 dual	3 f sgl	3 m sgl	2 f sgl	2 m sgl	1 sgl		
	سَاوَيْنَ	سَاوَوْا	سَاوَيْتُنَّ	سَاوَيْتُمْ	سَاوَيْنَا	سَاوَتَا	سَاوَيَا	سَاوَيْتُمَا	سَاوَتْ	سَاوَى	سَاوَيْتِ	سَاوَيْتَ	سَاوَيْتُ	PERFECT	ACTIVE
	يُسَاوِينَ	يُسَاوُونَ	تُسَاوِينَ	تُسَاوُونَ	نُسَاوِي	تُسَاوِيَانِ	يُسَاوِيَانِ	تُسَاوِيَانِ	تُسَاوِي	يُسَاوِي	تُسَاوِينَ	تُسَاوِي	أُسَاوِي	IMPERFECT INDICATIVE	ACTIVE
	يُسَاوِينَ	يُسَاوُوا	تُسَاوِينَ	تُسَاوُوا	نُسَاوِيَ -	تُسَاوِيَا	يُسَاوِيَا	تُسَاوِيَا	تُسَاوِيَ	يُسَاوِيَ	تُسَاوِي	تُسَاوِيَ	أُسَاوِيَ	IMPERFECT SUBJUNCTIVE	ACTIVE
	يُسَاوِينَ	يُسَاوُوا	تُسَاوِينَ	تُسَاوُوا	نُسَاوِ	تُسَاوِيَا	يُسَاوِيَا	تُسَاوِيَا	تُسَاوِ	يُسَاوِ	تُسَاوِي	تُسَاوِ	أُسَاوِ	IMPERFECT JUSSIVE	ACTIVE
			سَاوِينَ	سَاوُوا				سَاوِيَا			سَاوِي	سَاوِ		IMPERATIVE	ACTIVE
	سُووِينَ	سُووُوا	سُووِيتُنَّ	سُووِيتُمْ	سُووِينَا	سُووِيَتَا	سُووِيَا	سُووِيتُمَا	سُووِيَتْ	سُووِيَ	سُووِيتِ	سُووِيتَ	سُووِيتُ	PERFECT	PASSIVE
	يُسَاوَيْنَ	يُسَاوَوْنَ	تُسَاوَيْنَ	تُسَاوَوْنَ	نُسَاوَى	تُسَاوَيَانِ	يُسَاوَيَانِ	تُسَاوَيَانِ	تُسَاوَى	يُسَاوَى	تُسَاوَيْنَ	تُسَاوَى	أُسَاوَى	IMPERFECT INDICATIVE	PASSIVE
	يُسَاوَيْنَ	يُسَاوَوْا	تُسَاوَيْنَ	تُسَاوَوْا	نُسَاوَى	تُسَاوَيَا	يُسَاوَيَا	تُسَاوَيَا	تُسَاوَى	يُسَاوَى	تُسَاوَيْ	تُسَاوَى	أُسَاوَى	IMPERFECT SUBJUNCTIVE	PASSIVE
	يُسَاوَيْنَ	يُسَاوَوْا	تُسَاوَيْنَ	تُسَاوَوْا	نُسَاوَ	تُسَاوَيَا	يُسَاوَيَا	تُسَاوَيَا	تُسَاوَ	يُسَاوَ	تُسَاوَيْ	تُسَاوَ	أُسَاوَ	IMPERFECT JUSSIVE	PASSIVE

*Genitive مُسَاوٍ ; accusative مُسَاوِيًا. With article: nominative أَلْمُسَاوِي ; genitive أَلْمُسَاوِي ; accusative أَلْمُسَاوِيَ.

ACTIVE PARTICIPLE: سَائِرٌ PASSIVE PARTICIPLE: MAṢDAR:* سَيْرٌ ROOT: سير FORM I TO TRAVEL سَارَ

		3 f pl	*3 m pl*	*2 f pl*	*2 m pl*	*1 pl*	*3 f dual*	*3 m dual*	*2 dual*	*3 f sgl*	*3 m sgl*	*2 f sgl*	*2 m sgl*	*1 sgl*
ACTIVE	PERFECT	سِرْنَ	سَارُوا	سِرْتُنَّ	سِرْتُمْ	سِرْنَا	سَارَتَا	سَارَا	سِرْتُمَا	سَارَتْ	سَارَ	سِرْتِ	سِرْتَ	سِرْتُ
ACTIVE	IMPERFECT INDICATIVE	يَسِرْنَ	يَسِيرُونَ	تَسِرْنَ	تَسِيرُونَ	نَسِيرُ	تَسِيرَانِ	يَسِيرَانِ	تَسِيرَانِ	تَسِيرُ	يَسِيرُ	تَسِيرِينَ	تَسِيرُ	أَسِيرُ
ACTIVE	IMPERFECT SUBJUNCTIVE	يَسِرْنَ	يَسِيرُوا	تَسِرْنَ	تَسِيرُوا	نَسِيرَ	تَسِيرَا	يَسِيرَا	تَسِيرَا	تَسِيرَ	يَسِيرَ	تَسِيرِي	تَسِيرَ	أَسِيرَ
ACTIVE	IMPERFECT JUSSIVE	يَسِرْنَ	يَسِيرُوا	تَسِرْنَ	تَسِيرُوا	نَسِرْ	تَسِيرَا	يَسِيرَا	تَسِيرَا	تَسِرْ	يَسِرْ	تَسِيرِي	تَسِرْ	أَسِرْ
ACTIVE	IMPERATIVE			سِرْنَ	سِيرُوا				سِيرَا			سِيرِي	سِرْ	
PASSIVE	PERFECT													
PASSIVE	IMPERFECT INDICATIVE													
PASSIVE	IMPERFECT SUBJUNCTIVE													
PASSIVE	IMPERFECT JUSSIVE													

***Also** مَسِيرٌ , مَسِيرَةٌ.

ACTIVE PARTICIPLE: شَادٌّ PASSIVE PARTICIPLE: مَشْدُودٌ MAṢDAR: شِدَّةٌ ROOT: شدد FORM I TO STRENGTHEN شَدَّ

		3 f pl	3 m pl	2 f pl	2 m pl	1 pl	3 f dual	3 m dual	2 dual	3 f sgl	3 m sgl	2 f sgl	2 m sgl	1 sgl
ACTIVE	PERFECT	شَدَدْنَ	شَدُّوا	شَدَدْتُنَّ	شَدَدْتُمْ	شَدَدْنَا	شَدَّتَا	شَدَّا	شَدَدْتُمَا	شَدَّتْ	شَدَّ	شَدَدْتِ	شَدَدْتَ	شَدَدْتُ
	IMPERFECT INDICATIVE	يَشْدِدْنَ	يَشِدُّونَ	تَشْدِدْنَ	تَشِدُّونَ	نَشِدُّ	تَشِدَّانِ	يَشِدَّانِ	تَشِدَّانِ	تَشِدُّ	يَشِدُّ	تَشِدِّينَ	تَشِدُّ	أَشِدُّ
	IMPERFECT SUBJUNCTIVE	يَشْدِدْنَ	يَشِدُّوا	تَشْدِدْنَ	تَشِدُّوا	نَشِدَّ	تَشِدَّا	يَشِدَّا	تَشِدَّا	تَشِدَّ	يَشِدَّ	تَشِدِّي	تَشِدَّ	أَشِدَّ
	IMPERFECT JUSSIVE *	يَشْدِدْنَ	يَشِدُّوا	تَشْدِدْنَ	تَشِدُّوا	نَشْدِدْ	تَشِدَّا	يَشِدَّا	تَشِدَّا	تَشْدِدْ	يَشْدِدْ	تَشِدِّي	تَشْدِدْ	أَشْدِدْ
	IMPERATIVE**			إِشْدِدْنَ	شِدُّوا				شِدَّا			شِدِّي	شِدَّ	
PASSIVE	PERFECT	شُدِدْنَ	شُدُّوا	شُدِدْتُنَّ	شُدِدْتُمْ	شُدِدْنَا	شُدَّتَا	شُدَّا	شُدِدْتُمَا	شُدَّتْ	شُدَّ	شُدِدْتِ	شُدِدْتَ	شُدِدْتُ
	IMPERFECT INDICATIVE	يُشْدَدْنَ	يُشَدُّونَ	تُشْدَدْنَ	تُشَدُّونَ	نُشَدُّ	تُشَدَّانِ	يُشَدَّانِ	تُشَدَّانِ	تُشَدُّ	يُشَدُّ	تُشَدِّينَ	تُشَدُّ	أُشَدُّ
	IMPERFECT SUBJUNCTIVE	يُشْدَدْنَ	يُشَدُّوا	تُشْدَدْنَ	تُشَدُّوا	نُشَدَّ	تُشَدَّا	يُشَدَّا	تُشَدَّا	تُشَدَّ	يُشَدَّ	تُشَدِّي	تُشَدَّ	أُشَدَّ
	IMPERFECT JUSSIVE	يُشْدَدْنَ	يُشَدُّوا	تُشْدَدْنَ	تُشَدُّوا	نُشْدَدْ	تُشَدَّا	يُشَدَّا	تُشَدَّا	تُشْدَدْ	يُشْدَدْ	تُشَدِّي	تُشْدَدْ	أُشْدَدْ

***Also** أَشِدَّ ; تَشِدَّ ; تَشِدِّي ; يَشِدَّ ; تَشِدَّ . . . نَشِدَّ .

****Also** إِشْدِدْ ; إِشْدِدِي ; إِشْدِدَا ; إِشْدِدُوا ; إِشْدِدْنَ .

ACTIVE PARTICIPLE: شَارِبٌ PASSIVE PARTICIPLE: مَشْرُوبٌ MAṢDAR: شُرْبٌ ROOT: شرب FORM I TO DRINK شَرِبَ

	3 f pl	*3 m pl*	*2 f pl*	*2 m pl*	*1 pl*	*3 f dual*	*3 m dual*	*2 dual*	*3 f sgl*	*3 m sgl*	*2 f sgl*	*2 m sgl*	*1 sgl*		
	شَرِبْنَ	شَرِبُوا	شَرِبْتُنَّ	شَرِبْتُمْ	شَرِبْنَا	شَرِبَتَا	شَرِبَا	شَرِبْتُمَا	شَرِبَتْ	شَرِبَ	شَرِبْتِ	شَرِبْتَ	شَرِبْتُ	PERFECT	ACTIVE
	يَشْرَبْنَ	يَشْرَبُونَ	تَشْرَبْنَ	تَشْرَبُونَ	نَشْرَبُ	تَشْرَبَانِ	يَشْرَبَانِ	تَشْرَبَانِ	تَشْرَبُ	يَشْرَبُ	تَشْرَبِينَ	تَشْرَبُ	أَشْرَبُ	IMPERFECT INDICATIVE	ACTIVE
	يَشْرَبْنَ	يَشْرَبُوا	تَشْرَبْنَ	تَشْرَبُوا	نَشْرَبَ	تَشْرَبَا	يَشْرَبَا	تَشْرَبَا	تَشْرَبَ	يَشْرَبَ	تَشْرَبِي	تَشْرَبَ	أَشْرَبَ	IMPERFECT SUBJUNCTIVE	ACTIVE
	يَشْرَبْنَ	يَشْرَبُوا	تَشْرَبْنَ	تَشْرَبُوا	نَشْرَبْ	تَشْرَبَا	يَشْرَبَا	تَشْرَبَا	تَشْرَبْ	يَشْرَبْ	تَشْرَبِي	تَشْرَبْ	أَشْرَبْ	IMPERFECT JUSSIVE	ACTIVE
			إِشْرَبْنَ	إِشْرَبُوا				إِشْرَبَا			إِشْرَبِي	إِشْرَبْ		IMPERATIVE	ACTIVE
	شُرِبْنَ	شُرِبُوا	شُرِبْتُنَّ	شُرِبْتُمْ	شُرِبْنَا	شُرِبَتَا	شُرِبَا	شُرِبْتُمَا	شُرِبَتْ	شُرِبَ	شُرِبْتِ	شُرِبْتَ	شُرِبْتُ	PERFECT	PASSIVE
	يُشْرَبْنَ	يُشْرَبُونَ	تُشْرَبْنَ	تُشْرَبُونَ	نُشْرَبُ	تُشْرَبَانِ	يُشْرَبَانِ	تُشْرَبَانِ	تُشْرَبُ	يُشْرَبُ	تُشْرَبِينَ	تُشْرَبُ	أُشْرَبُ	IMPERFECT INDICATIVE	PASSIVE
	يُشْرَبْنَ	يُشْرَبُوا	تُشْرَبْنَ	تُشْرَبُوا	نُشْرَبَ	تُشْرَبَا	يُشْرَبَا	تُشْرَبَا	تُشْرَبَ	يُشْرَبَ	تُشْرَبِي	تُشْرَبَ	أُشْرَبَ	IMPERFECT SUBJUNCTIVE	PASSIVE
	يُشْرَبْنَ	يُشْرَبُوا	تُشْرَبْنَ	تُشْرَبُوا	نُشْرَبْ	تُشْرَبَا	يُشْرَبَا	تُشْرَبَا	تُشْرَبْ	يُشْرَبْ	تُشْرَبِي	تُشْرَبْ	أُشْرَبْ	IMPERFECT JUSSIVE	PASSIVE

ACTIVE PARTICIPLE: مُشَارِكٌ PASSIVE PARTICIPLE: مُشَارَكٌ MAṢDAR: مُشَارَكَةٌ ROOT: شرك FORM III TO SHARE شَارَكَ

	3 f pl	3 m pl	2 f pl	2 m pl	1 pl	3 f dual	3 m dual	2 dual	3 f sgl	3 m sgl	2 f sgl	2 m sgl	1 sgl	
ACTIVE	شَارَكْنَ	شَارَكُوا	شَارَكْتُنَّ	شَارَكْتُمْ	شَارَكْنَا	شَارَكَتَا	شَارَكَا	شَارَكْتُمَا	شَارَكَتْ	شَارَكَ	شَارَكْتِ	شَارَكْتَ	شَارَكْتُ	PERFECT
	يُشَارِكْنَ	يُشَارِكُونَ	تُشَارِكْنَ	تُشَارِكُونَ	نُشَارِكُ	تُشَارِكَانِ	يُشَارِكَانِ	تُشَارِكَانِ	تُشَارِكُ	يُشَارِكُ	تُشَارِكِينَ	تُشَارِكُ	أُشَارِكُ	IMPERFECT INDICATIVE
	يُشَارِكْنَ	يُشَارِكُوا	تُشَارِكْنَ	تُشَارِكُوا	نُشَارِكَ	تُشَارِكَا	يُشَارِكَا	تُشَارِكَا	تُشَارِكَ	يُشَارِكَ	تُشَارِكِي	تُشَارِكَ	أُشَارِكَ	IMPERFECT SUBJUNCTIVE
	يُشَارِكْنَ	يُشَارِكُوا	تُشَارِكْنَ	تُشَارِكُوا	نُشَارِكْ	تُشَارِكَا	يُشَارِكَا	تُشَارِكَا	تُشَارِكْ	يُشَارِكْ	تُشَارِكِي	تُشَارِكْ	أُشَارِكْ	IMPERFECT JUSSIVE
			شَارِكْنَ	شَارِكُوا				شَارِكَا			شَارِكِي	شَارِكْ		IMPERATIVE
PASSIVE	شُورِكْنَ	شُورِكُوا	شُورِكْتُنَّ	شُورِكْتُمْ	شُورِكْنَا	شُورِكَتَا	شُورِكَا	شُورِكْتُمَا	شُورِكَتْ	شُورِكَ	شُورِكْتِ	شُورِكْتَ	شُورِكْتُ	PERFECT
	يُشَارَكْنَ	يُشَارَكُوا	تُشَارَكْنَ	تُشَارَكُونَ	نُشَارَكُ	تُشَارَكَانِ	يُشَارَكَانِ	تُشَارَكَانِ	تُشَارَكُ	يُشَارَكُ	تُشَارَكِينَ	تُشَارَكُ	أُشَارَكُ	IMPERFECT INDICATIVE
	يُشَارَكْنَ	يُشَارَكُوا	تُشَارَكْنَ	تُشَارَكُوا	نُشَارَكَ	تُشَارَكَا	يُشَارَكَا	تُشَارَكَا	تُشَارَكَ	يُشَارَكَ	تُشَارَكِي	تُشَارَكَ	أُشَارَكَ	IMPERFECT SUBJUNCTIVE
	يُشَارَكْنَ	يُشَارَكُوا	تُشَارَكْنَ	تُشَارَكُوا	نُشَارَكْ	تُشَارَكَا	يُشَارَكَا	تُشَارَكَا	تُشَارَكْ	يُشَارَكْ	تُشَارَكِي	تُشَارَكْ	أُشَارَكْ	IMPERFECT JUSSIVE

ACTIVE PARTICIPLE: مُشْتَرٍ* PASSIVE PARTICIPLE: مُشْتَرًى MAṢDAR: إِشْتِرَاءٌ ROOT: شري FORM VIII TO BUY إِشْتَرَى

3 f pl	*3 m pl*	*2 f pl*	*2 m pl*	*1 pl*	*3 f dual*	*3 m dual*	*2 dual*	*3 f sgl*	*3 m sgl*	*2 f sgl*	*2 m sgl*	*1 sgl*		
إِشْتَرَيْنَ	إِشْتَرَوْا	إِشْتَرَيْتُنَّ	إِشْتَرَيْتُمْ	إِشْتَرَيْنَا	إِشْتَرَتَا	إِشْتَرَيَا	إِشْتَرَيْتُمَا	إِشْتَرَتْ	إِشْتَرَى	إِشْتَرَيْتِ	إِشْتَرَيْتَ	إِشْتَرَيْتُ	PERFECT	ACTIVE
يَشْتَرِينَ	يَشْتَرُونَ	تَشْتَرِينَ	تَشْتَرُونَ	نَشْتَرِي	تَشْتَرِيَانِ	يَشْتَرِيَانِ	تَشْتَرِيَانِ	تَشْتَرِي	يَشْتَرِي	تَشْتَرِينَ	تَشْتَرِي	أَشْتَرِي	IMPERFECT INDICATIVE	
يَشْتَرِينَ	يَشْتَرُوا	تَشْتَرِينَ	تَشْتَرُوا	نَشْتَرِيَ	تَشْتَرِيَا	يَشْتَرِيَا	تَشْتَرِيَا	تَشْتَرِيَ	يَشْتَرِيَ	تَشْتَرِي	تَشْتَرِيَ	أَشْتَرِيَ	IMPERFECT SUBJUNCTIVE	
يَشْتَرِينَ	يَشْتَرُوا	تَشْتَرِينَ	تَشْتَرُوا	نَشْتَرِ	تَشْتَرِيَا	يَشْتَرِيَا	تَشْتَرِيَا	تَشْتَرِ	يَشْتَرِ	تَشْتَرِي	تَشْتَرِ	أَشْتَرِ	IMPERFECT JUSSIVE	
		إِشْتَرِينَ	إِشْتَرُوا				إِشْتَرِيَا			إِشْتَرِي	إِشْتَرِ		IMPERATIVE	
أُشْتُرِينَ	أُشْتُرُوا	أُشْتُرِيتُنَّ	أُشْتُرِيتُمْ	أُشْتُرِينَا	أُشْتُرِيَتَا	أُشْتُرِيَا	أُشْتُرِيتُمَا	أُشْتُرِيَتْ	أُشْتُرِيَ	أُشْتُرِيتِ	أُشْتُرِيتَ	أُشْتُرِيتُ	PERFECT	PASSIVE
يُشْتَرَيْنَ	يُشْتَرَوْنَ	تُشْتَرَيْنَ	تُشْتَرَوْنَ	نُشْتَرَى	تُشْتَرَيَانِ	يُشْتَرَيَانِ	تُشْتَرَيَانِ	تُشْتَرَى	يُشْتَرَى	تُشْتَرَيْنَ	تُشْتَرَى	أُشْتَرَى	IMPERFECT INDICATIVE	
يُشْتَرَيْنَ	يُشْتَرَوْا	تُشْتَرَيْنَ	تُشْتَرَوا	نُشْتَرَى	تُشْتَرَيَا	يُشْتَرَيَا	تُشْتَرَيَا	تُشْتَرَى	يُشْتَرَى	تُشْتَرَيْ	تُشْتَرَى	أُشْتَرَى	IMPERFECT SUBJUNCTIVE	
يُشْتَرَيْنَ	يُشْتَرَوْا	تُشْتَرَيْنَ	تُشْتَرَوْا	نُشْتَرَ	تُشْتَرَيَا	يُشْتَرَيَا	تُشْتَرَيَا	تُشْتَرَ	يُشْتَرَ	تُشْتَرَيْ	تُشْتَرَ	أُشْتَرَ	IMPERFECT JUSSIVE	

* Genitive مُشْتَرٍ; accusative مُشْتَرِيًا. With article: nominative أَلْمُشْتَرِي, genitive أَلْمُشْتَرِي; accusative أَلْمُشْتَرِيَ.

ACTIVE PARTICIPLE: مُشْتَغِلٌ　PASSIVE PARTICIPLE:　MAṢDAR: إِشْتِغَالٌ　ROOT: شغل　FORM VIII　TO BE BUSY إِشْتَغَلَ

3 f pl	3 m pl	2 f pl	2 m pl	1 pl	3 f dual	3 m dual	2 dual	3 f sgl	3 m sgl	2 f sgl	2 m sgl	1 sgl		
إِشْتَغَلْنَ	إِشْتَغَلُوا	إِشْتَغَلْتُنَّ	إِشْتَغَلْتُمْ	إِشْتَغَلْنَا	إِشْتَغَلَتَا	إِشْتَغَلاَ	إِشْتَغَلْتُمَا	إِشْتَغَلَتْ	إِشْتَغَلَ	إِشْتَغَلْتِ	إِشْتَغَلْتَ	إِشْتَغَلْتُ	PERFECT	ACTIVE
يَشْتَغِلْنَ	يَشْتَغِلُونَ	تَشْتَغِلْنَ	تَشْتَغِلُونَ	نَشْتَغِلُ	تَشْتَغِلاَنِ	يَشْتَغِلاَنِ	تَشْتَغِلاَنِ	تَشْتَغِلُ	يَشْتَغِلُ	تَشْتَغِلِينَ	تَشْتَغِلُ	أَشْتَغِلُ	IMPERFECT INDICATIVE	
يَشْتَغِلْنَ	يَشْتَغِلُوا	تَشْتَغِلْنَ	تَشْتَغِلُوا	نَشْتَغِلَ	تَشْتَغِلاَ	يَشْتَغِلاَ	تَشْتَغِلاَ	تَشْتَغِلَ	يَشْتَغِلَ	تَشْتَغِلِي	تَشْتَغِلَ	أَشْتَغِلَ	IMPERFECT SUBJUNCTIVE	
يَشْتَغِلْنَ	يَشْتَغِلُوا	تَشْتَغِلْنَ	تَشْتَغِلُوا	نَشْتَغِلْ	تَشْتَغِلاَ	يَشْتَغِلاَ	تَشْتَغِلاَ	تَشْتَغِلْ	يَشْتَغِلْ	تَشْتَغِلِي	تَشْتَغِلْ	أَشْتَغِلْ	IMPERFECT JUSSIVE	
		إِشْتَغِلْنَ	إِشْتَغِلُوا				إِشْتَغِلاَ			إِشْتَغِلِي	إِشْتَغِلْ		IMPERATIVE	
													PERFECT	PASSIVE
													IMPERFECT INDICATIVE	
													IMPERFECT SUBJUNCTIVE	
													IMPERFECT JUSSIVE	

ACTIVE PARTICIPLE: شَاكٌّ PASSIVE PARTICIPLE: MAṢDAR: شَكٌّ ROOT: شكك FORM I TO DOUBT شَكَّ

3 f pl	*3 m pl*	*2 f pl*	*2 m pl*	*1 pl*	*3 f dual*	*3 m dual*	*2 dual*	*3 f sgl*	*3 m sgl*	*2 f sgl*	*2 m sgl*	*1 sgl*		
شَكَكْنَ	شَكُّوا	شَكَكْتُنَّ	شَكَكْتُمْ	شَكَكْنَا	شَكَّتَا	شَكَّا	شَكَكْتُمَا	شَكَّتْ	شَكَّ	شَكَكْتِ	شَكَكْتَ	شَكَكْتُ	PERFECT	ACTIVE
يَشْكُكْنَ	يَشُكُّونَ	تَشْكُكْنَ	تَشُكُّونَ	نَشُكُّ	تَشُكَّانِ	يَشُكَّانِ	تَشُكَّانِ	تَشُكُّ	يَشُكُّ	تَشُكِّينَ	تَشُكُّ	أَشُكُّ	IMPERFECT INDICATIVE	
يَشْكُكْنَ	يَشُكُّوا	تَشْكُكْنَ	تَشُكُّوا	نَشُكَّ	تَشُكَّا	يَشُكَّا	تَشُكَّا	تَشُكَّ	يَشُكَّ	تَشُكِّي	تَشُكَّ	أَشُكَّ	IMPERFECT SUBJUNCTIVE	
يَشْكُكْنَ	يَشُكُّوا	تَشْكُكْنَ	تَشُكُّوا	نَشْكُكْ	تَشُكَّا	يَشُكَّا	تَشُكَّا	تَشْكُكْ	يَشْكُكْ	تَشُكِّي	تَشْكُكْ	أَشْكُكْ	IMPERFECT JUSSIVE *	
		أُشْكُكْنَ	شُكُّوا				شُكَّا			شُكِّي	شُكَّ		IMPERATIVE **	
													PERFECT	PASSIVE
													IMPERFECT INDICATIVE	
													IMPERFECT SUBJUNCTIVE	
													IMPERFECT JUSSIVE	

* Also أَشُكَّ ; تَشُكَّ ; تَشُكِّي ; يَشُكَّ ; تَشُكَّ . . . نَشُكَّ.

** Also [illegible]

ACTIVE PARTICIPLE: شَاءٍ PASSIVE PARTICIPLE: مَشِيءٌ MAṢDAR: مَشِيئَةٌ ROOT: شيأ FORM I TO WANT شَاءَ

3 f pl	*3 m pl*	*2 f pl*	*2 m pl*	*1 pl*	*3 f dual*	*3 m dual*	*2 dual*	*3 f sgl*	*3 m sgl*	*2 f sgl*	*2 m sgl*	*1 sgl*		
شِئْنَ	شَاؤُوا	شِئْتُنَّ	شِئْتُمْ	شِئْنَا	شَاءَتَا	شَاءَا	شِئْتُمَا	شَاءَتْ	شَاءَ	شِئْتِ	شِئْتَ	شِئْتُ	PERFECT	ACTIVE
يَشَأْنَ	يَشَاؤُونَ	تَشَأْنَ	تَشَاؤُونَ	نَشَاءُ	تَشَاءَانِ	يَشَاءَانِ	تَشَاءَانِ	تَشَاءُ	يَشَاءُ	تَشَائِينَ	تَشَاءُ	أَشَاءُ	IMPERFECT INDICATIVE	
يَشَأْنَ	يَشَاؤُوا	تَشَأْنَ	تَشَاؤُوا	نَشَاءَ	تَشَاءَا	يَشَاءَا	تَشَاءَا	تَشَاءَ	يَشَاءَ	تَشَائِي	تَشَاءَ	أَشَاءَ	IMPERFECT SUBJUNCTIVE	
يَشَأْنَ	يَشَاؤُوا	تَشَأْنَ	تَشَاؤُوا	نَشَأْ	تَشَاءَا	يَشَاءَا	تَشَاءَا	تَشَأْ	يَشَأْ	تَشَائِي	تَشَأْ	أَشَأْ	IMPERFECT JUSSIVE	
		شَأْنَ	شَاؤُوا				شَاءَا			شَائِي	شَأْ		IMPERATIVE	
شِئْنَ	شِيؤُوا	شِئْتُنَّ	شِئْتُمْ	شِئْنَا	شِيئَتَا	شِيئَا	شِئْتُمَا	شِيئَتْ	شِيءَ	شِئْتِ	شِئْتَ	شِئْتُ	PERFECT	PASSIVE
يُشَأْنَ	يُشَاؤُونَ	تُشَأْنَ	تُشَاؤُونَ	نُشَاءُ	تُشَاءَانِ	يُشَاءَانِ	تُشَاءَانِ	تُشَاءُ	يُشَاءُ	تُشَائِينَ	تُشَاءُ	أُشَاءُ	IMPERFECT INDICATIVE	
يُشَأْنَ	يُشَاؤُوا	تُشَأْنَ	تُشَاؤُوا	نُشَاءَ	تُشَاءَا	يُشَاءَا	تُشَاءَا	تُشَاءَ	يُشَاءَ	تُشَائِي	تُشَاءَ	أُشَاءَ	IMPERFECT SUBJUNCTIVE	
يُشَأْنَ	يُشَاؤُوا	تُشَأْنَ	تُشَاؤُوا	نُشَأْ	تُشَاءَا	يُشَاءَا	تُشَاءَا	تُشَأْ	يُشَأْ	تُشَائِي	تُشَأْ	أُشَأْ	IMPERFECT JUSSIVE	

ACTIVE PARTICIPLE: مُصْطَدِمٌ PASSIVE PARTICIPLE: MAṢDAR: إصْطِدَامٌ ROOT: صدم FORM VIII TO COLLIDE إصْطَدَمَ

3 f pl	*3 m pl*	*2 f pl*	*2 m pl*	*1 pl*	*3 f dual*	*3 m dual*	*2 dual*	*3 f sgl*	*3 m sgl*	*2 f sgl*	*2 m sgl*	*1 sgl*		
إصْطَدَمْنَ	إصْطَدَمُوا	إصْطَدَمْتُنَّ	إصْطَدَمْتُمْ	إصْطَدَمْنَا	إصْطَدَمَتَا	إصْطَدَمَا	إصْطَدَمْتُمَا	إصْطَدَمَتْ	إصْطَدَمَ	إصْطَدَمْتِ	إصْطَدَمْتَ	إصْطَدَمْتُ	PERFECT	ACTIVE
يَصْطَدِمْنَ	يَصْطَدِمُونَ	تَصْطَدِمْنَ	تَصْطَدِمُونَ	نَصْطَدِمُ	تَصْطَدِمَانِ	يَصْطَدِمَانِ	تَصْطَدِمَانِ	تَصْطَدِمُ	يَصْطَدِمُ	تَصْطَدِمِينَ	تَصْطَدِمُ	أَصْطَدِمُ	IMPERFECT INDICATIVE	
يَصْطَدِمْنَ	يَصْطَدِمُوا	تَصْطَدِمْنَ	تَصْطَدِمُوا	نَصْطَدِمَ	تَصْطَدِمَا	يَصْطَدِمَا	تَصْطَدِمَا	تَصْطَدِمَ	يَصْطَدِمَ	تَصْطَدِمِي	تَصْطَدِمَ	أَصْطَدِمَ	IMPERFECT SUBJUNCTIVE	
يَصْطَدِمْنَ	يَصْطَدِمُوا	تَصْطَدِمْنَ	تَصْطَدِمُوا	نَصْطَدِمْ	تَصْطَدِمَا	يَصْطَدِمَا	تَصْطَدِمَا	تَصْطَدِمْ	يَصْطَدِمْ	تَصْطَدِمِي	تَصْطَدِمْ	أَصْطَدِمْ	IMPERFECT JUSSIVE	
		إصْطَدِمْنَ	إصْطَدِمُوا				إصْطَدِمَا			إصْطَدِمِي	إصْطَدِمْ		IMPERATIVE	
													PERFECT	PASSIVE
													IMPERFECT INDICATIVE	
													IMPERFECT SUBJUNCTIVE	
													IMPERFECT JUSSIVE	

ACTIVE PARTICIPLE: مُصَرِّحٌ PASSIVE PARTICIPLE: مُصَرَّحٌ MAṢDAR: تَصْرِيحٌ ROOT: صرح FORM II TO EXPLAIN صَرَّحَ

		1 sgl	*2 m sgl*	*2 f sgl*	*3 m sgl*	*3 f sgl*	*2 dual*	*3 m dual*	*3 f dual*	*1 pl*	*2 m pl*	*2 f pl*	*3 m pl*	*3 f pl*
ACTIVE	PERFECT	صَرَّحْتُ	صَرَّحْتَ	صَرَّحْتِ	صَرَّحَ	صَرَّحَتْ	صَرَّحْتُمَا	صَرَّحَا	صَرَّحَتَا	صَرَّحْنَا	صَرَّحْتُمْ	صَرَّحْتُنَّ	صَرَّحُوا	صَرَّحْنَ
	IMPERFECT INDICATIVE	أُصَرِّحُ	تُصَرِّحُ	تُصَرِّحِينَ	يُصَرِّحُ	تُصَرِّحُ	تُصَرِّحَانِ	يُصَرِّحَانِ	تُصَرِّحَانِ	نُصَرِّحُ	تُصَرِّحُونَ	تُصَرِّحْنَ	يُصَرِّحُونَ	يُصَرِّحْنَ
	IMPERFECT SUBJUNCTIVE	أُصَرِّحَ	تُصَرِّحَ	تُصَرِّحِي	يُصَرِّحَ	تُصَرِّحَ	تُصَرِّحَا	يُصَرِّحَا	تُصَرِّحَا	نُصَرِّحَ	تُصَرِّحُوا	تُصَرِّحْنَ	يُصَرِّحُوا	يُصَرِّحْنَ
	IMPERFECT JUSSIVE	أُصَرِّحْ	تُصَرِّحْ	تُصَرِّحِي	يُصَرِّحْ	تُصَرِّحْ	تُصَرِّحَا	يُصَرِّحَا	تُصَرِّحَا	نُصَرِّحْ	تُصَرِّحُوا	تُصَرِّحْنَ	يُصَرِّحُوا	يُصَرِّحْنَ
	IMPERATIVE		صَرِّحْ	صَرِّحِي			صَرِّحَا				صَرِّحُوا	صَرِّحْنَ		
PASSIVE	PERFECT	صُرِّحْتُ	صُرِّحْتَ	صُرِّحْتِ	صُرِّحَ	صُرِّحَتْ	صُرِّحْتُمَا	صُرِّحَا	صُرِّحَتَا	صُرِّحْنَا	صُرِّحْتُمْ	صُرِّحْتُنَّ	صُرِّحُوا	صُرِّحْنَ
	IMPERFECT INDICATIVE	أُصَرَّحُ	تُصَرَّحُ	تُصَرَّحِينَ	يُصَرَّحُ	تُصَرَّحُ	تُصَرَّحَانِ	يُصَرَّحَانِ	تُصَرَّحَانِ	نُصَرَّحُ	تُصَرَّحُونَ	تُصَرَّحْنَ	يُصَرَّحُونَ	يُصَرَّحْنَ
	IMPERFECT SUBJUNCTIVE	أُصَرَّحَ	تُصَرَّحَ	تُصَرَّحِي	يُصَرَّحَ	تُصَرَّحَ	تُصَرَّحَا	يُصَرَّحَا	تُصَرَّحَا	نُصَرَّحَ	تُصَرَّحُوا	تُصَرَّحْنَ	يُصَرَّحُوا	يُصَرَّحْنَ
	IMPERFECT JUSSIVE	أُصَرَّحْ	تُصَرَّحْ	تُصَرَّحِي	يُصَرَّحْ	تُصَرَّحْ	تُصَرَّحَا	يُصَرَّحَا	تُصَرَّحَا	نُصَرَّحْ	تُصَرَّحُوا	تُصَرَّحْنَ	يُصَرَّحُوا	يُصَرَّحْنَ

ACTIVE PARTICIPLE: مُصْفَرٌّ PASSIVE PARTICIPLE: MAṢDAR: إِصْفِرَارٌ ROOT: صفر FORM IX TO TURN YELLOW إِصْفَرَّ

	3 f pl	3 m pl	2 f pl	2 m pl	1 pl	3 f dual	3 m dual	2 dual	3 f sgl	3 m sgl	2 f sgl	2 m sgl	1 sgl
ACTIVE													
PERFECT	إِصْفَرَرْنَ	إِصْفَرُّوا	إِصْفَرَرْتُنَّ	إِصْفَرَرْتُمْ	إِصْفَرَرْنَا	إِصْفَرَّتَا	إِصْفَرَّا	إِصْفَرَرْتُمَا	إِصْفَرَّتْ	إِصْفَرَّ	إِصْفَرَرْتِ	إِصْفَرَرْتَ	إِصْفَرَرْتُ
IMPERFECT INDICATIVE	يَصْفَرِرْنَ	يَصْفَرُّونَ	تَصْفَرِرْنَ	تَصْفَرُّونَ	نَصْفَرُّ	تَصْفَرَّانِ	يَصْفَرَّانِ	تَصْفَرَّانِ	تَصْفَرُّ	يَصْفَرُّ	تَصْفَرِّينَ	تَصْفَرُّ	أَصْفَرُّ
IMPERFECT SUBJUNCTIVE	يَصْفَرِرْنَ	يَصْفَرُّوا	تَصْفَرِرْنَ	تَصْفَرُّوا	نَصْفَرَّ	تَصْفَرَّا	يَصْفَرَّا	تَصْفَرَّا	تَصْفَرَّ	يَصْفَرَّ	تَصْفَرِّي	تَصْفَرَّ	أَصْفَرَّ
IMPERFECT JUSSIVE *	يَصْفَرِرْنَ	يَصْفَرُّوا	تَصْفَرِرْنَ	تَصْفَرُّوا	نَصْفَرِرْ	تَصْفَرَّا	يَصْفَرَّا	تَصْفَرَّا	تَصْفَرِرْ	يَصْفَرِرْ	تَصْفَرِّي	تَصْفَرِرْ	أَصْفَرِرْ
IMPERATIVE			إِصْفَرِرْنَ	إِصْفَرُّوا				إِصْفَرَّا			إِصْفَرِّي	إِصْفَرِرْ	
PASSIVE													
PERFECT													
IMPERFECT INDICATIVE													
IMPERFECT SUBJUNCTIVE													
IMPERFECT JUSSIVE													

*Also أَصْفَرَّ ; تَصْفَرَّ ; تَصْفَرِّي ; يَصْفَرَّ ; تَصْفَرَّ ... نَصْفَرَّ.

ACTIVE PARTICIPLE: مُصَلٍّ PASSIVE PARTICIPLE: MAṢDAR: تَصْلِيَةٌ ROOT: صلو FORM II TO PRAY صَلَّى

3 f pl	*3 m pl*	*2 f pl*	*2 m pl*	*1 pl*	*3 f dual*	*3 m dual*	*2 dual*	*3 f sgl*	*3 m sgl*	*2 f sgl*	*2 m sgl*	*1 sgl*		
صَلَّيْنَ	صَلَّوْا	صَلَّيْتُنَّ	صَلَّيْتُمْ	صَلَّيْنَا	صَلَّتَا	صَلَّيَا	صَلَّيْتُمَا	صَلَّتْ	صَلَّى	صَلَّيْتِ	صَلَّيْتَ	صَلَّيْتُ	PERFECT	ACTIVE
يُصَلِّينَ	يُصَلُّونَ	تُصَلِّينَ	تُصَلُّونَ	نُصَلِّي	تُصَلِّيَانِ	يُصَلِّيَانِ	تُصَلِّيَانِ	تُصَلِّي	يُصَلِّي	تُصَلِّينَ	تُصَلِّي	أُصَلِّي	IMPERFECT INDICATIVE	
يُصَلِّينَ	يُصَلُّوا	تُصَلِّينَ	تُصَلُّوا	نُصَلِّيَ	تُصَلِّيَا	يُصَلِّيَا	تُصَلِّيَا	تُصَلِّيَ	يُصَلِّيَ	تُصَلِّي	تُصَلِّيَ	أُصَلِّيَ	IMPERFECT SUBJUNCTIVE	
يُصَلِّينَ	يُصَلُّوا	تُصَلِّينَ	تُصَلُّوا	نُصَلِّ	تُصَلِّيَا	يُصَلِّيَا	تُصَلِّيَا	تُصَلِّ	يُصَلِّ	تُصَلِّي	تُصَلِّ	أُصَلِّ	IMPERFECT JUSSIVE	
		صَلِّينَ	صَلُّوا				صَلِّيَا			صَلِّي	صَلِّ		IMPERATIVE	
													PERFECT	PASSIVE
													IMPERFECT INDICATIVE	
													IMPERFECT SUBJUNCTIVE	
													IMPERFECT JUSSIVE	

ACTIVE PARTICIPLE: صَائِرٌ   PASSIVE PARTICIPLE: MAṢDAR: صَيْرٌ   ROOT: صير   FORM I   TO BECOME صَارَ

3 f pl	3 m pl	2 f pl	2 m pl	1 pl	3 f dual	3 m dual	2 dual	3 f sgl	3 m sgl	2 f sgl	2 m sgl	1 sgl		
صِرْنَ	صَارُوا	صِرْتُنَّ	صِرْتُمْ	صِرْنَا	صَارَتَا	صَارَا	صِرْتُمَا	صَارَتْ	صَارَ	صِرْتِ	صِرْتَ	صِرْتُ	PERFECT	ACTIVE
يَصِرْنَ	يَصِيرُونَ	تَصِرْنَ	تَصِيرُونَ	نَصِيرُ	تَصِيرَانِ	يَصِيرَانِ	تَصِيرَانِ	تَصِيرُ	يَصِيرُ	تَصِيرِينَ	تَصِيرُ	أَصِيرُ	IMPERFECT INDICATIVE	ACTIVE
يَصِرْنَ	يَصِيرُوا	تَصِرْنَ	تَصِيرُوا	نَصِيرَ	تَصِيرَا	يَصِيرَا	تَصِيرَا	تَصِيرَ	يَصِيرَ	تَصِيرِي	تَصِيرَ	أَصِيرَ	IMPERFECT SUBJUNCTIVE	ACTIVE
يَصِرْنَ	يَصِيرُوا	تَصِرْنَ	تَصِيرُوا	نَصِرْ	تَصِيرَا	يَصِيرَا	تَصِيرَا	تَصِرْ	يَصِرْ	تَصِيرِي	تَصِرْ	أَصِرْ	IMPERFECT JUSSIVE	ACTIVE
		صِرْنَ	صِيرُوا				صِيرَا			صِيرِي	صِرْ		IMPERATIVE	ACTIVE
													PERFECT	PASSIVE
													IMPERFECT INDICATIVE	PASSIVE
													IMPERFECT SUBJUNCTIVE	PASSIVE
													IMPERFECT JUSSIVE	PASSIVE

ACTIVE PARTICIPLE: مُضَادٌّ PASSIVE PARTICIPLE: MAṢDAR: تَضَادٌّ ROOT: ضدد FORM VI TO BE CONTRADICTORY تَضَادَّ *

	3 f pl	3 m pl	2 f pl	2 m pl	1 pl	3 f dual	3 m dual	2 dual	3 f sgl	3 m sgl	2 f sgl	2 m sgl	1 sgl		
	تَضَادَدْنَ	تَضَادُّوا	تَضَادَدْتُنَّ	تَضَادَدْتُمْ	تَضَادَدْنَا	تَضَادَّتَا	تَضَادَّا	تَضَادَدْتُمَا	تَضَادَّتْ	تَضَادَّ	تَضَادَدْتِ	تَضَادَدْتَ	تَضَادَدْتُ	PERFECT	ACTIVE
	يَتَضَادَدْنَ	يَتَضَادُّونَ	تَتَضَادَدْنَ	تَتَضَادُّونَ	نَتَضَادُّ	تَتَضَادَّانِ	يَتَضَادَّانِ	تَتَضَادَّانِ	تَتَضَادُّ	يَتَضَادُّ	تَتَضَادِّينَ	تَتَضَادُّ	أَتَضَادُّ	IMPERFECT INDICATIVE	
	يَتَضَادَدْنَ	يَتَضَادُّوا	تَتَضَادَدْنَ	تَتَضَادُّوا	نَتَضَادَّ	تَتَضَادَّا	يَتَضَادَّا	تَتَضَادَّا	تَتَضَادَّ	يَتَضَادَّ	تَتَضَادِّي	تَتَضَادَّ	أَتَضَادَّ	IMPERFECT SUBJUNCTIVE	
	يَتَضَادَدْنَ	يَتَضَادُّوا	تَتَضَادَدْنَ	تَتَضَادُّوا	نَتَضَادَدْ	تَتَضَادَّا	يَتَضَادَّا	تَتَضَادَّا	تَتَضَادَدْ	يَتَضَادَدْ	تَتَضَادِّي	تَتَضَادَدْ	أَتَضَادَدْ	IMPERFECT JUSSIVE	
			تَضَادَدْنَ	تَضَادُّوا				تَضَادَّا			تَضَادِّي	تَضَادَدْ		IMPERATIVE	
														PERFECT	PASSIVE
														IMPERFECT INDICATIVE	
														IMPERFECT SUBJUNCTIVE	
														IMPERFECT JUSSIVE	

*Contracted form

ACTIVE PARTICIPLE: مُتَضَادِدٌ PASSIVE PARTICIPLE: MAṢDAR: تَضَادُدٌ ROOT: ضدد FORM VI TO BE CONTRADICTORY تَضَادَدَ *

		3 f pl	3 m pl	2 f pl	2 m pl	1 pl	3 f dual	3 m dual	2 dual	3 f sgl	3 m sgl	2 f sgl	2 m sgl	1 sgl
ACTIVE	PERFECT	تَضَادَدْنَ	تَضَادَدُوا	تَضَادَدْتُنَّ	تَضَادَدْتُمْ	تَضَادَدْنَا	تَضَادَدَتَا	تَضَادَدَا	تَضَادَدْتُمَا	تَضَادَدَتْ	تَضَادَدَ	تَضَادَدْتِ	تَضَادَدْتَ	تَضَادَدْتُ
	IMPERFECT INDICATIVE	يَتَضَادَدْنَ	يَتَضَادَدُونَ	تَتَضَادَدْنَ	تَتَضَادَدُونَ	نَتَضَادَدُ	تَتَضَادَدَانِ	يَتَضَادَدَانِ	تَتَضَادَدَانِ	تَتَضَادَدُ	يَتَضَادَدُ	تَتَضَادَدِينَ	تَتَضَادَدُ	أَتَضَادَدُ
	IMPERFECT SUBJUNCTIVE	يَتَضَادَدْنَ	يَتَضَادَدُوا	تَتَضَادَدْنَ	تَتَضَادَدُوا	نَتَضَادَدَ	تَتَضَادَدَا	يَتَضَادَدَا	تَتَضَادَدَا	تَتَضَادَدَ	يَتَضَادَدَ	تَتَضَادَدِي	تَتَضَادَدَ	أَتَضَادَدَ
	IMPERFECT JUSSIVE	يَتَضَادَدْنَ	يَتَضَادَدُوا	تَتَضَادَدْنَ	تَتَضَادَدُوا	نَتَضَادَدْ	تَتَضَادَدَا	يَتَضَادَدَا	تَتَضَادَدَا	تَتَضَادَدْ	يَتَضَادَدْ	تَتَضَادَدِي	تَتَضَادَدْ	أَتَضَادَدْ
	IMPERATIVE			تَضَادَدْنَ	تَضَادَدُوا				تَضَادَدَا			تَضَادَدِي	تَضَادَدْ	
PASSIVE	PERFECT													
	IMPERFECT INDICATIVE													
	IMPERFECT SUBJUNCTIVE													
	IMPERFECT JUSSIVE													

*Uncontracted form

ACTIVE PARTICIPLE: مُضْطَرِبٌ PASSIVE PARTICIPLE: MAṢDAR: إِضْطِرَابٌ ROOT: ضرب FORM VIII TO CLASH إِضْطَرَبَ

3 f pl	3 m pl	2 f pl	2 m pl	1 pl	3 f dual	3 m dual	2 dual	3 f sgl	3 m sgl	2 f sgl	2 m sgl	1 sgl		
إِضْطَرَبْنَ	إِضْطَرَبُوا	إِضْطَرَبْتُنَّ	إِضْطَرَبْتُمْ	إِضْطَرَبْنَا	إِضْطَرَبَتَا	إِضْطَرَبَا	إِضْطَرَبْتُمَا	إِضْطَرَبَتْ	إِضْطَرَبَ	إِضْطَرَبْتِ	إِضْطَرَبْتَ	إِضْطَرَبْتُ	PERFECT	ACTIVE
يَضْطَرِبْنَ	يَضْطَرِبُونَ	تَضْطَرِبْنَ	تَضْطَرِبُونَ	نَضْطَرِبُ	تَضْطَرِبَانِ	يَضْطَرِبَانِ	تَضْطَرِبَانِ	تَضْطَرِبُ	يَضْطَرِبُ	تَضْطَرِبِينَ	تَضْطَرِبُ	أَضْطَرِبُ	IMPERFECT INDICATIVE	
يَضْطَرِبْنَ	يَضْطَرِبُوا	تَضْطَرِبْنَ	تَضْطَرِبُوا	نَضْطَرِبَ	تَضْطَرِبَا	يَضْطَرِبَا	تَضْطَرِبَا	تَضْطَرِبَ	يَضْطَرِبَ	تَضْطَرِبِي	تَضْطَرِبَ	أَضْطَرِبَ	IMPERFECT SUBJUNCTIVE	
يَضْطَرِبْنَ	يَضْطَرِبُوا	تَضْطَرِبْنَ	تَضْطَرِبُوا	نَضْطَرِبْ	تَضْطَرِبَا	يَضْطَرِبَا	تَضْطَرِبَا	تَضْطَرِبْ	يَضْطَرِبْ	تَضْطَرِبِي	تَضْطَرِبْ	أَضْطَرِبْ	IMPERFECT JUSSIVE	
		إِضْطَرِبْنَ	إِضْطَرِبُوا				إِضْطَرِبَا			إِضْطَرِبِي	إِضْطَرِبْ		IMPERATIVE	
													PERFECT	PASSIVE
													IMPERFECT INDICATIVE	
													IMPERFECT SUBJUNCTIVE	
													IMPERFECT JUSSIVE	

ACTIVE PARTICIPLE: مُضْطَرٌّ PASSIVE PARTICIPLE: مُضْطَرٌّ MAṢDAR: إِضْطِرَارٌ ROOT: ض ر ر FORM VIII TO COMPEL إِضْطَرَّ

3 f pl	*3 m pl*	*2 f pl*	*2 m pl*	*1 pl*	*3 f dual*	*3 m dual*	*2 dual*	*3 f sgl*	*3 m sgl*	*2 f sgl*	*2 m sgl*	*1 sgl*		
إِضْطَرَرْنَ	إِضْطَرُّوا	إِضْطَرَرْتُنَّ	إِضْطَرَرْتُمْ	إِضْطَرَرْنَا	إِضْطَرَّتَا	إِضْطَرَّا	إِضْطَرَرْتُمَا	إِضْطَرَّتْ	إِضْطَرَّ	إِضْطَرَرْتِ	إِضْطَرَرْتَ	إِضْطَرَرْتُ	PERFECT	ACTIVE
يَضْطَرِرْنَ	يَضْطَرُّونَ	تَضْطَرِرْنَ	تَضْطَرُّونَ	نَضْطَرُّ	تَضْطَرَّانِ	يَضْطَرَّانِ	تَضْطَرَّانِ	تَضْطَرُّ	يَضْطَرُّ	تَضْطَرِّينَ	تَضْطَرُّ	أَضْطَرُّ	IMPERFECT INDICATIVE	
يَضْطَرِرْنَ	يَضْطَرُّوا	تَضْطَرِرْنَ	تَضْطَرُّوا	نَضْطَرَّ	تَضْطَرَّا	يَضْطَرَّا	تَضْطَرَّا	تَضْطَرَّ	يَضْطَرَّ	تَضْطَرِّي	تَضْطَرَّ	أَضْطَرَّ	IMPERFECT SUBJUNCTIVE	
يَضْطَرِرْنَ	يَضْطَرُّوا	تَضْطَرِرْنَ	تَضْطَرُّوا	نَضْطَرِرْ	تَضْطَرَّا	يَضْطَرَّا	تُضْطَرَّا	تَضْطَرِرْ	يَضْطَرِرْ	تَضْطَرِّي	تَضْطَرِرْ	أَضْطَرِرْ	IMPERFECT JUSSIVE	
		إِضْطَرِرْنَ	إِضْطَرُّوا				إِضْطَرَّا			إِضْطَرِّي	إِضْطَرِرْ		IMPERATIVE	
أُضْطُرِرْنَ	أُضْطُرُّوا	أُضْطُرِرْتُنَّ	أُضْطُرِرْتُمْ	أُضْطُرِرْنَا	أُضْطُرَّتَا	أُضْطُرَّا	أُضْطُرِرْتُمَا	أُضْطُرَّتْ	أُضْطُرَّ	أُضْطُرِرْتِ	أُضْطُرِرْتَ	أُضْطُرِرْتُ	PERFECT	PASSIVE
يُضْطَرَرْنَ	يُضْطَرُّونَ	تُضْطَرَرْنَ	تُضْطَرُّونَ	نُضْطَرُّ	تُضْطَرَّانِ	يُضْطَرَّانِ	تُضْطَرَّانِ	تُضْطَرُّ	يُضْطَرُّ	تُضْطَرِّينَ	تُضْطَرُّ	أُضْطَرُّ	IMPERFECT INDICATIVE	
يُضْطَرَرْنَ	يُضْطَرُّوا	تُضْطَرَرْنَ	تُضْطَرُّوا	نُضْطَرَّ	تُضْطَرَّا	يُضْطَرَّا	تُضْطَرَّا	تُضْطَرَّ	يُضْطَرَّ	تُضْطَرِّي	تُضْطَرَّ	أُضْطَرَّ	IMPERFECT SUBJUNCTIVE	
يُضْطَرَرْنَ	يُضْطَرُّوا	تُضْطَرَرْنَ	تُضْطَرُّوا	نُضْطَرَرْ	تُضْطَرَّا	يُضْطَرَّا	تُضْطَرَّا	تُضْطَرَرْ	يُضْطَرَرْ	تُضْطَرِّي	تُضْطَرَرْ	أُضْطَرَرْ	IMPERFECT JUSSIVE	

ACTIVE PARTICIPLE: مُنْضَمٌّ PASSIVE PARTICIPLE: MAṢDAR: إِنْضِمَامٌ ROOT: ضمم FORM VII TO UNITE إِنْضَمَّ

3 f pl	*3 m pl*	*2 f pl*	*2 m pl*	*1 pl*	*3 f dual*	*3 m dual*	*2 dual*	*3 f sgl*	*3 m sgl*	*2 f sgl*	*2 m sgl*	*1 sgl*		
إِنْضَمَمْنَ	إِنْضَمُّوا	إِنْضَمَمْتُنَّ	إِنْضَمَمْتُمْ	إِنْضَمَمْنَا	إِنْضَمَّتَا	إِنْضَمَّا	إِنْضَمَمْتُمَا	إِنْضَمَّتْ	إِنْضَمَّ	إِنْضَمَمْتِ	إِنْضَمَمْتَ	إِنْضَمَمْتُ	PERFECT	ACTIVE
يَنْضَمِمْنَ	يَنْضَمُّونَ	تَنْضَمِمْنَ	تَنْضَمُّونَ	نَنْضَمُّ	تَنْضَمَّانِ	يَنْضَمَّانِ	تَنْضَمَّانِ	تَنْضَمُّ	يَنْضَمُّ	تَنْضَمِّينَ	تَنْضَمُّ	أَنْضَمُّ	IMPERFECT INDICATIVE	
يَنْضَمِمْنَ	يَنْضَمُّوا	تَنْضَمِمْنَ	تَنْضَمُّوا	نَنْضَمَّ	تَنْضَمَّا	يَنْضَمَّا	تَنْضَمَّا	تَنْضَمَّ	يَنْضَمَّ	تَنْضَمِّي	تَنْضَمَّ	أَنْضَمَّ	IMPERFECT SUBJUNCTIVE	
يَنْضَمِمْنَ	يَنْضَمُّوا	تَنْضَمِمْنَ	تَنْضَمُّوا	نَنْضَمِمْ	تَنْضَمَّا	يَنْضَمَّا	تَنْضَمَّا	تَنْضَمِمْ	يَنْضَمِمْ	تَنْضَمِّي	تَنْضَمِمْ	أَنْضَمِمْ	IMPERFECT JUSSIVE	
		إِنْضَمِمْنَ	إِنْضَمُّوا				إِنْضَمَّا			إِنْضَمِّي	إِنْضَمِمْ		IMPERATIVE	
													PERFECT	PASSIVE
													IMPERFECT INDICATIVE	
													IMPERFECT SUBJUNCTIVE	
													IMPERFECT JUSSIVE	

ACTIVE PARTICIPLE: مُنْطَفِئٌ PASSIVE PARTICIPLE: MAṢDAR: إِنْطِفَاءٌ ROOT: طفأ FORM VII TO BE EXTINGUISHED إِنْطَفَأَ

		3 f pl	3 m pl	2 f pl	2 m pl	1 pl	3 f dual	3 m dual	2 dual	3 f sgl	3 m sgl	2 f sgl	2 m sgl	1 sgl
ACTIVE	PERFECT	إِنْطَفَأْنَ	إِنْطَفَؤُوا	إِنْطَفَأْتُنَّ	إِنْطَفَأْتُمْ	إِنْطَفَأْنَا	إِنْطَفَأَتَا	إِنْطَفَآ	إِنْطَفَأْتُمَا	إِنْطَفَأَتْ	إِنْطَفَأَ	إِنْطَفَأْتِ	إِنْطَفَأْتَ	إِنْطَفَأْتُ
	IMPERFECT INDICATIVE	يَنْطَفِئْنَ	يَنْطَفِئُونَ	تَنْطَفِئْنَ	تَنْطَفِئُونَ	نَنْطَفِئُ	تَنْطَفِئَانِ	يَنْطَفِئَانِ	تَنْطَفِئَانِ	تَنْطَفِئُ	يَنْطَفِئُ	تَنْطَفِئِينَ	تَنْطَفِئُ	أَنْطَفِئُ
	IMPERFECT SUBJUNCTIVE	يَنْطَفِئْنَ	يَنْطَفِئُوا	تَنْطَفِئْنَ	تَنْطَفِئُوا	نَنْطَفِئَ	تَنْطَفِئَا	يَنْطَفِئَا	تَنْطَفِئَا	تَنْطَفِئَ	يَنْطَفِئَ	تَنْطَفِئِي	تَنْطَفِئَ	أَنْطَفِئَ
	IMPERFECT JUSSIVE	يَنْطَفِئْنَ	يَنْطَفِئُوا	تَنْطَفِئْنَ	تَنْطَفِئُوا	نَنْطَفِئْ	تَنْطَفِئَا	يَنْطَفِئَا	تَنْطَفِئَا	تَنْطَفِئْ	يَنْطَفِئْ	تَنْطَفِئِي	تَنْطَفِئْ	أَنْطَفِئْ
	IMPERATIVE			إِنْطَفِئْنَ	إِنْطَفِئُوا				إِنْطَفِئَا			إِنْطَفِئِي	إِنْطَفِئْ	
PASSIVE	PERFECT													
	IMPERFECT INDICATIVE													
	IMPERFECT SUBJUNCTIVE													
	IMPERFECT JUSSIVE													

ACTIVE PARTICIPLE: مُطَّلِعٌ PASSIVE PARTICIPLE: MAṢDAR: إِطِّلَاعٌ ROOT: طلع FORM VIII TO LOOK إِطَّلَعَ

3 f pl	3 m pl	2 f pl	2 m pl	1 pl	3 f dual	3 m dual	2 dual	3 f sgl	3 m sgl	2 f sgl	2 m sgl	1 sgl		
إِطَّلَعْنَ	إِطَّلَعُوا	إِطَّلَعْتُنَّ	إِطَّلَعْتُمْ	إِطَّلَعْنَا	إِطَّلَعَتَا	إِطَّلَعَا	إِطَّلَعْتُمَا	إِطَّلَعَتْ	إِطَّلَعَ	إِطَّلَعْتِ	إِطَّلَعْتَ	إِطَّلَعْتُ	PERFECT	ACTIVE
يَطَّلِعْنَ	يَطَّلِعُونَ	تَطَّلِعْنَ	تَطَّلِعُونَ	نَطَّلِعُ	تَطَّلِعَانِ	يَطَّلِعَانِ	تَطَّلِعَانِ	تَطَّلِعُ	يَطَّلِعُ	تَطَّلِعِينَ	تَطَّلِعُ	أَطَّلِعُ	IMPERFECT INDICATIVE	
يَطَّلِعْنَ	يَطَّلِعُوا	تَطَّلِعْنَ	تَطَّلِعُوا	نَطَّلِعَ	تَطَّلِعَا	يَطَّلِعَا	تَطَّلِعَا	تَطَّلِعَ	يَطَّلِعَ	تَطَّلِعِي	تَطَّلِعَ	أَطَّلِعَ	IMPERFECT SUBJUNCTIVE	
يَطَّلِعْنَ	يَطَّلِعُوا	تَطَّلِعْنَ	تَطَّلِعُوا	نَطَّلِعْ	تَطَّلِعَا	يَطَّلِعَا	تَطَّلِعَا	تَطَّلِعْ	يَطَّلِعْ	تَطَّلِعِي	تَطَّلِعْ	أَطَّلِعْ	IMPERFECT JUSSIVE	
		إِطَّلِعْنَ	إِطَّلِعُوا				إِطَّلِعَا			إِطَّلِعِي	إِطَّلِعْ		IMPERATIVE	
													PERFECT	PASSIVE
													IMPERFECT INDICATIVE	
													IMPERFECT SUBJUNCTIVE	
													IMPERFECT JUSSIVE	

ACTIVE PARTICIPLE: مُطْلِقٌ PASSIVE PARTICIPLE: مُطْلَقٌ MAṢDAR: إِطْلَاقٌ ROOT: طلق FORM IV TO SET FREE أَطْلَقَ

	3 f pl	*3 m pl*	*2 f pl*	*2 m pl*	*1 pl*	*3 f dual*	*3 m dual*	*2 dual*	*3 f sgl*	*3 m sgl*	*2 f sgl*	*2 m sgl*	*1 sgl*	
ACTIVE	أَطْلَقْنَ	أَطْلَقُوا	أَطْلَقْتُنَّ	أَطْلَقْتُمْ	أَطْلَقْنَا	أَطْلَقَتَا	أَطْلَقَا	أَطْلَقْتُمَا	أَطْلَقَتْ	أَطْلَقَ	أَطْلَقْتِ	أَطْلَقْتَ	أَطْلَقْتُ	PERFECT
ACTIVE	يُطْلِقْنَ	يُطْلِقُونَ	تُطْلِقْنَ	تُطْلِقُونَ	نُطْلِقُ	تُطْلِقَانِ	يُطْلِقَانِ	تُطْلِقَانِ	تُطْلِقُ	يُطْلِقُ	تُطْلِقِينَ	تُطْلِقُ	أُطْلِقُ	IMPERFECT INDICATIVE
ACTIVE	يُطْلِقْنَ	يُطْلِقُوا	تُطْلِقْنَ	تُطْلِقُوا	نُطْلِقَ	تُطْلِقَا	يُطْلِقَا	تُطْلِقَا	تُطْلِقَ	يُطْلِقَ	تُطْلِقِي	تُطْلِقَ	أُطْلِقَ	IMPERFECT SUBJUNCTIVE
ACTIVE	يُطْلِقْنَ	يُطْلِقُوا	تُطْلِقْنَ	تُطْلِقُوا	نُطْلِقْ	تُطْلِقَا	يُطْلِقَا	تُطْلِقَا	تُطْلِقْ	يُطْلِقْ	تُطْلِقِي	تُطْلِقْ	أُطْلِقْ	IMPERFECT JUSSIVE
ACTIVE			أَطْلِقْنَ	أَطْلِقُوا				أَطْلِقَا			أَطْلِقِي	أَطْلِقْ		IMPERATIVE
PASSIVE	أُطْلِقْنَ	أُطْلِقُوا	أُطْلِقْتُنَّ	أُطْلِقْتُمْ	أُطْلِقْنَا	أُطْلِقَتَا	أُطْلِقَا	أُطْلِقْتُمَا	أُطْلِقَتْ	أُطْلِقَ	أُطْلِقْتِ	أُطْلِقْتَ	أُطْلِقْتُ	PERFECT
PASSIVE	يُطْلَقْنَ	يُطْلَقُونَ	تُطْلَقْنَ	تُطْلَقُونَ	نُطْلَقُ	تُطْلَقَانِ	يُطْلَقَانِ	تُطْلَقَانِ	تُطْلَقُ	يُطْلَقُ	تُطْلَقِينَ	تُطْلَقُ	أُطْلَقُ	IMPERFECT INDICATIVE
PASSIVE	يُطْلَقْنَ	يُطْلَقُوا	تُطْلَقْنَ	تُطْلَقُوا	نُطْلَقَ	تُطْلَقَا	يُطْلَقَا	تُطْلَقَا	تُطْلَقَ	يُطْلَقَ	تُطْلَقِي	تُطْلَقَ	أُطْلَقَ	IMPERFECT SUBJUNCTIVE
PASSIVE	يُطْلَقْنَ	يُطْلَقُوا	تُطْلَقْنَ	تُطْلَقُوا	نُطْلَقْ	تُطْلَقَا	يُطْلَقَا	تُطْلَقَا	تُطْلَقْ	يُطْلَقْ	تُطْلَقِي	تُطْلَقْ	أُطْلَقْ	IMPERFECT JUSSIVE

ACTIVE PARTICIPLE: مُطْمَئِنٌّ PASSIVE PARTICIPLE: MAṢDAR: إِطْمِئْنَانٌ ROOT: طمأن FORM IV TO BE CALM إِطْمَأَنَّ

	3 f pl	3 m pl	2 f pl	2 m pl	1 pl	3 f dual	3 m dual	2 dual	3 f sgl	3 m sgl	2 f sgl	2 m sgl	1 sgl	
ACTIVE	إِطْمَأْنَنَّ	إِطْمَأَنُّوا	إِطْمَأْنَنْتُنَّ	إِطْمَأْنَنْتُمْ	إِطْمَأْنَنَّا	إِطْمَأَنَّتَا	إِطْمَأَنَّا	إِطْمَأْنَنْتُمَا	إِطْمَأَنَّتْ	إِطْمَأَنَّ	إِطْمَأْنَنْتِ	إِطْمَأْنَنْتَ	إِطْمَأْنَنْتُ	PERFECT
	يَطْمَأْنِنَّ	يَطْمَئِنُّونَ	تَطْمَأْنِنَّ	تَطْمَئِنُّونَ	نَطْمَئِنُّ	تَطْمَئِنَّانِ	يَطْمَئِنَّانِ	تَطْمَئِنَّانِ	تَطْمَئِنُّ	يَطْمَئِنُّ	تَطْمَئِنِّينَ	تَطْمَئِنُّ	أَطْمَئِنُّ	IMPERFECT INDICATIVE
	يَطْمَأْنِنَّ	يَطْمَئِنُّوا	تَطْمَأْنِنَّ	تَطْمَئِنُّوا	نَطْمَئِنَّ	تَطْمَئِنَّا	يَطْمَئِنَّا	تَطْمَئِنَّا	تَطْمَئِنَّ	يَطْمَئِنَّ	تَطْمَئِنِّي	تَطْمَئِنَّ	أَطْمَئِنَّ	IMPERFECT SUBJUNCTIVE
	يَطْمَأْنِنَّ	يَطْمَئِنُّوا	تَطْمَأْنِنَّ	تَطْمَئِنُّوا	نَطْمَأْنِنْ	تَطْمَئِنَّا	يَطْمَئِنَّا	تَطْمَئِنَّا	تَطْمَأْنِنْ	يَطْمَأْنِنْ	تَطْمَئِنِّي	تَطْمَأْنِنْ	أَطْمَأْنِنْ	IMPERFECT JUSSIVE
			إِطْمَأْنِنَّ	إِطْمَئِنُّوا				إِطْمَئِنَّا			إِطْمَئِنِّي	إِطْمَئِنَّ *		IMPERATIVE
PASSIVE														PERFECT
														IMPERFECT INDICATIVE
														IMPERFECT SUBJUNCTIVE
														IMPERFECT JUSSIVE

*Also إِطْمَأْنِنْ.

ACTIVE PARTICIPLE: مُتَطَوِّعٌ PASSIVE PARTICIPLE: مُتَطَوَّعٌ MAṢDAR: تَطَوُّعٌ ROOT: طوع FORM V TO VOLUNTEER تَطَوَّعَ

		3 f pl	*3 m pl*	*2 f pl*	*2 m pl*	*1 pl*	*3 f dual*	*3 m dual*	*2 dual*	*3 f sgl*	*3 m sgl*	*2 f sgl*	*2 m sgl*	*1 sgl*
ACTIVE	PERFECT	تَطَوَّعْنَ	تَطَوَّعُوا	تَطَوَّعْتُنَّ	تَطَوَّعْتُمْ	تَطَوَّعْنَا	تَطَوَّعَتَا	تَطَوَّعَا	تَطَوَّعْتُمَا	تَطَوَّعَتْ	تَطَوَّعَ	تَطَوَّعْتِ	تَطَوَّعْتَ	تَطَوَّعْتُ
	IMPERFECT INDICATIVE	يَتَطَوَّعْنَ	يَتَطَوَّعُونَ	تَتَطَوَّعْنَ	تَتَطَوَّعُونَ	نَتَطَوَّعُ	تَتَطَوَّعَانِ	يَتَطَوَّعَانِ	تَتَطَوَّعَانِ	تَتَطَوَّعُ	يَتَطَوَّعُ	تَتَطَوَّعِينَ	تَتَطَوَّعُ	أَتَطَوَّعُ
	IMPERFECT SUBJUNCTIVE	يَتَطَوَّعْنَ	يَتَطَوَّعُوا	تَتَطَوَّعْنَ	تَتَطَوَّعُوا	نَتَطَوَّعَ	تَتَطَوَّعَا	يَتَطَوَّعَا	تَتَطَوَّعَا	تَتَطَوَّعَ	يَتَطَوَّعَ	تَتَطَوَّعِي	تَتَطَوَّعَ	أَتَطَوَّعَ
	IMPERFECT JUSSIVE	يَتَطَوَّعْنَ	يَتَطَوَّعُوا	تَتَطَوَّعْنَ	تَتَطَوَّعُوا	نَتَطَوَّعْ	تَتَطَوَّعَا	يَتَطَوَّعَا	تَتَطَوَّعَا	تَتَطَوَّعْ	يَتَطَوَّعْ	تَتَطَوَّعِي	تَتَطَوَّعْ	أَتَطَوَّعْ
	IMPERATIVE			تَطَوَّعْنَ	تَطَوَّعُوا				تَطَوَّعَا			تَطَوَّعِي	تَطَوَّعْ	
PASSIVE	PERFECT													
	IMPERFECT INDICATIVE													
	IMPERFECT SUBJUNCTIVE													
	IMPERFECT JUSSIVE													

ACTIVE PARTICIPLE: مُسْتَطِيعٌ PASSIVE PARTICIPLE: مُسْتَطَاعٌ MAṢDAR: إِسْتِطَاعَةٌ ROOT: طوع FORM X TO BE ABLE إِسْتَطَاعَ

		3 f pl	*3 m pl*	*2 f pl*	*2 m pl*	*1 pl*	*3 f dual*	*3 m dual*	*2 dual*	*3 f sgl*	*3 m sgl*	*2 f sgl*	*2 m sgl*	*1 sgl*
ACTIVE	PERFECT	إِسْتَطَعْنَ	إِسْتَطَاعُوا	إِسْتَطَعْتُنَّ	إِسْتَطَعْتُمْ	إِسْتَطَعْنَا	إِسْتَطَاعَتَا	إِسْتَطَاعَا	إِسْتَطَعْتُمَا	إِسْتَطَاعَتْ	إِسْتَطَاعَ	إِسْتَطَعْتِ	إِسْتَطَعْتَ	إِسْتَطَعْتُ
	IMPERFECT INDICATIVE	يَسْتَطِعْنَ	يَسْتَطِيعُونَ	تَسْتَطِعْنَ	تَسْتَطِيعُونَ	نَسْتَطِيعُ	تَسْتَطِيعَانِ	يَسْتَطِيعَانِ	تَسْتَطِيعَانِ	تَسْتَطِيعُ	يَسْتَطِيعُ	تَسْتَطِيعِينَ	تَسْتَطِيعُ	أَسْتَطِيعُ
	IMPERFECT SUBJUNCTIVE	يَسْتَطِعْنَ	يَسْتَطِيعُوا	تَسْتَطِعْنَ	تَسْتَطِيعُوا	نَسْتَطِيعَ	تَسْتَطِيعَا	يَسْتَطِيعَا	تَسْتَطِيعَا	تَسْتَطِيعَ	يَسْتَطِيعَ	تَسْتَطِيعِي	تَسْتَطِيعَ	أَسْتَطِيعَ
	IMPERFECT JUSSIVE	يَسْتَطِعْنَ	يَسْتَطِيعُوا	تَسْتَطِعْنَ	تَسْتَطِيعُوا	نَسْتَطِعْ	تَسْتَطِيعَا	يَسْتَطِيعَا	تَسْتَطِيعَا	تَسْتَطِعْ	يَسْتَطِعْ	تَسْتَطِيعِي	تَسْتَطِعْ	أَسْتَطِعْ
	IMPERATIVE			إِسْتَطِعْنَ	إِسْتَطِيعُوا				إِسْتَطِيعَا			إِسْتَطِيعِي	إِسْتَطِعْ	
PASSIVE	PERFECT	أُسْتُطِعْنَ	أُسْتُطِيعُوا	أُسْتُطِعْتُنَّ	أُسْتُطِعْتُمْ	أُسْتُطِعْنَا	أُسْتُطِيعَتَا	أُسْتُطِيعَا	أُسْتُطِعْتُمَا	أُسْتُطِيعَتْ	أُسْتُطِيعَ	أُسْتُطِعْتِ	أُسْتُطِعْتَ	أُسْتُطِعْتُ
	IMPERFECT INDICATIVE	يُسْتَطَعْنَ	يُسْتَطَاعُونَ	تُسْتَطَعْنَ	تُسْتَطَاعُونَ	نُسْتَطَاعُ	تُسْتَطَاعَانِ	يُسْتَطَاعَانِ	تُسْتَطَاعَانِ	تُسْتَطَاعُ	يُسْتَطَاعُ	تُسْتَطَاعِينَ	تُسْتَطَاعُ	أُسْتَطَاعُ
	IMPERFECT SUBJUNCTIVE	يُسْتَطَعْنَ	يُسْتَطَاعُوا	تُسْتَطَعْنَ	تُسْتَطَاعُوا	نُسْتَطَاعَ	تُسْتَطَاعَا	يُسْتَطَاعَا	تُسْتَطَاعَا	تُسْتَطَاعَ	يُسْتَطَاعَ	تُسْتَطَاعِي	تُسْتَطَاعَ	أُسْتَطَاعَ
	IMPERFECT JUSSIVE	يُسْتَطَعْنَ	يُسْتَطَاعُوا	تُسْتَطَعْنَ	تُسْتَطَاعُوا	نُسْتَطَعْ	تُسْتَطَاعَا	يُسْتَطَاعَا	تُسْتَطَاعَا	تُسْتَطَعْ	يُسْتَطَعْ	تُسْتَطَاعِي	تُسْتَطَعْ	أُسْتَطَعْ

ACTIVE PARTICIPLE:* مُنْطَوٍ PASSIVE PARTICIPLE: MAṢDAR: إِنْطِوَاءٌ ROOT: طوي FORM VII TO BE FOLDED إِنْطَوَى

		3 f pl	3 m pl	2 f pl	2 m pl	1 pl	3 f dual	3 m dual	2 dual	3 f sgl	3 m sgl	2 f sgl	2 m sgl	1 sgl
ACTIVE	PERFECT	إِنْطَوَيْنَ	إِنْطَوَوْا	إِنْطَوَيْتُنَّ	إِنْطَوَيْتُمْ	إِنْطَوَيْنَا	إِنْطَوَتَا	إِنْطَوَيَا	إِنْطَوَيْتُمَا	إِنْطَوَتْ	إِنْطَوَى	إِنْطَوَيْتِ	إِنْطَوَيْتَ	إِنْطَوَيْتُ
	IMPERFECT INDICATIVE	يَنْطَوِينَ	يَنْطَوُونَ	تَنْطَوِينَ	تَنْطَوُونَ	نَنْطَوِي	تَنْطَوِيَانِ	يَنْطَوِيَانِ	تَنْطَوِيَانِ	تَنْطَوِي	يَنْطَوِي	تَنْطَوِينَ	تَنْطَوِي	أَنْطَوِي
	IMPERFECT SUBJUNCTIVE	يَنْطَوِينَ	يَنْطَوُوا	تَنْطَوِينَ	تَنْطَوُوا	نَنْطَوِيَ	تَنْطَوِيَا	يَنْطَوِيَا	تَنْطَوِيَا	تَنْطَوِيَ	يَنْطَوِيَ	تَنْطَوِي	تَنْطَوِيَ	أَنْطَوِيَ
	IMPERFECT JUSSIVE	يَنْطَوِينَ	يَنْطَوُوا	تَنْطَوِينَ	تَنْطَوُوا	نَنْطَوِ	تَنْطَوِيَا	يَنْطَوِيَا	تَنْطَوِيَا	تَنْطَوِ	يَنْطَوِ	تَنْطَوِي	تَنْطَوِ	أَنْطَوِ
	IMPERATIVE			إِنْطَوِينَ	إِنْطَوُوا				إِنْطَوِيَا			إِنْطَوِي	إِنْطَوِ	
PASSIVE	PERFECT													
	IMPERFECT INDICATIVE													
	IMPERFECT SUBJUNCTIVE													
	IMPERFECT JUSSIVE													

*Genitive مُنْطَوٍ ; accusative مُنْطَوِيًا. With article: nominative أَلْمُنْطَوِي ; genitive أَلْمُنْطَوِي ; accusative أَلْمُنْطَوِيَ.

ACTIVE PARTICIPLE: ظَالٌّ PASSIVE PARTICIPLE: MAṢDAR: ظَلٌّ ROOT: ظلل FORM I TO BECOME ظَلَّ

		3 f pl	*3 m pl*	*2 f pl*	*2 m pl*	*1 pl*	*3 f dual*	*3 m dual*	*2 dual*	*3 f sgl*	*3 m sgl*	*2 f sgl*	*2 m sgl*	*1 sgl*
ACTIVE	PERFECT	ظَلِلْنَ	ظَلُّوا	ظَلِلْتُنَّ	ظَلِلْتُمْ	ظَلِلْنَا	ظَلَّتَا	ظَلاَّ	ظَلِلْتُمَا	ظَلَّتْ	ظَلَّ	ظَلِلْتِ	ظَلِلْتَ	ظَلِلْتُ
ACTIVE	IMPERFECT INDICATIVE	يَظْلَلْنَ	يَظَلُّونَ	تَظْلَلْنَ	تَظَلُّونَ	نَظَلُّ	تَظَلاَّنِ	يَظَلاَّنِ	تَظَلاَّنِ	تَظَلُّ	يَظَلُّ	تَظَلِّينَ	تَظَلُّ	أَظَلُّ
ACTIVE	IMPERFECT SUBJUNCTIVE	يَظْلَلْنَ	يَظَلُّوا	تَظْلَلْنَ	تَظَلُّوا	نَظَلَّ	تَظَلاَّ	يَظَلاَّ	تَظَلاَّ	تَظَلَّ	يَظَلَّ	تَظَلِّي	تَظَلَّ	أَظَلَّ
ACTIVE	IMPERFECT JUSSIVE *	يَظْلَلْنَ	يَظَلُّوا	تَظْلَلْنَ	تَظَلُّوا	نَظْلَلْ	تَظَلاَّ	يَظَلاَّ	تَظَلاَّ	تَظْلَلْ	يَظْلَلْ	تَظَلِّي	تَظْلَلْ	أَظْلَلْ
ACTIVE	IMPERATIVE **			إِظْلَلْنَ	ظَلُّوا				ظَلاَّ			ظَلِّي	ظَلَّ	
PASSIVE	PERFECT													
PASSIVE	IMPERFECT INDICATIVE													
PASSIVE	IMPERFECT SUBJUNCTIVE													
PASSIVE	IMPERFECT JUSSIVE													

*Also : أَظَلَّ ; تَظَلَّ ; تَظَلِّي ; يَظَلَّ ; تَظَلَّ . . . نَظَلَّ .

**Also إِظْلَلْ ; إِظْلَلِي ; إِظْلَلاَ ; إِظْلَلُوا ; إِظْلَلْنَ .

TO THINK ظَنَّ

FORM I — ROOT: ظنن — MAṢDAR: ظَنٌّ — ACTIVE PARTICIPLE: ظَانٌّ — PASSIVE PARTICIPLE: مَظْنُونٌ

ACTIVE

	1 sgl	2 m sgl	2 f sgl	3 m sgl	3 f sgl	2 dual	3 m dual	3 f dual	1 pl	2 m pl	2 f pl	3 m pl	3 f pl
PERFECT	ظَنَنْتُ	ظَنَنْتَ	ظَنَنْتِ	ظَنَّ	ظَنَّتْ	ظَنَنْتُمَا	ظَنَّا	ظَنَّتَا	ظَنَنَّا	ظَنَنْتُمْ	ظَنَنْتُنَّ	ظَنُّوا	ظَنَنَّ
IMPERFECT INDICATIVE	أَظُنُّ	تَظُنُّ	تَظُنِّينَ	يَظُنُّ	تَظُنُّ	تَظُنَّانِ	يَظُنَّانِ	تَظُنَّانِ	نَظُنُّ	تَظُنُّونَ	تَظْنُنَّ	يَظُنُّونَ	يَظْنُنَّ
IMPERFECT SUBJUNCTIVE	أَظُنَّ	تَظُنَّ	تَظُنِّي	يَظُنَّ	تَظُنَّ	تَظُنَّا	يَظُنَّا	تَظُنَّا	نَظُنَّ	تَظُنُّوا	تَظْنُنَّ	يَظُنُّوا	يَظْنُنَّ
IMPERFECT JUSSIVE *	أَظْنُنْ	تَظْنُنْ	تَظُنِّي	يَظْنُنْ	تَظْنُنْ	تَظُنَّا	يَظُنَّا	تَظُنَّا	نَظْنُنْ	تَظُنُّوا	تَظْنُنَّ	يَظُنُّوا	يَظْنُنَّ
IMPERATIVE **		ظُنَّ	ظُنِّي			ظُنَّا				ظُنُّوا	أُظْنُنَّ		

PASSIVE

	1 sgl	2 m sgl	2 f sgl	3 m sgl	3 f sgl	2 dual	3 m dual	3 f dual	1 pl	2 m pl	2 f pl	3 m pl	3 f pl
PERFECT	ظُنِنْتُ	ظُنِنْتَ	ظُنِنْتِ	ظُنَّ	ظُنَّتْ	ظُنِنْتُمَا	ظُنَّا	ظُنَّتَا	ظُنِنَّا	ظُنِنْتُمْ	ظُنِنْتُنَّ	ظُنُّوا	ظُنِنَّ
IMPERFECT INDICATIVE	أُظَنُّ	تُظَنُّ	تُظَنِّينَ	يُظَنُّ	تُظَنُّ	تُظَنَّانِ	يُظَنَّانِ	تُظَنَّانِ	نُظَنُّ	تُظَنُّونَ	تُظْنَنَّ	يُظَنُّونَ	يُظْنَنَّ
IMPERFECT SUBJUNCTIVE	أُظَنَّ	تُظَنَّ	تُظَنِّي	يُظَنَّ	تُظَنَّ	تُظَنَّا	يُظَنَّا	تُظَنَّا	نُظَنَّ	تُظَنُّوا	تُظْنَنَّ	يُظَنُّوا	يُظْنَنَّ
IMPERFECT JUSSIVE	أُظْنَنْ	تُظْنَنْ	تُظَنِّي	يُظْنَنْ	تُظْنَنْ	تُظَنَّا	يُظَنَّا	تُظَنَّا	نُظْنَنْ	تُظَنُّوا	تُظْنَنَّ	يُظَنُّوا	يُظْنَنَّ

* Also أَظُنَّ ; تَظُنَّ ; تَظُنِّي : نَظُنَّ ; تَظُنَّ ... نَظُنَّ .

ACTIVE PARTICIPLE: مُعِدٌّ PASSIVE PARTICIPLE: مُعَدٌّ MAṢDAR: إِعْدَادٌ ROOT: عدد FORM IV TO PREPARE أَعَدَّ

ACTIVE

3 f pl	3 m pl	2 f pl	2 m pl	1 pl	3 f dual	3 m dual	2 dual	3 f sgl	3 m sgl	2 f sgl	2 m sgl	1 sgl	
أَعْدَدْنَ	أَعَدُّوا	أَعْدَدْتُنَّ	أَعْدَدْتُم	أَعْدَدْنَا	أَعَدَّتَا	أَعَدَّا	أَعْدَدْتُمَا	أَعَدَّتْ	أَعَدَّ	أَعْدَدْتِ	أَعْدَدْتَ	أَعْدَدْتُ	PERFECT
يُعْدِدْنَ	يُعِدُّونَ	تُعْدِدْنَ	تُعِدُّونَ	نُعِدُّ	تُعِدَّانِ	يُعِدَّانِ	تُعِدَّانِ	تُعِدُّ	يُعِدُّ	تُعِدِّينَ	تُعِدُّ	أُعِدُّ	IMPERFECT INDICATIVE
يُعْدِدْنَ	يُعِدُّوا	تُعْدِدْنَ	تُعِدُّوا	نُعِدَّ	تُعِدَّا	يُعِدَّا	تُعِدَّا	تُعِدَّ	يُعِدَّ	تُعِدِّي	تُعِدَّ	أُعِدَّ	IMPERFECT SUBJUNCTIVE
يُعْدِدْنَ	يُعِدُّوا	تُعْدِدْنَ	تُعِدُّوا	نُعْدِدْ	تُعِدَّا	يُعِدَّا	تُعِدَّا	تُعْدِدْ	يُعْدِدْ	تُعِدِّي	تُعْدِدْ	أُعْدِدْ	IMPERFECT JUSSIVE *
		أَعْدِدْنَ	أَعِدُّوا				أَعِدَّا			أَعِدِّي	أَعِدَّ		IMPERATIVE **

PASSIVE

3 f pl	3 m pl	2 f pl	2 m pl	1 pl	3 f dual	3 m dual	2 dual	3 f sgl	3 m sgl	2 f sgl	2 m sgl	1 sgl	
أُعْدِدْنَ	أُعِدُّوا	أُعْدِدْتُنَّ	أُعْدِدْتُم	أُعْدِدْنَا	أُعِدَّتَا	أُعِدَّا	أُعْدِدْتُمَا	أُعِدَّتْ	أُعِدَّ	أُعْدِدْتِ	أُعْدِدْتَ	أُعْدِدْتُ	PERFECT
يُعْدَدْنَ	يُعَدُّونَ	تُعْدَدْنَ	تُعَدُّونَ	نُعَدُّ	تُعَدَّانِ	يُعَدَّانِ	تُعَدَّانِ	تُعَدُّ	يُعَدُّ	تُعَدِّينَ	تُعَدُّ	أُعَدُّ	IMPERFECT INDICATIVE
يُعْدَدْنَ	يُعَدُّوا	تُعْدَدْنَ	تُعَدُّوا	نُعَدَّ	تُعَدَّا	يُعَدَّا	تُعَدَّا	تُعَدَّ	يُعَدَّ	تُعَدِّي	تُعَدَّ	أُعَدَّ	IMPERFECT SUBJUNCTIVE
يُعْدَدْنَ	يُعَدُّوا	تُعْدَدْنَ	تُعَدُّوا	نُعْدَدْ	تُعَدَّا	يُعَدَّا	تُعَدَّا	تُعْدَدْ	يُعْدَدْ	تُعَدِّي	تُعْدَدْ	أُعْدَدْ	IMPERFECT JUSSIVE

* Also أُعِدَّ ; تُعِدَّ ; تُعِدِّي ; يُعِدَّ ; تُعِدَّ ... نُعِدَّ .

** Also أَعْدِدْ ; أَعْدِدِي ; أَعْدِدَا ; أَعْدِدُوا ; أَعْدِدْنَ .

TO OCCUR عَرَضَ — FORM I — ROOT: عرض — MAṢDAR: عَرْضٌ

ACTIVE PARTICIPLE: عَارِضٌ PASSIVE PARTICIPLE:

		3 f pl	*3 m pl*	*2 f pl*	*2 m pl*	*1 pl*	*3 f dual*	*3 m dual*	*2 dual*	*3 f sgl*	*3 m sgl*	*2 f sgl*	*2 m sgl*	*1 sgl*
ACTIVE	PERFECT	عَرَضْنَ	عَرَضُوا	عَرَضْتُنَّ	عَرَضْتُمْ	عَرَضْنَا	عَرَضَتَا	عَرَضَا	عَرَضْتُمَا	عَرَضَتْ	عَرَضَ	عَرَضْتِ	عَرَضْتَ	عَرَضْتُ
	IMPERFECT INDICATIVE	يَعْرِضْنَ	يَعْرِضُونَ	تَعْرِضْنَ	تَعْرِضُونَ	نَعْرِضُ	تَعْرِضَانِ	يَعْرِضَانِ	تَعْرِضَانِ	تَعْرِضُ	يَعْرِضُ	تَعْرِضِينَ	تَعْرِضُ	أَعْرِضُ
	IMPERFECT SUBJUNCTIVE	يَعْرِضْنَ	يَعْرِضُوا	تَعْرِضْنَ	تَعْرِضُوا	نَعْرِضَ	تَعْرِضَا	يَعْرِضَا	تَعْرِضَا	تَعْرِضَ	يَعْرِضَ	تَعْرِضِي	تَعْرِضَ	أَعْرِضَ
	IMPERFECT JUSSIVE	يَعْرِضْنَ	يَعْرِضُوا	تَعْرِضْنَ	تَعْرِضُوا	نَعْرِضْ	تَعْرِضَا	يَعْرِضَا	تَعْرِضَا	تَعْرِضْ	يَعْرِضْ	تَعْرِضِي	تَعْرِضْ	أَعْرِضْ
	IMPERATIVE			إِعْرِضْنَ	إِعْرِضُوا				إِعْرِضَا			إِعْرِضِي	إِعْرِضْ	
PASSIVE	PERFECT	عُرِضْنَ	عُرِضُوا	عُرِضْتُنَّ	عُرِضْتُمْ	عُرِضْنَا	عُرِضَتَا	عُرِضَا	عُرِضْتُمَا	عُرِضَتْ	عُرِضَ	عُرِضْتِ	عُرِضْتَ	عُرِضْتُ
	IMPERFECT INDICATIVE	يُعْرَضْنَ	يُعْرَضُونَ	تُعْرَضْنَ	تُعْرَضُونَ	نُعْرَضُ	تُعْرَضَانِ	يُعْرَضَانِ	تُعْرَضَانِ	تُعْرَضُ	يُعْرَضُ	تُعْرَضِينَ	تُعْرَضُ	أُعْرَضُ
	IMPERFECT SUBJUNCTIVE	يُعْرَضْنَ	يُعْرَضُوا	تُعْرَضْنَ	تُعْرَضُوا	نُعْرَضَ	تُعْرَضَا	يُعْرَضَا	تُعْرَضَا	تُعْرَضَ	يُعْرَضَ	تُعْرَضِي	تُعْرَضَ	أُعْرَضَ
	IMPERFECT JUSSIVE	يُعْرَضْنَ	يُعْرَضُوا	تُعْرَضْنَ	تُعْرَضُوا	نُعْرَضْ	تُعْرَضَا	يُعْرَضَا	تُعْرَضَا	تُعْرَضْ	يُعْرَضْ	تُعْرَضِي	تُعْرَضْ	أُعْرَضْ

ACTIVE PARTICIPLE: عَارِفٌ PASSIVE PARTICIPLE: مَعْرُوفٌ MAṢDAR: مَعْرِفَةٌ ROOT: عرف FORM I TO KNOW عَرَفَ

3 f pl	3 m pl	2 f pl	2 m pl	1 pl	3 f dual	3 m dual	2 dual	3 f sgl	3 m sgl	2 f sgl	2 m sgl	1 sgl		
عَرَفْنَ	عَرَفُوا	عَرَفْتُنَّ	عَرَفْتُمْ	عَرَفْنَا	عَرَفَتَا	عَرَفَا	عَرَفْتُمَا	عَرَفَتْ	عَرَفَ	عَرَفْتِ	عَرَفْتَ	عَرَفْتُ	PERFECT	ACTIVE
يَعْرِفْنَ	يَعْرِفُونَ	تَعْرِفْنَ	تَعْرِفُونَ	نَعْرِفُ	تَعْرِفَانِ	يَعْرِفَانِ	تَعْرِفَانِ	تَعْرِفُ	يَعْرِفُ	تَعْرِفِينَ	تَعْرِفُ	أَعْرِفُ	IMPERFECT INDICATIVE	
يَعْرِفْنَ	يَعْرِفُوا	تَعْرِفْنَ	تَعْرِفُوا	نَعْرِفَ	تَعْرِفَا	يَعْرِفَا	تَعْرِفَا	تَعْرِفَ	يَعْرِفَ	تَعْرِفِي	تَعْرِفَ	أَعْرِفَ	IMPERFECT SUBJUNCTIVE	
يَعْرِفْنَ	يَعْرِفُوا	تَعْرِفْنَ	تَعْرِفُوا	نَعْرِفْ	تَعْرِفَا	يَعْرِفَا	تَعْرِفَا	تَعْرِفْ	يَعْرِفْ	تَعْرِفِي	تَعْرِفْ	أَعْرِفْ	IMPERFECT JUSSIVE	
		إِعْرِفْنَ	إِعْرِفُوا				إِعْرِفَا			إِعْرِفِي	إِعْرِفْ		IMPERATIVE	
عُرِفْنَ	عُرِفُوا	عُرِفْتُنَّ	عُرِفْتُمْ	عُرِفْنَا	عُرِفَتَا	عُرِفَا	عُرِفْتُمَا	عُرِفَتْ	عُرِفَ	عُرِفْتِ	عُرِفْتَ	عُرِفْتُ	PERFECT	PASSIVE
يُعْرَفْنَ	يُعْرَفُونَ	تُعْرَفْنَ	تُعْرَفُونَ	نُعْرَفُ	تُعْرَفَانِ	يُعْرَفَانِ	تُعْرَفَانِ	تُعْرَفُ	يُعْرَفُ	تُعْرَفِينَ	تُعْرَفُ	أُعْرَفُ	IMPERFECT INDICATIVE	
يُعْرَفْنَ	يُعْرَفُوا	تُعْرَفْنَ	تُعْرَفُوا	نُعْرَفَ	تُعْرَفَا	يُعْرَفَا	تُعْرَفَا	تُعْرَفَ	يُعْرَفَ	تُعْرَفِي	تُعْرَفَ	أُعْرَفَ	IMPERFECT SUBJUNCTIVE	
يُعْرَفْنَ	يُعْرَفُوا	تُعْرَفْنَ	تُعْرَفُوا	نُعْرَفْ	تُعْرَفَا	يُعْرَفَا	تُعْرَفَا	تُعْرَفْ	يُعْرَفْ	تُعْرَفِي	تُعْرَفْ	أُعْرَفْ	IMPERFECT JUSSIVE	

ACTIVE PARTICIPLE: عَاقِدٌ PASSIVE PARTICIPLE: مَعْقُودٌ MAṢDAR: عَقْدٌ ROOT: عقد FORM I TO TIE، عَقَدَ

		3 f pl	3 m pl	2 f pl	2 m pl	1 pl	3 f dual	3 m dual	2 dual	3 f sgl	3 m sgl	2 f sgl	2 m sgl	1 sgl
ACTIVE	PERFECT	عَقَدْنَ	عَقَدُوا	عَقَدْتُنَّ	عَقَدْتُمْ	عَقَدْنَا	عَقَدَتَا	عَقَدَا	عَقَدْتُمَا	عَقَدَتْ	عَقَدَ	عَقَدْتِ	عَقَدْتَ	عَقَدْتُ
	IMPERFECT INDICATIVE	يَعْقِدْنَ	يَعْقِدُونَ	تَعْقِدْنَ	تَعْقِدُونَ	نَعْقِدُ	تَعْقِدَانِ	يَعْقِدَانِ	تَعْقِدَانِ	تَعْقِدُ	يَعْقِدُ	تَعْقِدِينَ	تَعْقِدُ	أَعْقِدُ
	IMPERFECT SUBJUNCTIVE	يَعْقِدْنَ	يَعْقِدُوا	تَعْقِدْنَ	تَعْقِدُوا	نَعْقِدَ	تَعْقِدَا	يَعْقِدَا	تَعْقِدَا	تَعْقِدَ	يَعْقِدَ	تَعْقِدِي	تَعْقِدَ	أَعْقِدَ
	IMPERFECT JUSSIVE	يَعْقِدْنَ	يَعْقِدُوا	تَعْقِدْنَ	تَعْقِدُوا	نَعْقِدْ	تَعْقِدَا	يَعْقِدَا	تَعْقِدَا	تَعْقِدْ	يَعْقِدْ	تَعْقِدِي	تَعْقِدْ	أَعْقِدْ
	IMPERATIVE			إِعْقِدْنَ	إِعْقِدُوا				إِعْقِدَا			إِعْقِدِي	إِعْقِدْ	
PASSIVE	PERFECT	عُقِدْنَ	عُقِدُوا	عُقِدْتُنَّ	عُقِدْتُمْ	عُقِدْنَا	عُقِدَتَا	عُقِدَا	عُقِدْتُمَا	عُقِدَتْ	عُقِدَ	عُقِدْتِ	عُقِدْتَ	عُقِدْتُ
	IMPERFECT INDICATIVE	يُعْقَدْنَ	يُعْقَدُونَ	تُعْقَدْنَ	تُعْقَدُونَ	نُعْقَدُ	تُعْقَدَانِ	يُعْقَدَانِ	تُعْقَدَانِ	تُعْقَدُ	يُعْقَدُ	تُعْقَدِينَ	تُعْقَدُ	أُعْقَدُ
	IMPERFECT SUBJUNCTIVE	يُعْقَدْنَ	يُعْقَدُوا	تُعْقَدْنَ	تُعْقَدُوا	نُعْقَدَ	تُعْقَدَا	يُعْقَدَا	تُعْقَدَا	تُعْقَدَ	يُعْقَدَ	تُعْقَدِي	تُعْقَدَ	أُعْقَدَ
	IMPERFECT JUSSIVE	يُعْقَدْنَ	يُعْقَدُوا	تُعْقَدْنَ	تُعْقَدُوا	نُعْقَدْ	تُعْقَدَا	يُعْقَدَا	تُعْقَدَا	تُعْقَدْ	يُعْقَدْ	تُعْقَدِي	تُعْقَدْ	أُعْقَدْ

ACTIVE PARTICIPLE: مُعْتَقِدٌ PASSIVE PARTICIPLE: مُعْتَقَدٌ MAṢDAR: إِعْتِقَادٌ ROOT: عقد FORM VIII TO BELIEVE إِعْتَقَدَ

3 f pl	*3 m pl*	*2 f pl*	*2 m pl*	*1 pl*	*3 f dual*	*3 m dual*	*2 dual*	*3 f sgl*	*3 m sgl*	*2 f sgl*	*2 m sgl*	*1 sgl*		
إِعْتَقَدْنَ	إِعْتَقَدُوا	إِعْتَقَدْتُنَّ	إِعْتَقَدْتُمْ	إِعْتَقَدْنَا	إِعْتَقَدَتَا	إِعْتَقَدَا	إِعْتَقَدْتُمَا	إِعْتَقَدَتْ	إِعْتَقَدَ	إِعْتَقَدْتِ	إِعْتَقَدْتَ	إِعْتَقَدْتُ	PERFECT	ACTIVE
يَعْتَقِدْنَ	يَعْتَقِدُونَ	تَعْتَقِدْنَ	تَعْتَقِدُونَ	نَعْتَقِدُ	تَعْتَقِدَانِ	يَعْتَقِدَانِ	تَعْتَقِدَانِ	تَعْتَقِدُ	يَعْتَقِدُ	تَعْتَقِدِينَ	تَعْتَقِدُ	أَعْتَقِدُ	IMPERFECT INDICATIVE	
يَعْتَقِدْنَ	يَعْتَقِدُوا	تَعْتَقِدْنَ	تَعْتَقِدُوا	نَعْتَقِدَ	تَعْتَقِدَا	يَعْتَقِدَا	تَعْتَقِدَا	تَعْتَقِدَ	يَعْتَقِدَ	تَعْتَقِدِي	تَعْتَقِدَ	أَعْتَقِدَ	IMPERFECT SUBJUNCTIVE	
يَعْتَقِدْنَ	يَعْتَقِدُوا	تَعْتَقِدْنَ	تَعْتَقِدُوا	نَعْتَقِدْ	تَعْتَقِدَا	يَعْتَقِدَا	تَعْتَقِدَا	تَعْتَقِدْ	يَعْتَقِدْ	تَعْتَقِدِي	تَعْتَقِدْ	أَعْتَقِدْ	IMPERFECT JUSSIVE	
		إِعْتَقِدْنَ	إِعْتَقِدُوا				إِعْتَقِدَا			إِعْتَقِدِي	إِعْتَقِدْ		IMPERATIVE	
أُعْتُقِدْنَ	أُعْتُقِدُوا	أُعْتُقِدْتُنَّ	أُعْتُقِدْتُمْ	أُعْتُقِدْنَا	أُعْتُقِدَتَا	أُعْتُقِدَا	أُعْتُقِدْتُمَا	أُعْتُقِدَتْ	أُعْتُقِدَ	أُعْتُقِدْتِ	أُعْتُقِدْتَ	أُعْتُقِدْتُ	PERFECT	PASSIVE
يُعْتَقَدْنَ	يُعْتَقَدُونَ	تُعْتَقَدْنَ	تُعْتَقَدُونَ	نُعْتَقَدُ	تُعْتَقَدَانِ	يُعْتَقَدَانِ	تُعْتَقَدَانِ	تُعْتَقَدُ	يُعْتَقَدُ	تُعْتَقَدِينَ	تُعْتَقَدُ	أُعْتَقَدُ	IMPERFECT INDICATIVE	
يُعْتَقَدْنَ	يُعْتَقَدُوا	تُعْتَقَدْنَ	تُعْتَقَدُوا	نُعْتَقَدَ	تُعْتَقَدَا	يُعْتَقَدَا	تُعْتَقَدَا	تُعْتَقَدَ	يُعْتَقَدَ	تُعْتَقَدِي	تُعْتَقَدَ	أُعْتَقَدَ	IMPERFECT SUBJUNCTIVE	
يُعْتَقَدْنَ	يُعْتَقَدُوا	تُعْتَقَدْنَ	تُعْتَقَدُوا	نُعْتَقَدْ	تُعْتَقَدَا	يُعْتَقَدَا	تُعْتَقَدَا	تُعْتَقَدْ	يُعْتَقَدْ	تُعْتَقَدِي	تُعْتَقَدْ	أُعْتَقَدْ	IMPERFECT JUSSIVE	

ACTIVE PARTICIPLE: عَالِمٌ PASSIVE PARTICIPLE: مَعْلُومٌ MAṢDAR: عِلْمٌ ROOT: علم FORM I TO KNOW ' عَلِمَ

3 f pl	*3 m pl*	*2 f pl*	*2 m pl*	*1 pl*	*3 f dual*	*3 m dual*	*2 dual*	*3 f sgl*	*3 m sgl*	*2 f sgl*	*2 m sgl*	*1 sgl*		
عَلِمْنَ	عَلِمُوا	عَلِمْتُنَّ	عَلِمْتُمْ	عَلِمْنَا	عَلِمَتَا	عَلِمَا	عَلِمْتُمَا	عَلِمَتْ	عَلِمَ	عَلِمْتِ	عَلِمْتَ	عَلِمْتُ	PERFECT	ACTIVE
يَعْلَمْنَ	يَعْلَمُونَ	تَعْلَمْنَ	تَعْلَمُونَ	نَعْلَمُ	تَعْلَمَانِ	يَعْلَمَانِ	تَعْلَمَانِ	تَعْلَمُ	يَعْلَمُ	تَعْلَمِينَ	تَعْلَمُ	أَعْلَمُ	IMPERFECT INDICATIVE	
يَعْلَمْنَ	يَعْلَمُوا	تَعْلَمْنَ	تَعْلَمُوا	نَعْلَمَ	تَعْلَمَا	يَعْلَمَا	تَعْلَمَا	تَعْلَمَ	يَعْلَمَ	تَعْلَمِي	تَعْلَمَ	أَعْلَمَ	IMPERFECT SUBJUNCTIVE	
يَعْلَمْنَ	يَعْلَمُوا	تَعْلَمْنَ	تَعْلَمُوا	نَعْلَمْ	تَعْلَمَا	يَعْلَمَا	تَعْلَمَا	تَعْلَمْ	يَعْلَمْ	تَعْلَمِي	تَعْلَمْ	أَعْلَمْ	IMPERFECT JUSSIVE	
		إِعْلَمْنَ	إِعْلَمُوا				إِعْلَمَا			إِعْلَمِي	إِعْلَمْ		IMPERATIVE	
عُلِمْنَ	عُلِمُوا	عُلِمْتُنَّ	عُلِمْتُمْ	عُلِمْنَا	عُلِمَتَا	عُلِمَا	عُلِمْتُمَا	عُلِمَتْ	عُلِمَ	عُلِمْتِ	عُلِمْتَ	عُلِمْتُ	PERFECT	PASSIVE
يُعْلَمْنَ	يُعْلَمُونَ	تُعْلَمْنَ	تُعْلَمُونَ	نُعْلَمُ	تُعْلَمَانِ	يُعْلَمَانِ	تُعْلَمَانِ	تُعْلَمُ	يُعْلَمُ	تُعْلَمِينَ	تُعْلَمُ	أُعْلَمُ	IMPERFECT INDICATIVE	
يُعْلَمْنَ	يُعْلَمُوا	تُعْلَمْنَ	تُعْلَمُوا	نُعْلَمَ	تُعْلَمَا	يُعْلَمَا	تُعْلَمَا	تُعْلَمَ	يُعْلَمَ	تُعْلَمِي	تُعْلَمَ	أُعْلَمَ	IMPERFECT SUBJUNCTIVE	
يُعْلَمْنَ	يُعْلَمُوا	تُعْلَمْنَ	تُعْلَمُوا	نُعْلَمْ	تُعْلَمَا	يُعْلَمَا	تُعْلَمَا	تُعْلَمْ	يُعْلَمْ	تُعْلَمِي	تُعْلَمْ	أُعْلَمْ	IMPERFECT JUSSIVE	

ACTIVE PARTICIPLE: مُعَلِّمٌ PASSIVE PARTICIPLE: مُعَلَّمٌ MAṢDAR: تَعْلِيمٌ ROOT: علم FORM II TO TEACH عَلَّمَ

		3 f pl	*3 m pl*	*2 f pl*	*2 m pl*	*1 pl*	*3 f dual*	*3 m dual*	*2 dual*	*3 f sgl*	*3 m sgl*	*2 f sgl*	*2 m sgl*	*1 sgl*
ACTIVE	PERFECT	عَلَّمْنَ	عَلَّمُوا	عَلَّمْتُنَّ	عَلَّمْتُمْ	عَلَّمْنَا	عَلَّمَتَا	عَلَّمَا	عَلَّمْتُمَا	عَلَّمَتْ	عَلَّمَ	عَلَّمْتِ	عَلَّمْتَ	عَلَّمْتُ
	IMPERFECT INDICATIVE	يُعَلِّمْنَ	يُعَلِّمُونَ	تُعَلِّمْنَ	تُعَلِّمُونَ	نُعَلِّمُ	تُعَلِّمَانِ	يُعَلِّمَانِ	تُعَلِّمَانِ	تُعَلِّمُ	يُعَلِّمُ	تُعَلِّمِينَ	تُعَلِّمُ	أُعَلِّمُ
	IMPERFECT SUBJUNCTIVE	يُعَلِّمْنَ	يُعَلِّمُوا	تُعَلِّمْنَ	تُعَلِّمُوا	نُعَلِّمَ	تُعَلِّمَا	يُعَلِّمَا	تُعَلِّمَا	تُعَلِّمَ	يُعَلِّمَ	تُعَلِّمِي	تُعَلِّمَ	أُعَلِّمَ
	IMPERFECT JUSSIVE	يُعَلِّمْنَ	يُعَلِّمُوا	تُعَلِّمْنَ	تُعَلِّمُوا	نُعَلِّمْ	تُعَلِّمَا	يُعَلِّمَا	تُعَلِّمَا	تُعَلِّمْ	يُعَلِّمْ	تُعَلِّمِي	تُعَلِّمْ	أُعَلِّمْ
	IMPERATIVE			عَلِّمْنَ	عَلِّمُوا				عَلِّمَا			عَلِّمِي	عَلِّمْ	
PASSIVE	PERFECT	عُلِّمْنَ	عُلِّمُوا	عُلِّمْتُنَّ	عُلِّمْتُمْ	عُلِّمْنَا	عُلِّمَتَا	عُلِّمَا	عُلِّمْتُمَا	عُلِّمَتْ	عُلِّمَ	عُلِّمْتِ	عُلِّمْتَ	عُلِّمْتُ
	IMPERFECT INDICATIVE	يُعَلَّمْنَ	يُعَلَّمُونَ	تُعَلَّمْنَ	تُعَلَّمُونَ	نُعَلَّمُ	تُعَلَّمَانِ	يُعَلَّمَانِ	تُعَلَّمَانِ	تُعَلَّمُ	يُعَلَّمُ	تُعَلَّمِينَ	تُعَلَّمُ	أُعَلَّمُ
	IMPERFECT SUBJUNCTIVE	يُعَلَّمْنَ	يُعَلَّمُوا	تُعَلَّمْنَ	تُعَلَّمُوا	نُعَلَّمَ	تُعَلَّمَا	يُعَلَّمَا	تُعَلَّمَا	تُعَلَّمَ	يُعَلَّمَ	تُعَلَّمِي	تُعَلَّمَ	أُعَلَّمَ
	IMPERFECT JUSSIVE	يُعَلَّمْنَ	يُعَلَّمُوا	تُعَلَّمْنَ	تُعَلَّمُوا	نُعَلَّمْ	تُعَلَّمَا	يُعَلَّمَا	تُعَلَّمَا	تُعَلَّمْ	يُعَلَّمْ	تُعَلَّمِي	تُعَلَّمْ	أُعَلَّمْ

ACTIVE PARTICIPLE: مُتَعَلِّمٌ PASSIVE PARTICIPLE: مُتَعَلَّمٌ MAṢDAR: تَعَلُّمٌ ROOT: علم FORM V TO LEARN تَعَلَّمَ

3 f pl	*3 m pl*	*2 f pl*	*2 m pl*	*1 pl*	*3 f dual*	*3 m dual*	*2 dual*	*3 f sgl*	*3 m sgl*	*2 f sgl*	*2 m sgl*	*1 sgl*		
تَعَلَّمْنَ	تَعَلَّمُوا	تَعَلَّمْتُنَّ	تَعَلَّمْتُمْ	تَعَلَّمْنَا	تَعَلَّمَتَا	تَعَلَّمَا	تَعَلَّمْتُمَا	تَعَلَّمَتْ	تَعَلَّمَ	تَعَلَّمْتِ	تَعَلَّمْتَ	تَعَلَّمْتُ	PERFECT	ACTIVE
يَتَعَلَّمْنَ	يَتَعَلَّمُونَ	تَتَعَلَّمْنَ	تَتَعَلَّمُونَ	نَتَعَلَّمُ	تَتَعَلَّمَانِ	يَتَعَلَّمَانِ	تَتَعَلَّمَانِ	تَتَعَلَّمُ	يَتَعَلَّمُ	تَتَعَلَّمِينَ	تَتَعَلَّمُ	أَتَعَلَّمُ	IMPERFECT INDICATIVE	
يَتَعَلَّمْنَ	يَتَعَلَّمُوا	تَتَعَلَّمْنَ	تَتَعَلَّمُوا	نَتَعَلَّمَ	تَتَعَلَّمَا	يَتَعَلَّمَا	تَتَعَلَّمَا	تَتَعَلَّمَ	يَتَعَلَّمَ	تَتَعَلَّمِي	تَتَعَلَّمَ	أَتَعَلَّمَ	IMPERFECT SUBJUNCTIVE	
يَتَعَلَّمْنَ	يَتَعَلَّمُوا	تَتَعَلَّمْنَ	تَتَعَلَّمُوا	نَتَعَلَّمْ	تَتَعَلَّمَا	يَتَعَلَّمَا	تَتَعَلَّمَا	تَتَعَلَّمْ	يَتَعَلَّمْ	تَتَعَلَّمِي	تَتَعَلَّمْ	أَتَعَلَّمْ	IMPERFECT JUSSIVE	
		تَعَلَّمْنَ	تَعَلَّمُوا				تَعَلَّمَا			تَعَلَّمِي	تَعَلَّمْ		IMPERATIVE	
تُعُلِّمْنَ	تُعُلِّمُوا	تُعُلِّمْتُنَّ	تُعُلِّمْتُمْ	تُعُلِّمْنَا	تُعُلِّمَتَا	تُعُلِّمَا	تُعُلِّمْتُمَا	تُعُلِّمَتْ	تُعُلِّمَ	تُعُلِّمْتِ	تُعُلِّمْتَ	تُعُلِّمْتُ	PERFECT	PASSIVE
يُتَعَلَّمْنَ	يُتَعَلَّمُونَ	تُتَعَلَّمْنَ	تُتَعَلَّمُونَ	نُتَعَلَّمُ	تُتَعَلَّمَانِ	يُتَعَلَّمَانِ	تُتَعَلَّمَانِ	تُتَعَلَّمُ	يُتَعَلَّمُ	تُتَعَلَّمِينَ	تُتَعَلَّمُ	أُتَعَلَّمُ	IMPERFECT INDICATIVE	
يُتَعَلَّمْنَ	يُتَعَلَّمُوا	تُتَعَلَّمْنَ	تُتَعَلَّمُوا	نُتَعَلَّمَ	تُتَعَلَّمَا	يُتَعَلَّمَا	تُتَعَلَّمَا	تُتَعَلَّمَ	يُتَعَلَّمَ	تُتَعَلَّمِي	تُتَعَلَّمَ	أُتَعَلَّمَ	IMPERFECT SUBJUNCTIVE	
يُتَعَلَّمْنَ	يُتَعَلَّمُوا	تُتَعَلَّمْنَ	تُتَعَلَّمُوا	نُتَعَلَّمْ	تُتَعَلَّمَا	يُتَعَلَّمَا	تُتَعَلَّمَا	تُتَعَلَّمْ	يُتَعَلَّمْ	تُتَعَلَّمِي	تُتَعَلَّمْ	أُتَعَلَّمْ	IMPERFECT JUSSIVE	

ACTIVE PARTICIPLE: مُعْلِنٌ PASSIVE PARTICIPLE: مُعْلَنٌ MAṢDAR: إِعْلَانٌ ROOT: علن FORM IV TO PROCLAIM أَعْلَنَ

		3 f pl	3 m pl	2 f pl	2 m pl	1 pl	3 f dual	3 m dual	2 dual	3 f sgl	3 m sgl	2 f sgl	2 m sgl	1 sgl
ACTIVE	PERFECT	أَعْلَنَّ	أَعْلَنُوا	أَعْلَنْتُنَّ	أَعْلَنْتُمْ	أَعْلَنَّا	أَعْلَنَتَا	أَعْلَنَا	أَعْلَنْتُمَا	أَعْلَنَتْ	أَعْلَنَ	أَعْلَنْتِ	أَعْلَنْتَ	أَعْلَنْتُ
	IMPERFECT INDICATIVE	يُعْلِنَّ	يُعْلِنُونَ	تُعْلِنَّ	تُعْلِنُونَ	نُعْلِنُ	تُعْلِنَانِ	يُعْلِنَانِ	تُعْلِنَانِ	تُعْلِنُ	يُعْلِنُ	تُعْلِنِينَ	تُعْلِنُ	أُعْلِنُ
	IMPERFECT SUBJUNCTIVE	يُعْلِنَّ	يُعْلِنُوا	تُعْلِنَّ	تُعْلِنُوا	نُعْلِنَ	تُعْلِنَا	يُعْلِنَا	تُعْلِنَا	تُعْلِنَ	يُعْلِنَ	تُعْلِنِي	تُعْلِنَ	أُعْلِنَ
	IMPERFECT JUSSIVE	يُعْلِنَّ	يُعْلِنُوا	تُعْلِنَّ	تُعْلِنُوا	نُعْلِنْ	تُعْلِنَا	يُعْلِنَا	تُعْلِنَا	تُعْلِنْ	يُعْلِنْ	تُعْلِنِي	تُعْلِنْ	أُعْلِنْ
	IMPERATIVE			أَعْلِنَّ	أَعْلِنُوا				أَعْلِنَا			أَعْلِنِي	أَعْلِنْ	
PASSIVE	PERFECT	أُعْلِنَّ	أُعْلِنُوا	أُعْلِنْتُنَّ	أُعْلِنْتُمْ	أُعْلِنَّا	أُعْلِنَتَا	أُعْلِنَا	أُعْلِنْتُمَا	أُعْلِنَتْ	أُعْلِنَ	أُعْلِنْتِ	أُعْلِنْتَ	أُعْلِنْتُ
	IMPERFECT INDICATIVE	يُعْلَنَّ	يُعْلَنُونَ	تُعْلَنَّ	تُعْلَنُونَ	نُعْلَنُ	تُعْلَنَانِ	يُعْلَنَانِ	تُعْلَنَانِ	تُعْلَنُ	يُعْلَنُ	تُعْلَنِينَ	تُعْلَنُ	أُعْلَنُ
	IMPERFECT SUBJUNCTIVE	يُعْلَنَّ	يُعْلَنُوا	تُعْلَنَّ	تُعْلَنُوا	نُعْلَنَ	تُعْلَنَا	يُعْلَنَا	تُعْلَنَا	تُعْلَنُ	يُعْلَنُ	تُعْلَنِي	تُعْلَنَ	أُعْلَنَ
	IMPERFECT JUSSIVE	يُعْلَنَّ	يُعْلَنُوا	تُعْلَنَّ	تُعْلَنُوا	نُعْلَنْ	تُعْلَنَا	يُعْلَنَا	تُعْلَنَا	تُعْلَنْ	يُعْلَنْ	تُعْلَنِي	تُعْلَنْ	أُعْلَنْ

ACTIVE PARTICIPLE مُسْتَعْمِلٌ PASSIVE PARTICIPLE: مُسْتَعْمَلٌ MAṢDAR: إِسْتِعْمَالٌ ROOT: عمل FORM X TO USE إِسْتَعْمَلَ

3 f pl	3 m pl	2 f pl	2 m pl	1 pl	3 f dual	3 m dual	2 dual	3 f sgl	3 m sgl	2 f sgl	2 m sgl	1 sgl		
إِسْتَعْمَلْنَ	إِسْتَعْمَلُوا	إِسْتَعْمَلْتُنَّ	إِسْتَعْمَلْتُمْ	إِسْتَعْمَلْنَا	إِسْتَعْمَلَتَا	إِسْتَعْمَلَا	إِسْتَعْمَلْتُمَا	إِسْتَعْمَلَتْ	إِسْتَعْمَلَ	إِسْتَعْمَلْتِ	إِسْتَعْمَلْتَ	إِسْتَعْمَلْتُ	PERFECT	ACTIVE
يَسْتَعْمِلْنَ	يَسْتَعْمِلُونَ	تَسْتَعْمِلْنَ	تَسْتَعْمِلُونَ	نَسْتَعْمِلُ	تَسْتَعْمِلَانِ	يَسْتَعْمِلَانِ	تَسْتَعْمِلَانِ	تَسْتَعْمِلُ	يَسْتَعْمِلُ	تَسْتَعْمِلِينَ	تَسْتَعْمِلُ	أَسْتَعْمِلُ	IMPERFECT INDICATIVE	
يَسْتَعْمِلْنَ	يَسْتَعْمِلُوا	تَسْتَعْمِلْنَ	تَسْتَعْمِلُوا	نَسْتَعْمِلَ	تَسْتَعْمِلَا	يَسْتَعْمِلَا	تَسْتَعْمِلَا	تَسْتَعْمِلَ	يَسْتَعْمِلَ	تَسْتَعْمِلِي	تَسْتَعْمِلَ	أَسْتَعْمِلَ	IMPERFECT SUBJUNCTIVE	
يَسْتَعْمِلْنَ	يَسْتَعْمِلُوا	تَسْتَعْمِلْنَ	تَسْتَعْمِلُوا	نَسْتَعْمِلْ	تَسْتَعْمِلَا	يَسْتَعْمِلَا	تَسْتَعْمِلَا	تَسْتَعْمِلْ	يَسْتَعْمِلْ	تَسْتَعْمِلِي	تَسْتَعْمِلْ	أَسْتَعْمِلْ	IMPERFECT JUSSIVE	
		إِسْتَعْمِلْنَ	إِسْتَعْمِلُوا				إِسْتَعْمِلَا			إِسْتَعْمِلِي	إِسْتَعْمِلْ		IMPERATIVE	
أُسْتُعْمِلْنَ	أُسْتُعْمِلُوا	أُسْتُعْمِلْتُنَّ	أُسْتُعْمِلْتُمْ	أُسْتُعْمِلْنَا	أُسْتُعْمِلَتَا	أُسْتُعْمِلَا	أُسْتُعْمِلْتُمَا	أُسْتُعْمِلَتْ	أُسْتُعْمِلَ	أُسْتُعْمِلْتِ	أُسْتُعْمِلْتَ	أُسْتُعْمِلْتُ	PERFECT	PASSIVE
يُسْتَعْمَلْنَ	يُسْتَعْمَلُونَ	تُسْتَعْمَلْنَ	تُسْتَعْمَلُونَ	نُسْتَعْمَلُ	تُسْتَعْمَلَانِ	يُسْتَعْمَلَانِ	تُسْتَعْمَلَانِ	تُسْتَعْمَلُ	يُسْتَعْمَلُ	تُسْتَعْمَلِينَ	تُسْتَعْمَلُ	أُسْتَعْمَلُ	IMPERFECT INDICATIVE	
يُسْتَعْمَلْنَ	يُسْتَعْمَلُوا	تُسْتَعْمَلْنَ	تُسْتَعْمَلُوا	نُسْتَعْمَلَ	تُسْتَعْمَلَا	يُسْتَعْمَلَا	تُسْتَعْمَلَا	تُسْتَعْمَلَ	يُسْتَعْمَلَ	تُسْتَعْمَلِي	تُسْتَعْمَلَ	أُسْتَعْمَلَ	IMPERFECT SUBJUNCTIVE	
يُسْتَعْمَلْنَ	يُسْتَعْمَلُوا	تُسْتَعْمَلْنَ	تُسْتَعْمَلُوا	نُسْتَعْمَلْ	تُسْتَعْمَلَا	يُسْتَعْمَلَا	تُسْتَعْمَلَا	تُسْتَعْمَلْ	يُسْتَعْمَلْ	تُسْتَعْمَلِي	تُسْتَعْمَلْ	أُسْتَعْمَلْ	IMPERFECT JUSSIVE	

ACTIVE PARTICIPLE: مُعْوَجٌّ PASSIVE PARTICIPLE: MAṢDAR: إِعْوِجَاجٌ ROOT: عوج FORM IX TO BEND إِعْوَجَّ

		3 f pl	3 m pl	2 f pl	2 m pl	1 pl	3 f dual	3 m dual	2 dual	3 f sgl	3 m sgl	2 f sgl	2 m sgl	1 sgl
ACTIVE	PERFECT	إِعْوَجَجْنَ	إِعْوَجُّوا	إِعْوَجَجْتُنَّ	إِعْوَجَجْتُمْ	إِعْوَجَجْنَا	إِعْوَجَّتَا	إِعْوَجَّا	إِعْوَجَجْتُمَا	إِعْوَجَّتْ	إِعْوَجَّ	إِعْوَجَجْتِ	إِعْوَجَجْتَ	إِعْوَجَجْتُ
	IMPERFECT INDICATIVE	يَعْوَجِجْنَ	يَعْوَجُّونَ	تَعْوَجِجْنَ	تَعْوَجُّونَ	نَعْوَجُّ	تَعْوَجَّانِ	يَعْوَجَّانِ	تَعْوَجَّانِ	تَعْوَجُّ	يَعْوَجُّ	تَعْوَجِّينَ	تَعْوَجُّ	أَعْوَجُّ
	IMPERFECT SUBJUNCTIVE	يَعْوَجِجْنَ	يَعْوَجُّوا	تَعْوَجِجْنَ	تَعْوَجُّوا	نَعْوَجَّ	تَعْوَجَّا	يَعْوَجَّا	تَعْوَجَّا	تَعْوَجَّ	يَعْوَجَّ	تَعْوَجِّي	تَعْوَجَّ	أَعْوَجَّ
	IMPERFECT JUSSIVE *	يَعْوَجِجْنَ	يَعْوَجُّوا	تَعْوَجِجْنَ	تَعْوَجُّوا	نَعْوَجِجْ	تَعْوَجَّا	يَعْوَجَّا	تَعْوَجَّا	تَعْوَجِجْ	يَعْوَجِجْ	تَعْوَجِّي	تَعْوَجِجْ	أَعْوَجِجْ
	IMPERATIVE				إِعْوَجِجْنَ	إِعْوَجُّوا			إِعْوَجَّا			إِعْوَجِّي	إِعْوَجِجْ	
PASSIVE	PERFECT													
	IMPERFECT INDICATIVE													
	IMPERFECT SUBJUNCTIVE													
	IMPERFECT JUSSIVE													

*Also أَعْوَجَّ ; تَعْوَجَّ ; تَعْوَجِّي ; يَعْوَجَّ ; تَعْوَجَّ ... نَعْوَجَّ.

ACTIVE PARTICIPLE: مُعْتَادٌ PASSIVE PARTICIPLE: مُعْتَادٌ MAṢDAR: إِعْتِيَادٌ ROOT: عود FORM VIII TO BE USED TO إِعْتَادَ

3 f pl	*3 m pl*	*2 f pl*	*2 m pl*	*1 pl*	*3 f dual*	*3 m dual*	*2 dual*	*3 f sgl*	*3 m sgl*	*2 f sgl*	*2 m sgl*	*1 sgl*		
إِعْتَدْنَ	إِعْتَادُوا	إِعْتَدْتُنَّ	إِعْتَدْتُمْ	إِعْتَدْنَا	إِعْتَادَتَا	إِعْتَادَا	إِعْتَدْتُمَا	إِعْتَادَتْ	إِعْتَادَ	إِعْتَدْتِ	إِعْتَدْتَ	إِعْتَدْتُ	PERFECT	ACTIVE
يَعْتَدْنَ	يَعْتَادُونَ	تَعْتَدْنَ	تَعْتَادُونَ	نَعْتَادُ	تَعْتَادَانِ	يَعْتَادَانِ	تَعْتَادَانِ	تَعْتَادُ	يَعْتَادُ	تَعْتَادِينَ	تَعْتَادُ	أَعْتَادُ	IMPERFECT INDICATIVE	
يَعْتَدْنَ	يَعْتَادُوا	تَعْتَدْنَ	تَعْتَادُوا	نَعْتَادَ	تَعْتَادَا	يَعْتَادَا	تَعْتَادَا	تَعْتَادَ	يَعْتَادَ	تَعْتَادِي	تَعْتَادَ	أَعْتَادَ	IMPERFECT SUBJUNCTIVE	
يَعْتَدْنَ	يَعْتَادُوا	تَعْتَدْنَ	تَعْتَادُوا	نَعْتَدْ	تَعْتَادَا	يَعْتَادَا	تَعْتَادَا	تَعْتَدْ	يَعْتَدْ	تَعْتَادِي	تَعْتَدْ	أَعْتَدْ	IMPERFECT JUSSIVE	
		إِعْتَدْنَ	إِعْتَادُوا				إِعْتَادَا			إِعْتَادِي	إِعْتَدْ		IMPERATIVE	
أُعْتِدْنَ	أُعْتِيدُوا	أُعْتِدْتُنَّ	أُعْتِدْتُمْ	أُعْتِدْنَا	أُعْتِيدَتَا	أُعْتِيدَا	أُعْتِدْتُمَا	أُعْتِيدَتْ	أُعْتِيدَ	أُعْتِدْتِ	أُعْتِدْتَ	أُعْتِدْتُ	PERFECT	PASSIVE
يُعْتَدْنَ	يُعْتَادُونَ	تُعْتَدْنَ	تُعْتَادُونَ	نُعْتَادُ	تُعْتَادَانِ	يُعْتَادَانِ	تُعْتَادَانِ	تُعْتَادُ	يُعْتَادُ	تُعْتَادِينَ	تُعْتَادُ	أُعْتَادُ	IMPERFECT INDICATIVE	
يُعْتَدْنَ	يُعْتَادُوا	تُعْتَدْنَ	تُعْتَادُوا	نُعْتَادَ	تُعْتَادَا	يُعْتَادَا	تُعْتَادَا	تُعْتَادَ	يُعْتَادَ	تُعْتَادِي	تُعْتَادَ	أُعْتَادَ	IMPERFECT SUBJUNCTIVE	
يُعْتَدْنَ	يُعْتَادُوا	تُعْتَدْنَ	تُعْتَادُوا	نُعْتَدْ	تُعْتَادَا	يُعْتَادَا	تُعْتَادَا	تُعْتَدْ	يُعْتَدْ	تُعْتَادِي	تُعْتَدْ	أُعْتَدْ	IMPERFECT JUSSIVE	

ACTIVE PARTICIPLE: مُعَيِّنٌ PASSIVE PARTICIPLE: مُعَيَّنٌ MAṢDAR: تَعْيِينٌ ROOT: عين FORM II TO DESIGNATE عَيَّنَ

	3 f pl	3 m pl	2 f pl	2 m pl	1 pl	3 f dual	3 m dual	2 dual	3 f sgl	3 m sgl	2 f sgl	2 m sgl	1 sgl		
	عَيَّنَّ	عَيَّنُوا	عَيَّنْتُنَّ	عَيَّنْتُمْ	عَيَّنَّا	عَيَّنَتَا	عَيَّنَا	عَيَّنْتُمَا	عَيَّنَتْ	عَيَّنَ	عَيَّنْتِ	عَيَّنْتَ	عَيَّنْتُ	PERFECT	ACTIVE
	يُعَيِّنَّ	يُعَيِّنُونَ	تُعَيِّنَّ	تُعَيِّنُونَ	نُعَيِّنُ	تُعَيِّنَانِ	يُعَيِّنَانِ	تُعَيِّنَانِ	تُعَيِّنُ	يُعَيِّنُ	تُعَيِّنِينَ	تُعَيِّنُ	أُعَيِّنُ	IMPERFECT INDICATIVE	
	يُعَيِّنَّ	يُعَيِّنُوا	تُعَيِّنَّ	تُعَيِّنُوا	نُعَيِّنَ	تُعَيِّنَا	يُعَيِّنَا	تُعَيِّنَا	تُعَيِّنَ	يُعَيِّنَ	تُعَيِّنِي	تُعَيِّنَ	أُعَيِّنَ	IMPERFECT SUBJUNCTIVE	
	يُعَيِّنَّ	يُعَيِّنُوا	تُعَيِّنَّ	تُعَيِّنُوا	نُعَيِّنْ	تُعَيِّنَا	يُعَيِّنَا	تُعَيِّنَا	تُعَيِّنْ	يُعَيِّنْ	تُعَيِّنِي	تُعَيِّنْ	أُعَيِّنْ	IMPERFECT JUSSIVE	
			عَيِّنَّ	عَيِّنُوا				عَيِّنَا			عَيِّنِي			IMPERATIVE	
	عُيِّنَّ	عُيِّنُوا	عُيِّنْتُنَّ	عُيِّنْتُمْ	عُيِّنَّا	عُيِّنَتَا	عُيِّنَا	عُيِّنْتُمَا	عُيِّنَتْ	عُيِّنَ	عُيِّنْتِ	عُيِّنْتَ	عُيِّنْتُ	PERFECT	PASSIVE
	يُعَيَّنَّ	يُعَيَّنُونَ	تُعَيَّنَّ	تُعَيَّنُونَ	نُعَيَّنُ	تُعَيَّنَانِ	يُعَيَّنَانِ	تُعَيَّنَانِ	تُعَيَّنُ	يُعَيَّنُ	تُعَيَّنِينَ	تُعَيَّنُ	أُعَيَّنُ	IMPERFECT INDICATIVE	
	يُعَيَّنَّ	يُعَيَّنُوا	تُعَيَّنَّ	تُعَيَّنُوا	نُعَيَّنَ	تُعَيَّنَا	يُعَيَّنَا	تُعَيَّنَا	تُعَيَّنَ	يُعَيَّنَ	تُعَيَّنِي	تُعَيَّنَ	أُعَيَّنَ	IMPERFECT SUBJUNCTIVE	
	يُعَيَّنَّ	يُعَيَّنُوا	تُعَيَّنَّ	تُعَيَّنُوا	نُعَيَّنْ	تُعَيَّنَا	يُعَيَّنَا	تُعَيَّنَا	تُعَيَّنْ	يُعَيَّنْ	تُعَيَّنِي	تُعَيَّنْ	أُعَيَّنْ	IMPERFECT JUSSIVE	

ACTIVE PARTICIPLE: غَائِبٌ PASSIVE PARTICIPLE: MAṢDAR: غَيْبٌ ROOT: غيب FORM I TO VANISH غَابَ

	3 f pl	3 m pl	2 f pl	2 m pl	1 pl	3 f dual	3 m dual	2 dual	3 f sgl	3 m sgl	2 f sgl	2 m sgl	1 sgl	
ACTIVE	غِبْنَ	غَابُوا	غِبْتُنَّ	غِبْتُمْ	غِبْنَا	غَابَتَا	غَابَا	غِبْتُمَا	غَابَتْ	غَابَ	غِبْتِ	غِبْتَ	غِبْتُ	PERFECT
	يَغِبْنَ	يَغِيبُونَ	تَغِبْنَ	تَغِيبُونَ	نَغِيبُ	تَغِيبَانِ	يَغِيبَانِ	تَغِيبَانِ	تَغِيبُ	يَغِيبُ	تَغِيبِينَ	تَغِيبُ	أَغِيبُ	IMPERFECT INDICATIVE
	يَغِبْنَ	يَغِيبُوا	تَغِبْنَ	تَغِيبُوا	نَغِيبَ	تَغِيبَا	يَغِيبَا	تَغِيبَا	تَغِيبَ	يَغِيبَ	تَغِيبِي	تَغِيبَ	أَغِيبَ	IMPERFECT SUBJUNCTIVE
	يَغِبْنَ	يَغِيبُوا	تَغِبْنَ	تَغِيبُوا	نَغِبْ	تَغِيبَا	يَغِيبَا	تَغِيبَا	تَغِبْ	يَغِبْ	تَغِيبِي	تَغِبْ	أَغِبْ	IMPERFECT JUSSIVE
			غِبْنَ	غِيبُوا				غِيبَا			غِيبِي	غِبْ		IMPERATIVE
PASSIVE														PERFECT
														IMPERFECT INDICATIVE
														IMPERFECT SUBJUNCTIVE
														IMPERFECT JUSSIVE

ACTIVE PARTICIPLE: فَاتِحٌ PASSIVE PARTICIPLE: مَفْتُوحٌ MAṢDAR: فَتْحٌ ROOT: فتح FORM I TO OPEN فَتَحَ

3 f pl	*3 m pl*	*2 f pl*	*2 m pl*	*1 pl*	*3 f dual*	*3 m dual*	*2 dual*	*3 f sgl*	*3 m sgl*	*2 f sgl*	*2 m sgl*	*1 sgl*		
فَتَحْنَ	فَتَحُوا	فَتَحْتُنَّ	فَتَحْتُمْ	فَتَحْنَا	فَتَحَتَا	فَتَحَا	فَتَحْتُمَا	فَتَحَتْ	فَتَحَ	فَتَحْتِ	فَتَحْتَ	فَتَحْتُ	PERFECT	ACTIVE
يَفْتَحْنَ	يَفْتَحُونَ	تَفْتَحْنَ	تَفْتَحُونَ	نَفْتَحُ	تَفْتَحَانِ	يَفْتَحَانِ	تَفْتَحَانِ	تَفْتَحُ	يَفْتَحُ	تَفْتَحِينَ	تَفْتَحُ	أَفْتَحُ	IMPERFECT INDICATIVE	
يَفْتَحْنَ	يَفْتَحُوا	تَفْتَحْنَ	تَفْتَحُوا	نَفْتَحَ	تَفْتَحَا	يَفْتَحَا	تَفْتَحَا	تَفْتَحَ	يَفْتَحَ	تَفْتَحِي	تَفْتَحَ	أَفْتَحَ	IMPERFECT SUBJUNCTIVE	
يَفْتَحْنَ	يَفْتَحُوا	تَفْتَحْنَ	تَفْتَحُوا	نَفْتَحْ	تَفْتَحَا	يَفْتَحَا	تَفْتَحَا	تَفْتَحْ	يَفْتَحْ	تَفْتَحِي	تَفْتَحْ	أَفْتَحْ	IMPERFECT JUSSIVE	
			إِفْتَحْنَ	إِفْتَحُوا			إِفْتَحَا			إِفْتَحِي	إِفْتَحْ		IMPERATIVE	
فُتِحْنَ	فُتِحُوا	فُتِحْتُنَّ	فُتِحْتُمْ	فُتِحْنَا	فُتِحَتَا	فُتِحَا	فُتِحْتُمَا	فُتِحَتْ	فُتِحَ	فُتِحْتِ	فُتِحْتَ	فُتِحْتُ	PERFECT	PASSIVE
يُفْتَحْنَ	يُفْتَحُونَ	تُفْتَحْنَ	تُفْتَحُونَ	نُفْتَحُ	تُفْتَحَانِ	يُفْتَحَانِ	تُفْتَحَانِ	تُفْتَحُ	يُفْتَحُ	تُفْتَحِينَ	تُفْتَحُ	أُفْتَحُ	IMPERFECT INDICATIVE	
يُفْتَحْنَ	يُفْتَحُوا	تُفْتَحْنَ	تُفْتَحُوا	نُفْتَحَ	تُفْتَحَا	يُفْتَحَا	تُفْتَحَا	تُفْتَحَ	يُفْتَحَ	تُفْتَحِي	تُفْتَحَ	أُفْتَحَ	IMPERFECT SUBJUNCTIVE	
يُفْتَحْنَ	يُفْتَحُوا	تُفْتَحْنَ	تُفْتَحُوا	نُفْتَحْ	تُفْتَحَا	يُفْتَحَا	تُفْتَحَا	تُفْتَحْ	يُفْتَحْ	تُفْتَحِي	تُفْتَحْ	أُفْتَحْ	IMPERFECT JUSSIVE	

ACTIVE PARTICIPLE: مُفَاجِئٌ PASSIVE PARTICIPLE: مُفَاجَأٌ MAṢDAR: مُفَاجَأَةٌ ROOT: فجأ FORM III TO CONFRONT فَاجَأَ

		3 f pl	3 m pl	2 f pl	2 m pl	1 pl	3 f dual	3 m dual	2 dual	3 f sgl	3 m sgl	2 f sgl	2 m sgl	1 sgl
ACTIVE	PERFECT	فَاجَأْنَ	فَاجَؤُوا	فَاجَأْتُنَّ	فَاجَأْتُمْ	فَاجَأْنَا	فَاجَأَتَا	فَاجَآ	فَاجَأْتُمَا	فَاجَأَتْ	فَاجَأَ	فَاجَأْتِ	فَاجَأْتَ	فَاجَأْتُ
	IMPERFECT INDICATIVE	يُفَاجِئْنَ	يُفَاجِئُونَ	تُفَاجِئْنَ	تُفَاجِئُونَ	نُفَاجِئُ	تُفَاجِئَانِ	يُفَاجِئَانِ	تُفَاجِئَانِ	تُفَاجِئُ	يُفَاجِئُ	تُفَاجِئِينَ	تُفَاجِئُ	أُفَاجِئُ
	IMPERFECT SUBJUNCTIVE	يُفَاجِئْنَ	يُفَاجِئُوا	تُفَاجِئْنَ	تُفَاجِئُوا	نُفَاجِئَ	تُفَاجِئَا	يُفَاجِئَا	تُفَاجِئَا	تُفَاجِئَ	يُفَاجِئَ	تُفَاجِئِي	تُفَاجِئَ	أُفَاجِئَ
	IMPERFECT JUSSIVE	يُفَاجِئْنَ	يُفَاجِئُوا	تُفَاجِئْنَ	تُفَاجِئُوا	نُفَاجِئْ	تُفَاجِئَا	يُفَاجِئَا	تُفَاجِئَا	تُفَاجِئْ	يُفَاجِئْ	تُفَاجِئِي	تُفَاجِئْ	أُفَاجِئْ
	IMPERATIVE			فَاجِئْنَ	فَاجِئُوا				فَاجِئَا			فَاجِئِي	فَاجِئْ	
PASSIVE	PERFECT	فُوجِئْنَ	فُوجِئُوا	فُوجِئْتُنَّ	فُوجِئْتُمْ	فُوجِئْنَا	فُوجِئَتَا	فُوجِئَا	فُوجِئْتُمَا	فُوجِئَتْ	فُوجِئَ	فُوجِئْتِ	فُوجِئْتَ	فُوجِئْتُ
	IMPERFECT INDICATIVE	يُفَاجَأْنَ	يُفَاجَؤُونَ	تُفَاجَأْنَ	تُفَاجَؤُونَ	نُفَاجَأُ	تُفَاجَآنِ	يُفَاجَآنِ	تُفَاجَآنِ	تُفَاجَأُ	يُفَاجَأُ	تُفَاجَئِينَ	تُفَاجَأُ	أُفَاجَأُ
	IMPERFECT SUBJUNCTIVE	يُفَاجَأْنَ	يُفَاجَؤُوا	تُفَاجَأْنَ	تُفَاجَؤُوا	نُفَاجَأَ	تُفَاجَآ	يُفَاجَآ	تُفَاجَآ	يُفَاجَأَ	يُفَاجَأَ	تُفَاجَئِي	تُفَاجَأَ	أُفَاجَأَ
	IMPERFECT JUSSIVE	يُفَاجَأْنَ	يُفَاجَؤُوا	تُفَاجَأْنَ	تُفَاجَؤُوا	نُفَاجَأْ	تُفَاجَآ	يُفَاجَآ	تُفَاجَآ	تُفَاجَأْ	يُفَاجَأْ	تُفَاجَئِي	تُفَاجَأْ	أُفَاجَأْ

ACTIVE PARTICIPLE: مُسْتَفِيدٌ PASSIVE PARTICIPLE: مُسْتَفَادٌ MAṢDAR: إِسْتِفَادَةٌ ROOT: فيد FORM X TO ACQUIRE إِسْتَفَادَ

3 f pl	*3 m pl*	*2 f pl*	*2 m pl*	*1 pl*	*3 f dual*	*3 m dual*	*2 dual*	*3 f sgl*	*3 m sgl*	*2 f sgl*	*2 m sgl*	*1 sgl*		
إِسْتَفَدْنَ	إِسْتَفَادُوا	إِسْتَفَدْتُنَّ	إِسْتَفَدْتُمْ	إِسْتَفَدْنَا	إِسْتَفَادَتَا	إِسْتَفَادَا	إِسْتَفَدْتُمَا	إِسْتَفَادَتْ	إِسْتَفَادَ	إِسْتَفَدْتِ	إِسْتَفَدْتَ	إِسْتَفَدْتُ	PERFECT	ACTIVE
يَسْتَفِدْنَ	يَسْتَفِيدُونَ	تَسْتَفِدْنَ	تَسْتَفِيدُونَ	نَسْتَفِيدُ	تَسْتَفِيدَانِ	يَسْتَفِيدَانِ	تَسْتَفِيدَانِ	تَسْتَفِيدُ	يَسْتَفِيدُ	تَسْتَفِيدِينَ	تَسْتَفِيدُ	أَسْتَفِيدُ	IMPERFECT INDICATIVE	
يَسْتَفِدْنَ	يَسْتَفِيدُوا	تَسْتَفِدْنَ	تَسْتَفِيدُوا	نَسْتَفِيدَ	تَسْتَفِيدَا	يَسْتَفِيدَا	تَسْتَفِيدَا	تَسْتَفِيدَ	يَسْتَفِيدَ	تَسْتَفِيدِي	تَسْتَفِيدَ	أَسْتَفِيدَ	IMPERFECT SUBJUNCTIVE	
يَسْتَفِدْنَ	يَسْتَفِيدُوا	تَسْتَفِدْنَ	تَسْتَفِيدُوا	نَسْتَفِدْ	تَسْتَفِيدَا	يَسْتَفِيدَا	تَسْتَفِيدَا	تَسْتَفِدْ	يَسْتَفِدْ	تَسْتَفِيدِي	تَسْتَفِدْ	أَسْتَفِدْ	IMPERFECT JUSSIVE	
		إِسْتَفِدْنَ	إِسْتَفِيدُوا				إِسْتَفِيدَا			إِسْتَفِيدِي	إِسْتَفِدْ		IMPERATIVE	
أُسْتُفِدْنَ	أُسْتُفِيدُوا	أُسْتُفِدْتُنَّ	أُسْتُفِدْتُمْ	أُسْتُفِدْنَا	أُسْتُفِيدَتَا	أُسْتُفِيدَا	أُسْتُفِدْتُمَا	أُسْتُفِيدَتْ	أُسْتُفِيدَ	أُسْتُفِدْتِ	أُسْتُفِدْتَ	أُسْتُفِدْتُ	PERFECT	PASSIVE
يُسْتَفَدْنَ	يُسْتَفَادُونَ	تُسْتَفَدْنَ	تُسْتَفَادُونَ	نُسْتَفَادُ	تُسْتَفَادَانِ	يُسْتَفَادَانِ	تُسْتَفَادَانِ	تُسْتَفَادُ	يُسْتَفَادُ	تُسْتَفَادِينَ	تُسْتَفَادُ	أُسْتَفَادُ	IMPERFECT INDICATIVE	
يُسْتَفَدْنَ	يُسْتَفَادُوا	تُسْتَفَدْنَ	تُسْتَفَادُوا	نُسْتَفَادَ	تُسْتَفَادَا	يُسْتَفَادَا	تُسْتَفَادَا	تُسْتَفَادَ	يُسْتَفَادَ	تُسْتَفَادِي	تُسْتَفَادَ	أُسْتَفَادَ	IMPERFECT SUBJUNCTIVE	
يُسْتَفَدْنَ	يُسْتَفَادُوا	تُسْتَفَدْنَ	تُسْتَفَادُوا	نُسْتَفَدْ	تُسْتَفَادَا	يُسْتَفَادَا	تُسْتَفَادَا	تُسْتَفَدْ	يُسْتَفَدْ	تُسْتَفَادِي	تُسْتَفَدْ	أُسْتَفَدْ	IMPERFECT JUSSIVE	

TO MEET إِسْتَقْبَلَ FORM X ROOT: قبل MAṢDAR: إِسْتِقْبَالٌ PASSIVE PARTICIPLE: مُسْتَقْبَلٌ ACTIVE PARTICIPLE: مُسْتَقْبِلٌ

		3 f pl	3 m pl	2 f pl	2 m pl	1 pl	3 f dual	3 m dual	2 dual	3 f sgl	3 m sgl	2 f sgl	2 m sgl	1 sgl
ACTIVE	PERFECT	إِسْتَقْبَلْنَ	إِسْتَقْبَلُوا	إِسْتَقْبَلْتُنَّ	إِسْتَقْبَلْتُمْ	إِسْتَقْبَلْنَا	إِسْتَقْبَلَتَا	إِسْتَقْبَلَا	إِسْتَقْبَلْتُمَا	إِسْتَقْبَلَتْ	إِسْتَقْبَلَ	إِسْتَقْبَلْتِ	إِسْتَقْبَلْتَ	إِسْتَقْبَلْتُ
	IMPERFECT INDICATIVE	يَسْتَقْبِلْنَ	يَسْتَقْبِلُونَ	تَسْتَقْبِلْنَ	تَسْتَقْبِلُونَ	نَسْتَقْبِلُ	تَسْتَقْبِلَانِ	يَسْتَقْبِلَانِ	تَسْتَقْبِلَانِ	تَسْتَقْبِلُ	يَسْتَقْبِلُ	تَسْتَقْبِلِينَ	تَسْتَقْبِلُ	أَسْتَقْبِلُ
	IMPERFECT SUBJUNCTIVE	يَسْتَقْبِلْنَ	يَسْتَقْبِلُوا	تَسْتَقْبِلْنَ	تَسْتَقْبِلُوا	نَسْتَقْبِلَ	تَسْتَقْبِلَا	يَسْتَقْبِلَا	تَسْتَقْبِلَا	تَسْتَقْبِلَ	يَسْتَقْبِلَ	تَسْتَقْبِلِي	تَسْتَقْبِلَ	أَسْتَقْبِلَ
	IMPERFECT JUSSIVE	يَسْتَقْبِلْنَ	يَسْتَقْبِلُوا	تَسْتَقْبِلْنَ	تَسْتَقْبِلُوا	نَسْتَقْبِلْ	تَسْتَقْبِلَا	يَسْتَقْبِلَا	تَسْتَقْبِلَا	تَسْتَقْبِلْ	يَسْتَقْبِلْ	تَسْتَقْبِلِي	تَسْتَقْبِلْ	أَسْتَقْبِلْ
	IMPERATIVE			إِسْتَقْبِلْنَ	إِسْتَقْبِلُوا				إِسْتَقْبِلَا			إِسْتَقْبِلِي	إِسْتَقْبِلْ	
PASSIVE	PERFECT	أُسْتُقْبِلْنَ	أُسْتُقْبِلُوا	أُسْتُقْبِلْتُنَّ	أُسْتُقْبِلْتُمْ	أُسْتُقْبِلْنَا	أُسْتُقْبِلَتَا	أُسْتُقْبِلَا	أُسْتُقْبِلْتُمَا	أُسْتُقْبِلَتْ	أُسْتُقْبِلَ	أُسْتُقْبِلْتِ	أُسْتُقْبِلْتَ	أُسْتُقْبِلْتُ
	IMPERFECT INDICATIVE	يُسْتَقْبَلْنَ	يُسْتَقْبَلُونَ	تُسْتَقْبَلْنَ	تُسْتَقْبَلُونَ	نُسْتَقْبَلُ	تُسْتَقْبَلَانِ	يُسْتَقْبَلَانِ	تُسْتَقْبَلَانِ	تُسْتَقْبَلُ	يُسْتَقْبَلُ	تُسْتَقْبَلِينَ	تُسْتَقْبَلُ	أُسْتَقْبَلُ
	IMPERFECT SUBJUNCTIVE	يُسْتَقْبَلْنَ	يُسْتَقْبَلُوا	تُسْتَقْبَلْنَ	تُسْتَقْبَلُوا	نُسْتَقْبَلَ	تُسْتَقْبَلَا	يُسْتَقْبَلَا	تُسْتَقْبَلَا	تُسْتَقْبَلَ	يُسْتَقْبَلَ	تُسْتَقْبَلِي	تُسْتَقْبَلَ	أُسْتَقْبَلَ
	IMPERFECT JUSSIVE	يُسْتَقْبَلْنَ	يُسْتَقْبَلُوا	تُسْتَقْبَلْنَ	تُسْتَقْبَلُوا	نُسْتَقْبَلْ	تُسْتَقْبَلَا	يُسْتَقْبَلَا	تُسْتَقْبَلَا	تُسْتَقْبَلْ	يُسْتَقْبَلْ	تُسْتَقْبَلِي	تُسْتَقْبَلْ	أُسْتَقْبَلْ

ACTIVE PARTICIPLE: قَاتِلٌ PASSIVE PARTICIPLE: مَقْتُولٌ MAṢDAR: قَتْلٌ ROOT: قتل FORM I TO KILL قَتَلَ

3 f pl	3 m pl	2 f pl	2 m pl	1 pl	3 f dual	3 m dual	2 dual	3 f sgl	3 m sgl	2 f sgl	2 m sgl	1 sgl		
قَتَلْنَ	قَتَلُوا	قَتَلْتُنَّ	قَتَلْتُمْ	قَتَلْنَا	قَتَلَتَا	قَتَلاَ	قَتَلْتُمَا	قَتَلَتْ	قَتَلَ	قَتَلْتِ	قَتَلْتَ	قَتَلْتُ	PERFECT	ACTIVE
يَقْتُلْنَ	يَقْتُلُونَ	تَقْتُلْنَ	تَقْتُلُونَ	نَقْتُلُ	تَقْتُلاَنِ	يَقْتُلاَنِ	تَقْتُلاَنِ	تَقْتُلُ	يَقْتُلُ	تَقْتُلِينَ	تَقْتُلُ	أَقْتُلُ	IMPERFECT INDICATIVE	ACTIVE
يَقْتُلْنَ	يَقْتُلُوا	تَقْتُلْنَ	تَقْتُلُوا	نَقْتُلَ	تَقْتُلاَ	يَقْتُلاَ	تَقْتُلاَ	تَقْتُلَ	يَقْتُلَ	تَقْتُلِي	تَقْتُلَ	أَقْتُلَ	IMPERFECT SUBJUNCTIVE	ACTIVE
يَقْتُلْنَ	يَقْتُلُوا	تَقْتُلْنَ	تَقْتُلُوا	نَقْتُلْ	تَقْتُلاَ	يَقْتُلاَ	تَقْتُلاَ	تَقْتُلْ	يَقْتُلْ	تَقْتُلِي	تَقْتُلْ	أَقْتُلْ	IMPERFECT JUSSIVE	ACTIVE
		أُقْتُلْنَ	أُقْتُلُوا				أُقْتُلاَ			أُقْتُلِي	أُقْتُلْ		IMPERATIVE	ACTIVE
قُتِلْنَ	قُتِلُوا	قُتِلْتُنَّ	قُتِلْتُمْ	قُتِلْنَا	قُتِلَتَا	قُتِلاَ	قُتِلْتُمَا	قُتِلَتْ	قُتِلَ	قُتِلْتِ	قُتِلْتَ	قُتِلْتُ	PERFECT	PASSIVE
يُقْتَلْنَ	يُقْتَلُونَ	تُقْتَلْنَ	تُقْتَلُونَ	نُقْتَلُ	تُقْتَلاَنِ	يُقْتَلاَنِ	تُقْتَلاَنِ	تُقْتَلُ	يُقْتَلُ	تُقْتَلِينَ	تُقْتَلُ	أُقْتَلُ	IMPERFECT INDICATIVE	PASSIVE
يُقْتَلْنَ	يُقْتَلُوا	تُقْتَلْنَ	تُقْتَلُوا	نُقْتَلَ	تُقْتَلاَ	يُقْتَلاَ	تُقْتَلاَ	تُقْتَلَ	يُقْتَلَ	تُقْتَلِي	تُقْتَلَ	أُقْتَلَ	IMPERFECT SUBJUNCTIVE	PASSIVE
يُقْتَلْنَ	يُقْتَلُوا	تُقْتَلْنَ	تُقْتَلُوا	نُقْتَلْ	تُقْتَلاَ	يُقْتَلاَ	تُقْتَلاَ	تُقْتَلْ	يُقْتَلْ	تُقْتَلِي	تُقْتَلْ	أُقْتَلْ	IMPERFECT JUSSIVE	PASSIVE

ACTIVE PARTICIPLE: قَادِرٌ PASSIVE PARTICIPLE: MAṢDAR: * قُدْرَةٌ ROOT: قدر FORM I TO ESTIMATE قَدَرَ

	3 f pl	3 m pl	2 f pl	2 m pl	1 pl	3 f dual	3 m dual	2 dual	3 f sgl	3 m sgl	2 f sgl	2 m sgl	1 sgl		
	قَدَرْنَ	قَدَرُوا	قَدَرْتُنَّ	قَدَرْتُمْ	قَدَرْنَا	قَدَرَتَا	قَدَرَا	قَدَرْتُمَا	قَدَرَتْ	قَدَرَ	قَدَرْتِ	قَدَرْتَ	قَدَرْتُ	PERFECT	ACTIVE
	يَقْدِرْنَ	يَقْدِرُونَ	تَقْدِرْنَ	تَقْدِرُونَ	نَقْدِرُ	تَقْدِرَانِ	يَقْدِرَانِ	تَقْدِرَانِ	تَقْدِرُ	يَقْدِرُ	تَقْدِرِينَ	تَقْدِرُ	أَقْدِرُ	IMPERFECT INDICATIVE	
	يَقْدِرْنَ	يَقْدِرُوا	تَقْدِرْنَ	تَقْدِرُوا	نَقْدِرَ	تَقْدِرَا	يَقْدِرَا	تَقْدِرَا	تَقْدِرَ	يَقْدِرَ	تَقْدِرِي	تَقْدِرَ	أَقْدِرَ	IMPERFECT SUBJUNCTIVE	
	يَقْدِرْنَ	يَقْدِرُوا	تَقْدِرْنَ	تَقْدِرُوا	نَقْدِرْ	تَقْدِرَا	يَقْدِرَا	تَقْدِرَا	تَقْدِرْ	يَقْدِرْ	تَقْدِرِي	تَقْدِرْ	أَقْدِرْ	IMPERFECT JUSSIVE	
			إِقْدِرْنَ	إِقْدِرُوا				إِقْدِرَا			إِقْدِرِي	إِقْدِرْ		IMPERATIVE	
														PERFECT	PASSIVE
														IMPERFECT INDICATIVE	
														IMPERFECT SUBJUNCTIVE	
														IMPERFECT JUSSIVE	

*Also مَقْدُرَةٌ .

ACTIVE PARTICIPLE: مُقَدِّرٌ PASSIVE PARTICIPLE: مُقَدَّرٌ MAṢDAR: تَقْدِيرٌ ROOT: قدر FORM II TO DETERMINE قَدَّرَ

3 f pl	3 m pl	2 f pl	2 m pl	1 pl	3 f dual	3 m dual	2 dual	3 f sgl	3 m sgl	2 f sgl	2 m sgl	1 sgl		
قَدَّرْنَ	قَدَّرُوا	قَدَّرْتُنَّ	قَدَّرْتُمْ	قَدَّرْنَا	قَدَّرَتَا	قَدَّرَا	قَدَّرْتُمَا	قَدَّرَتْ	قَدَّرَ	قَدَّرْتِ	قَدَّرْتَ	قَدَّرْتُ	PERFECT	ACTIVE
يُقَدِّرْنَ	يُقَدِّرُونَ	تُقَدِّرْنَ	تُقَدِّرُونَ	نُقَدِّرُ	تُقَدِّرَانِ	يُقَدِّرَانِ	تُقَدِّرَانِ	تُقَدِّرُ	يُقَدِّرُ	تُقَدِّرِينَ	تُقَدِّرُ	أُقَدِّرُ	IMPERFECT INDICATIVE	
يُقَدِّرْنَ	يُقَدِّرُوا	تُقَدِّرْنَ	تُقَدِّرُوا	نُقَدِّرَ	تُقَدِّرَا	يُقَدِّرَا	تُقَدِّرَا	تُقَدِّرَ	يُقَدِّرَ	تُقَدِّرِي	تُقَدِّرَ	أُقَدِّرَ	IMPERFECT SUBJUNCTIVE	
يُقَدِّرْنَ	يُقَدِّرُوا	تُقَدِّرْنَ	تُقَدِّرُوا	نُقَدِّرْ	تُقَدِّرَا	يُقَدِّرَا	تُقَدِّرَا	تُقَدِّرْ	يُقَدِّرْ	تُقَدِّرِي	تُقَدِّرْ	أُقَدِّرْ	IMPERFECT JUSSIVE	
		قَدِّرْنَ	قَدِّرُوا				قَدِّرَا			قَدِّرِي	قَدِّرْ		IMPERATIVE	
قُدِّرْنَ	قُدِّرُوا	قُدِّرْتُنَّ	قُدِّرْتُمْ	قُدِّرْنَا	قُدِّرَتَا	قُدِّرَا	قُدِّرْتُمَا	قُدِّرَتْ	قُدِّرَ	قُدِّرْتِ	قُدِّرْتَ	قُدِّرْتُ	PERFECT	PASSIVE
يُقَدَّرْنَ	يُقَدَّرُونَ	تُقَدَّرْنَ	تُقَدَّرُونَ	نُقَدَّرُ	تُقَدَّرَانِ	يُقَدَّرَانِ	تُقَدَّرَانِ	تُقَدَّرُ	يُقَدَّرُ	تُقَدَّرِينَ	تُقَدَّرُ	أُقَدَّرُ	IMPERFECT INDICATIVE	
يُقَدَّرْنَ	يُقَدَّرُوا	تُقَدَّرْنَ	تُقَدَّرُوا	نُقَدَّرَ	تُقَدَّرَا	يُقَدَّرَا	تُقَدَّرَا	تُقَدَّرَ	يُقَدَّرَ	تُقَدَّرِي	تُقَدَّرَ	أُقَدَّرَ	IMPERFECT SUBJUNCTIVE	
يُقَدَّرْنَ	يُقَدَّرُوا	تُقَدَّرْنَ	تُقَدَّرُوا	نُقَدَّرْ	تُقَدَّرَا	يُقَدَّرَا	تُقَدَّرَا	تُقَدَّرْ	يُقَدَّرْ	تُقَدَّرِي	تُقَدَّرْ	أُقَدَّرْ	IMPERFECT JUSSIVE	

ACTIVE PARTICIPLE: قَادِمٌ PASSIVE PARTICIPLE: مَقْدُومٌ MAṢDAR: قُدُومٌ ROOT: قدم FORM I TO ARRIVE قَدِمَ

	3 f pl	*3 m pl*	*2 f pl*	*2 m pl*	*1 pl*	*3 f dual*	*3 m dual*	*2 dual*	*3 f sgl*	*3 m sgl*	*2 f sgl*	*2 m sgl*	*1 sgl*		
	قَدِمْنَ	قَدِمُوا	قَدِمْتُنَّ	قَدِمْتُمْ	قَدِمْنَا	قَدِمَتَا	قَدِمَا	قَدِمْتُمَا	قَدِمَتْ	قَدِمَ	قَدِمْتِ	قَدِمْتَ	قَدِمْتُ	PERFECT	ACTIVE
	يَقْدَمْنَ	يَقْدَمُونَ	تَقْدَمْنَ	تَقْدَمُونَ	نَقْدَمُ	تَقْدَمَانِ	يَقْدَمَانِ	تَقْدَمَانِ	تَقْدَمُ	يَقْدَمُ	تَقْدَمِينَ	تَقْدَمُ	أَقْدَمُ	IMPERFECT INDICATIVE	
	يَقْدَمْنَ	يَقْدَمُوا	تَقْدَمْنَ	تَقْدَمُوا	نَقْدَمَ	تَقْدَمَا	يَقْدَمَا	تَقْدَمَا	تَقْدَمَ	يَقْدَمَ	تَقْدَمِي	تَقْدَمَ	أَقْدَمَ	IMPERFECT SUBJUNCTIVE	
	يَقْدَمْنَ	يَقْدَمُوا	تَقْدَمْنَ	تَقْدَمُوا	نَقْدَمْ	تَقْدَمَا	يَقْدَمَا	تَقْدَمَا	تَقْدَمْ	يَقْدَمْ	تَقْدَمِي	تَقْدَمْ	أَقْدَمْ	IMPERFECT JUSSIVE	
			إِقْدَمْنَ	إِقْدَمُوا				إِقْدَمَا			إِقْدَمِي	إِقْدَمْ		IMPERATIVE	
	قُدِمْنَ	قُدِمُوا	قُدِمْتُنَّ	قُدِمْتُمْ	قُدِمْنَا	قُدِمَتَا	قُدِمَا	قُدِمْتُمَا	قُدِمَتْ	قُدِمَ	قُدِمْتِ	قُدِمْتَ	قُدِمْتُ	PERFECT	PASSIVE
	يُقْدَمْنَ	يُقْدَمُونَ	تُقْدَمْنَ	تُقْدَمُونَ	نُقْدَمُ	تُقْدَمَانِ	يُقْدَمَانِ	تُقْدَمَانِ	تُقْدَمُ	يُقْدَمُ	تُقْدَمِينَ	تُقْدَمُ	أُقْدَمُ	IMPERFECT INDICATIVE	
	يُقْدَمْنَ	يُقْدَمُوا	تُقْدَمْنَ	تُقْدَمُوا	نُقْدَمَ	تُقْدَمَا	يُقْدَمَا	تُقْدَمَا	تُقْدَمَ	يُقْدَمَ	تُقْدَمِي	تُقْدَمَ	أُقْدَمَ	IMPERFECT SUBJUNCTIVE	
	يُقْدَمْنَ	يُقْدَمُوا	تُقْدَمْنَ	تُقْدَمُوا	نُقْدَمْ	تُقْدَمَا	يُقْدَمَا	تُقْدَمَا	تُقْدَمْ	يُقْدَمْ	تُقْدَمِي	تُقْدَمْ	أُقْدَمْ	IMPERFECT JUSSIVE	

ACTIVE PARTICIPLE: مُسْتَقْرِئٌ PASSIVE PARTICIPLE: مُسْتَقْرَأٌ MAṢDAR: إِسْتِقْرَاءٌ ROOT: قرأ FORM X TO INVESTIGATE اِسْتَقْرَأَ

3 f pl	*3 m pl*	*2 f pl*	*2 m pl*	*1 pl*	*3 f dual*	*3 m dual*	*2 dual*	*3 f sgl*	*3 m sgl*	*2 f sgl*	*2 m sgl*	*1 sgl*		
إِسْتَقْرَأْنَ	إِسْتَقْرَؤُوا	إِسْتَقْرَأْتُنَّ	إِسْتَقْرَأْتُمْ	إِسْتَقْرَأْنَا	إِسْتَقْرَأَ تَا	إِسْتَقْرَآ	إِسْتَقْرَأْتُمَا	إِسْتَقْرَأَتْ	إِسْتَقْرَأَ	إِسْتَقْرَأْتِ	إِسْتَقْرَأْتَ	إِسْتَقْرَأْتُ	PERFECT	ACTIVE
يَسْتَقْرِئْنَ	يَسْتَقْرِئُونَ	تَسْتَقْرِئْنَ	تَسْتَقْرِئُونَ	نَسْتَقْرِئُ	تَسْتَقْرِئَانِ	يَسْتَقْرِئَانِ	تَسْتَقْرِئَانِ	تَسْتَقْرِئُ	يَسْتَقْرِئُ	تَسْتَقْرِئِينَ	تَسْتَقْرِئُ	أَسْتَقْرِئُ	IMPERFECT INDICATIVE	
يَسْتَقْرِئْنَ	يَسْتَقْرِئُوا	تَسْتَقْرِئْنَ	تَسْتَقْرِئُوا	نَسْتَقْرِئَ	تَسْتَقْرِئَا	يَسْتَقْرِئَا	تَسْتَقْرِئَا	تَسْتَقْرِئَ	يَسْتَقْرِئَ	تَسْتَقْرِئِي	تَسْتَقْرِئَ	أَسْتَقْرِئَ	IMPERFECT SUBJUNCTIVE	
يَسْتَقْرِئْنَ	يَسْتَقْرِئُوا	تَسْتَقْرِئْنَ	تَسْتَقْرِئُوا	نَسْتَقْرِئْ	تَسْتَقْرِئَا	يَسْتَقْرِئَا	تَسْتَقْرِئَا	تَسْتَقْرِئْ	يَسْتَقْرِئْ	تَسْتَقْرِئِي	تَسْتَقْرِئْ	أَسْتَقْرِئْ	IMPERFECT JUSSIVE	
		إِسْتَقْرِئْنَ	إِسْتَقْرِئُوا				إِسْتَقْرِئَا			إِسْتَقْرِئِي	إِسْتَقْرِئْ		IMPERATIVE	
أُسْتُقْرِئْنَ	أُسْتُقْرِئُوا	أُسْتُقْرِئْتُنَّ	أُسْتُقْرِئْتُمْ	أُسْتُقْرِئْنَا	أُسْتُقْرِئَتَا	أُسْتُقْرِئَا	أُسْتُقْرِئْتُمَا	أُسْتُقْرِئَتْ	أُسْتُقْرِئَ	أُسْتُقْرِئْتِ	أُسْتُقْرِئْتَ	أُسْتُقْرِئْتُ	PERFECT	PASSIVE
يُسْتَقْرَأْنَ	يُسْتَقْرَؤُونَ	تُسْتَقْرَأْنَ	تُسْتَقْرَؤُونَ	نُسْتَقْرَأُ	تُسْتَقْرَآنِ	يُسْتَقْرَآنِ	تُسْتَقْرَآنِ	تُسْتَقْرَأُ	يُسْتَقْرَأُ	تُسْتَقْرَئِينَ	تُسْتَقْرَأُ	أُسْتَقْرَأُ	IMPERFECT INDICATIVE	
يُسْتَقْرَأْنَ	يُسْتَقْرَؤُوا	تُسْتَقْرَأْنَ	تُسْتَقْرَؤُوا	نُسْتَقْرَأَ	تُسْتَقْرَآ	يُسْتَقْرَآ	تُسْتَقْرَآ	تُسْتَقْرَأَ	يُسْتَقْرَأَ	تُسْتَقْرَئِي	تُسْتَقْرَأَ	أُسْتَقْرَأَ	IMPERFECT SUBJUNCTIVE	
يُسْتَقْرَأْنَ	يُسْتَقْرَؤُوا	تُسْتَقْرَأْنَ	تُسْتَقْرَؤُوا	نُسْتَقْرَأْ	تُسْتَقْرَآ	يُسْتَقْرَآ	تُسْتَقْرَآ	تُسْتَقْرَأْ	يُسْتَقْرَأْ	تُسْتَقْرَئِي	تُسْتَقْرَأْ	أُسْتَقْرَأْ	IMPERFECT JUSSIVE	

ACTIVE PARTICIPLE: مُقَرِّرٌ PASSIVE PARTICIPLE: مُقَرَّرٌ MAṢDAR: تَقْرِيرٌ ROOT: قرر FORM II TO DETERMINE قَرَّرَ

		3 f pl	3 m pl	2 f pl	2 m pl	1 pl	3 f dual	3 m dual	2 dual	3 f sgl	3 m sgl	2 f sgl	2 m sgl	1 sgl
ACTIVE	PERFECT	قَرَّرْنَ	قَرَّرُوا	قَرَّرْتُنَّ	قَرَّرْتُمْ	قَرَّرْنَا	قَرَّرَتَا	قَرَّرَا	قَرَّرْتُمَا	قَرَّرَتْ	قَرَّرَ	قَرَّرْتِ	قَرَّرْتَ	قَرَّرْتُ
	IMPERFECT INDICATIVE	يُقَرِّرْنَ	يُقَرِّرُونَ	تُقَرِّرْنَ	تُقَرِّرُونَ	نُقَرِّرُ	تُقَرِّرَانِ	يُقَرِّرَانِ	تُقَرِّرَانِ	تُقَرِّرُ	يُقَرِّرُ	تُقَرِّرِينَ	تُقَرِّرُ	أُقَرِّرُ
	IMPERFECT SUBJUNCTIVE	يُقَرِّرْنَ	يُقَرِّرُوا	تُقَرِّرْنَ	تُقَرِّرُوا	نُقَرِّرَ	تُقَرِّرَا	يُقَرِّرَا	تُقَرِّرَا	تُقَرِّرَ	يُقَرِّرَ	تُقَرِّرِي	تُقَرِّرَ	أُقَرِّرَ
	IMPERFECT JUSSIVE	يُقَرِّرْنَ	يُقَرِّرُوا	تُقَرِّرْنَ	تُقَرِّرُوا	نُقَرِّرْ	تُقَرِّرَا	يُقَرِّرَا	تُقَرِّرَا	تُقَرِّرْ	يُقَرِّرْ	تُقَرِّرِي	تُقَرِّرْ	أُقَرِّرْ
	IMPERATIVE			قَرِّرْنَ	قَرِّرُوا				قَرِّرَا			قَرِّرِي	قَرِّرْ	
PASSIVE	PERFECT	قُرِّرْنَ	قُرِّرُوا	قُرِّرْتُنَّ	قُرِّرْتُمْ	قُرِّرْنَا	قُرِّرَتَا	قُرِّرَا	قُرِّرْتُمَا	قُرِّرَتْ	قُرِّرَ	قُرِّرْتِ	قُرِّرْتَ	قُرِّرْتُ
	IMPERFECT INDICATIVE	يُقَرَّرْنَ	يُقَرَّرُونَ	تُقَرَّرْنَ	تُقَرَّرُونَ	نُقَرَّرُ	تُقَرَّرَانِ	يُقَرَّرَانِ	تُقَرَّرَانِ	تُقَرَّرُ	يُقَرَّرُ	تُقَرَّرِينَ	تُقَرَّرُ	أُقَرَّرُ
	IMPERFECT SUBJUNCTIVE	يُقَرَّرْنَ	يُقَرَّرُا	تُقَرَّرْنَ	تُقَرَّرُوا	نُقَرَّرَ	تُقَرَّرَا	يُقَرَّرَا	تُقَرَّرَا	تُقَرَّرَ	يُقَرَّرَ	تُقَرَّرِي	تُقَرَّرَ	أُقَرَّرَ
	IMPERFECT JUSSIVE	يُقَرَّرْنَ	يُقَرَّرُوا	تُقَرَّرْنَ	تُقَرَّرُوا	نُقَرَّرْ	تُقَرَّرَا	يُقَرَّرَا	تُقَرَّرَا	تُقَرَّرْ	يُقَرَّرْ	تُقَرَّرِي	تُقَرَّرْ	أُقَرَّرْ

ACTIVE PARTICIPLE: مُنْقَضٍ* PASSIVE PARTICIPLE: MAṢDAR: إِنْقِضَاءٌ ROOT: قضى FORM VII TO BE DONE إِنْقَضَى

		3 f pl	3 m pl	2 f pl	2 m pl	1 pl	3 f dual	3 m dual	2 dual	3 f sgl	3 m sgl	2 f sgl	2 m sgl	1 sgl
ACTIVE	PERFECT	إِنْقَضَيْنَ	إِنْقَضَوْا	إِنْقَضَيْتُنَّ	إِنْقَضَيْتُمْ	إِنْقَضَيْنَا	إِنْقَضَتَا	إِنْقَضَيَا	إِنْقَضَيْتُمَا	إِنْقَضَتْ	إِنْقَضَى	إِنْقَضَيْتِ	إِنْقَضَيْتَ	إِنْقَضَيْتُ
	IMPERFECT INDICATIVE	يَنْقَضِينَ	يَنْقَضُونَ	تَنْقَضِينَ	تَنْقَضُونَ	نَنْقَضِي	تَنْقَضِيَانِ	يَنْقَضِيَانِ	تَنْقَضِيَانِ	تَنْقَضِي	يَنْقَضِي	تَنْقَضِينَ	تَنْقَضِي	أَنْقَضِي
	IMPERFECT SUBJUNCTIVE	يَنْقَضِينَ	يَنْقَضُوا	تَنْقَضِينَ	تَنْقَضُوا	نَنْقَضِيَ	تَنْقَضِيَا	يَنْقَضِيَا	تَنْقَضِيَا	تَنْقَضِيَ	يَنْقَضِيَ	تَنْقَضِي	تَنْقَضِيَ	أَنْقَضِيَ
	IMPERFECT JUSSIVE	يَنْقَضِينَ	يَنْقَضُوا	تَنْقَضِينَ	تَنْقَضُوا	نَنْقَضِ	تَنْقَضِيَا	يَنْقَضِيَا	تَنْقَضِيَا	تَنْقَضِ	يَنْقَضِ	تَنْقَضِي	تَنْقَضِ	أَنْقَضِ
	IMPERATIVE			إِنْقَضِينَ	إِنْقَضُوا				إِنْقَضِيَا			إِنْقَضِي	إِنْقَضِ	
PASSIVE	PERFECT													
	IMPERFECT INDICATIVE													
	IMPERFECT SUBJUNCTIVE													
	IMPERFECT JUSSIVE													

*Genitive مُنْقَضٍ ; accusative مُنْقَضِيًا . With article: nominative أَلْـمُنْقَضِي ; genitive أَلْـمُنْقَضِي ; accusative أَلْـمُنْقَضِيَ .

ACTIVE PARTICIPLE: مُنْقَلِبٌ PASSIVE PARTICIPLE: مُنْقَلَبٌ MAṢDAR: إِنْقِلَابٌ ROOT: قلب FORM VII TO BECOME إِنْقَلَبَ

		3 f pl	3 m pl	2 f pl	2 m pl	1 pl	3 f dual	3 m dual	2 dual	3 f sgl	3 m sgl	2 f sgl	2 m sgl	1 sgl
ACTIVE	PERFECT	إِنْقَلَبْنَ	إِنْقَلَبُوا	إِنْقَلَبْتُنَّ	إِنْقَلَبْتُمْ	إِنْقَلَبْنَا	إِنْقَلَبَتَا	إِنْقَلَبَا	إِنْقَلَبْتُمَا	إِنْقَلَبَتْ	إِنْقَلَبَ	إِنْقَلَبْتِ	إِنْقَلَبْتَ	إِنْقَلَبْتُ
ACTIVE	IMPERFECT INDICATIVE	يَنْقَلِبْنَ	يَنْقَلِبُونَ	تَنْقَلِبْنَ	تَنْقَلِبُونَ	نَنْقَلِبُ	تَنْقَلِبَانِ	يَنْقَلِبَانِ	تَنْقَلِبَانِ	تَنْقَلِبُ	يَنْقَلِبُ	تَنْقَلِبِينَ	تَنْقَلِبُ	أَنْقَلِبُ
ACTIVE	IMPERFECT SUBJUNCTIVE	يَنْقَلِبْنَ	يَنْقَلِبُوا	تَنْقَلِبْنَ	تَنْقَلِبُوا	نَنْقَلِبَ	تَنْقَلِبَا	يَنْقَلِبَا	تَنْقَلِبَا	تَنْقَلِبَ	يَنْقَلِبَ	تَنْقَلِبِي	تَنْقَلِبَ	أَنْقَلِبَ
ACTIVE	IMPERFECT JUSSIVE	يَنْقَلِبْنَ	يَنْقَلِبُوا	تَنْقَلِبْنَ	تَنْقَلِبُوا	نَنْقَلِبْ	تَنْقَلِبَا	يَنْقَلِبَا	تَنْقَلِبَا	تَنْقَلِبْ	يَنْقَلِبْ	تَنْقَلِبِي	تَنْقَلِبْ	أَنْقَلِبْ
ACTIVE	IMPERATIVE			إِنْقَلِبْنَ	إِنْقَلِبُوا				إِنْقَلِبَا			إِنْقَلِبِي	إِنْقَلِبْ	
PASSIVE	PERFECT	أُنْقُلِبْنَ	أُنْقُلِبُوا	أُنْقُلِبْتُنَّ	أُنْقُلِبْتُمْ	أُنْقُلِبْنَا	أُنْقُلِبَتَا	أُنْقُلِبَا	أُنْقُلِبْتُمَا	أُنْقُلِبَتْ	أُنْقُلِبَ	أُنْقُلِبْتِ	أُنْقُلِبْتَ	أُنْقُلِبْتُ
PASSIVE	IMPERFECT INDICATIVE	يُنْقَلَبْنَ	يُنْقَلَبُونَ	تُنْقَلَبْنَ	تُنْقَلَبُونَ	نُنْقَلَبُ	تُنْقَلَبَانِ	يُنْقَلَبَانِ	تُنْقَلَبَانِ	تُنْقَلَبُ	يُنْقَلَبُ	تُنْقَلَبِينَ	تُنْقَلَبُ	أُنْقَلَبُ
PASSIVE	IMPERFECT SUBJUNCTIVE	يُنْقَلَبْنَ	يُنْقَلَبُوا	تُنْقَلَبْنَ	تُنْقَلَبُوا	نُنْقَلَبَ	تُنْقَلَبَا	يُنْقَلَبَا	تُنْقَلَبَا	تُنْقَلَبَ	يُنْقَلَبَ	تُنْقَلَبِي	تُنْقَلَبَ	أُنْقَلَبَ
PASSIVE	IMPERFECT JUSSIVE	يُنْقَلَبْنَ	يُنْقَلَبُوا	تُنْقَلَبْنَ	تُنْقَلَبُوا	نُنْقَلَبْ	تُنْقَلَبَا	يُنْقَلَبَا	تُنْقَلَبَا	تُنْقَلَبْ	يُنْقَلَبْ	تُنْقَلَبِي	تُنْقَلَبْ	أُنْقَلَبْ

ACTIVE PARTICIPLE: مُتَقَهْقِرٌ PASSIVE PARTICIPLE: مُتَقَهْقَرٌ MAṢDAR: تَقَهْقُرٌ ROOT: قهقر FORM II TO RETREAT تَقَهْقَرَ

3 f pl	*3 m pl*	*2 f pl*	*2 m pl*	*1 pl*	*3 f dual*	*3 m dual*	*2 dual*	*3 f sgl*	*3 m sgl*	*2 f sgl*	*2 m sgl*	*1 sgl*		
تَقَهْقَرْنَ	تَقَهْقَرُوا	تَقَهْقَرْتُنَّ	تَقَهْقَرْتُمْ	تَقَهْقَرْنَا	تَقَهْقَرَتَا	تَقَهْقَرَا	تَقَهْقَرْتُمَا	تَقَهْقَرَتْ	تَقَهْقَرَ	تَقَهْقَرْتِ	تَقَهْقَرْتَ	تَقَهْقَرْتُ	PERFECT	ACTIVE
يَتَقَهْقَرْنَ	يَتَقَهْقَرُونَ	تَتَقَهْقَرْنَ	تَتَقَهْقَرُونَ	نَتَقَهْقَرُ	تَتَقَهْقَرَانِ	يَتَقَهْقَرَانِ	تَتَقَهْقَرَانِ	تَتَقَهْقَرُ	يَتَقَهْقَرُ	تَتَقَهْقَرِينَ	تَتَقَهْقَرُ	أَتَقَهْقَرُ	IMPERFECT INDICATIVE	
يَتَقَهْقَرْنَ	يَتَقَهْقَرُوا	تَتَقَهْقَرْنَ	تَتَقَهْقَرُوا	نَتَقَهْقَرَ	تَتَقَهْقَرَا	يَتَقَهْقَرَا	تَتَقَهْقَرَا	تَتَقَهْقَرَ	يَتَقَهْقَرَ	تَتَقَهْقَرِي	تَتَقَهْقَرَ	أَتَقَهْقَرَ	IMPERFECT SUBJUNCTIVE	
يَتَقَهْقَرْنَ	يَتَقَهْقَرُوا	تَتَقَهْقَرْنَ	تَتَقَهْقَرُوا	نَتَقَهْقَرْ	تَتَقَهْقَرَا	يَتَقَهْقَرَا	تَتَقَهْقَرَا	تَتَقَهْقَرْ	يَتَقَهْقَرْ	تَتَقَهْقَرِي	تَتَقَهْقَرْ	أَتَقَهْقَرْ	IMPERFECT JUSSIVE	
		تَقَهْقَرْنَ	تَقَهْقَرُوا				تَقَهْقَرَا			تَقَهْقَرِي	تَقَهْقَرْ		IMPERATIVE	
													PERFECT	PASSIVE
													IMPERFECT INDICATIVE	
													IMPERFECT SUBJUNCTIVE	
													IMPERFECT JUSSIVE	

ACTIVE PARTICIPLE: قَائِلٌ PASSIVE PARTICIPLE: مَقُولٌ MAṢDAR: قَوْلٌ ROOT: قول FORM I TO SAY قَالَ

	3 f pl	3 m pl	2 f pl	2 m pl	1 pl	3 f dual	3 m dual	2 dual	3 f sgl	3 m sgl	2 f sgl	2 m sgl	1 sgl		
	قُلْنَ	قَالُوا	قُلْتُنَّ	قُلْتُمْ	قُلْنَا	قَالَتَا	قَالاَ	قُلْتُمَا	قَالَتْ	قَالَ	قُلْتِ	قُلْتَ	قُلْتُ	PERFECT	ACTIVE
	يَقُلْنَ	يَقُولُونَ	تَقُلْنَ	تَقُولُونَ	نَقُولُ	تَقُولاَنِ	يَقُولاَنِ	تَقُولاَنِ	تَقُولُ	يَقُولُ	تَقُولِينَ	تَقُولُ	أَقُولُ	IMPERFECT INDICATIVE	ACTIVE
	يَقُلْنَ	يَقُولُوا	تَقُلْنَ	تَقُولُوا	نَقُولَ	تَقُولاَ	يَقُولاَ	تَقُولاَ	تَقُولَ	يَقُولَ	تَقُولِي	تَقُولَ	أَقُولَ	IMPERFECT SUBJUNCTIVE	ACTIVE
	يَقُلْنَ	يَقُولُوا	تَقُلْنَ	تَقُولُوا	نَقُلْ	تَقُولاَ	يَقُولاَ	تَقُولاَ	تَقُلْ	يَقُلْ	تَقُولِي	تَقُلْ	أَقُلْ	IMPERFECT JUSSIVE	ACTIVE
			قُلْنَ	قُولُوا				قُولاَ			قُولِي	قُلْ		IMPERATIVE	ACTIVE
	قِلْنَ	قِيلُوا	قِلْتُنَّ	قِلْتُمْ	قِلْنَا	قِيلَتَا	قِيلاَ	قِلْتُمَا	قِيلَتْ	قِيلَ	قِلْتِ	قِلْتَ	قِلْتُ	PERFECT	PASSIVE
	يُقَلْنَ	يُقَالُونَ	تُقَلْنَ	تُقَالُونَ	نُقَالُ	تُقَالاَنِ	يُقَالاَنِ	تُقَالاَنِ	تُقَالُ	يُقَالُ	تُقَالِينَ	تُقَالُ	أُقَالُ	IMPERFECT INDICATIVE	PASSIVE
	يُقَلْنَ	يُقَالُوا	تُقَلْنَ	تُقَالُوا	نُقَالَ	تُقَالاَ	يُقَالاَ	تُقَلاَ	تُقَالَ	يُقَالَ	تُقَالِي	تُقَالَ	أُقَالَ	IMPERFECT SUBJUNCTIVE	PASSIVE
	يُقَلْنَ	يُقَالُوا	تُقَلْنَ	تُقَالُوا	نُقَلْ	تُقَالاَ	يُقَالاَ	تُقَالاَ	تُقَلْ	يُقَلْ	تُقَالِي	تُقَلْ	أُقَلْ	IMPERFECT JUSSIVE	PASSIVE

ACTIVE PARTICIPLE: قَائِمٌ PASSIVE PARTICIPLE: MAṢDAR: قَوْمَةٌ ROOT: قوم FORM I TO RISE قَامَ

3 f pl	*3 m pl*	*2 f pl*	*2 m pl*	*1 pl*	*3 f dual*	*3 m dual*	*2 dual*	*3 f sgl*	*3 m sgl*	*2 f sgl*	*2 m sgl*	*1 sgl*		
قُمْنَ	قَامُوا	قُمْتُنَّ	قُمْتُمْ	قُمْنَا	قَامَتَا	قَامَا	قُمْتُمَا	قَامَتْ	قَامَ	قُمْتِ	قُمْتَ	قُمْتُ	PERFECT	ACTIVE
يَقُمْنَ	يَقُومُونَ	تَقُمْنَ	تَقُومُونَ	نَقُومُ	تَقُومَانِ	يَقُومَانِ	تَقُومَانِ	تَقُومُ	يَقُومُ	تَقُومِينَ	تَقُومُ	أَقُومُ	IMPERFECT INDICATIVE	
يَقُمْنَ	يَقُومُوا	تَقُمْنَ	تَقُومُوا	نَقُومَ	تَقُومَا	يَقُومَا	تَقُومَا	تَقُومَ	يَقُومَ	تَقُومِي	تَقُومَ	أَقُومَ	IMPERFECT SUBJUNCTIVE	
يَقُمْنَ	يَقُومُوا	تَقُمْنَ	تَقُومُوا	نَقُمْ	تَقُومَا	يَقُومَا	تَقُومَا	تَقُمْ	يَقُمْ	تَقُومِي	تَقُمْ	أَقُمْ	IMPERFECT JUSSIVE	
		قُمْنَ	قُومُوا				قُومَا			قُومِي	قُمْ		IMPERATIVE	
													PERFECT	PASSIVE
													IMPERFECT INDICATIVE	
													IMPERFECT SUBJUNCTIVE	
													IMPERFECT JUSSIVE	

ACTIVE PARTICIPLE: كَاتِبٌ PASSIVE PARTICIPLE: مَكْتُوبٌ MAṢDAR: كَتْبٌ* ROOT: كتب FORM I TO WRITE, كَتَبَ

	3 f pl	3 m pl	2 f pl	2 m pl	1 pl	3 f dual	3 m dual	2 dual	3 f sgl	3 m sgl	2 f sgl	2 m sgl	1 sgl	
ACTIVE	كَتَبْنَ	كَتَبُوا	كَتَبْتُنَّ	كَتَبْتُمْ	كَتَبْنَا	كَتَبَتَا	كَتَبَا	كَتَبْتُمَا	كَتَبَتْ	كَتَبَ	كَتَبْتِ	كَتَبْتَ	كَتَبْتُ	PERFECT
	يَكْتُبْنَ	يَكْتُبُونَ	تَكْتُبْنَ	تَكْتُبُونَ	نَكْتُبُ	تَكْتُبَانِ	يَكْتُبَانِ	تَكْتُبَانِ	تَكْتُبُ	يَكْتُبُ	تَكْتُبِينَ	تَكْتُبُ	أَكْتُبُ	IMPERFECT INDICATIVE
	يَكْتُبْنَ	يَكْتُبُوا	تَكْتُبْنَ	تَكْتُبُوا	نَكْتُبَ	تَكْتُبَا	يَكْتُبَا	تَكْتُبَا	تَكْتُبَ	يَكْتُبَ	تَكْتُبِي	تَكْتُبَ	أَكْتُبَ	IMPERFECT SUBJUNCTIVE
	يَكْتُبْنَ	يَكْتُبُوا	تَكْتُبْنَ	تَكْتُبُوا	نَكْتُبْ	تَكْتُبَا	يَكْتُبَا	تَكْتُبَا	تَكْتُبْ	يَكْتُبْ	تَكْتُبِي	تَكْتُبْ	أَكْتُبْ	IMPERFECT JUSSIVE
			أُكْتُبْنَ	أُكْتُبُوا				أُكْتُبَا			أُكْتُبِي	أُكْتُبْ		IMPERATIVE
PASSIVE	كُتِبْنَ	كُتِبُوا	كُتِبْتُنَّ	كُتِبْتُمْ	كُتِبْنَا	كُتِبَتَا	كُتِبَا	كُتِبْتُمَا	كُتِبَتْ	كُتِبَ	كُتِبْتِ	كُتِبْتَ	كُتِبْتُ	PERFECT
	يُكْتَبْنَ	يُكْتَبُونَ	تُكْتَبْنَ	تُكْتَبُونَ	نُكْتَبُ	تُكْتَبَانِ	يُكْتَبَانِ	تُكْتَبَانِ	تُكْتَبُ	يُكْتَبُ	تُكْتَبِينَ	تُكْتَبُ	أُكْتَبُ	IMPERFECT INDICATIVE
	يُكْتَبْنَ	يُكْتَبُوا	تُكْتَبْنَ	تُكْتَبُوا	نُكْتَبَ	تُكْتَبَا	يُكْتَبَا	تُكْتَبَا	تُكْتَبَ	يُكْتَبَ	تُكْتَبِي	تُكْتَبَ	أُكْتَبَ	IMPERFECT SUBJUNCTIVE
	يُكْتَبْنَ	يُكْتَبُوا	تُكْتَبْنَ	تُكْتَبُوا	نُكْتَبْ	تُكْتَبَا	يُكْتَبَا	تُكْتَبَا	تُكْتَبْ	يُكْتَبْ	تُكْتَبِي	تُكْتَبْ	أُكْتَبْ	IMPERFECT JUSSIVE

***Also** كِتْبَةٌ, كِتَابَةٌ.

ACTIVE PARTICIPLE: كَاثِرٌ PASSIVE PARTICIPLE: MAṢDAR: كَثْرَةٌ ROOT: كثر FORM I TO BE NUMEROUS كَثُرَ

3 f pl	3 m pl	2 f pl	2 m pl	1 pl	3 f dual	3 m dual	2 dual	3 f sgl	3 m sgl	2 f sgl	2 m sgl	1 sgl		
كَثُرْنَ	كَثُرُوا	كَثُرْتُنَّ	كَثُرْتُمْ	كَثُرْنَا	كَثُرَتَا	كَثُرَا	كَثُرْتُمَا	كَثُرَتْ	كَثُرَ	كَثُرْتِ	كَثُرْتَ	كَثُرْتُ	PERFECT	ACTIVE
يَكْثُرْنَ	يَكْثُرُونَ	تَكْثُرْنَ	تَكْثُرُونَ	نَكْثُرُ	تَكْثُرَانِ	يَكْثُرَانِ	تَكْثُرَانِ	تَكْثُرُ	يَكْثُرُ	تَكْثُرِينَ	تَكْثُرُ	أَكْثُرُ	IMPERFECT INDICATIVE	
يَكْثُرْنَ	يَكْثُرُوا	تَكْثُرْنَ	تَكْثُرُوا	نَكْثُرَ	تَكْثُرَا	يَكْثُرَا	تَكْثُرَا	تَكْثُرَ	يَكْثُرَ	تَكْثُرِي	تَكْثُرَ	أَكْثُرَ	IMPERFECT SUBJUNCTIVE	
يَكْثُرْنَ	يَكْثُرُوا	تَكْثُرْنَ	تَكْثُرُوا	نَكْثُرْ	تَكْثُرَا	يَكْثُرَا	تَكْثُرَا	تَكْثُرْ	يَكْثُرْ	تَكْثُرِي	تَكْثُرْ	أَكْثُرْ	IMPERFECT JUSSIVE	
		أُكْثُرْنَ	أُكْثُرُوا				أُكْثُرَا			أُكْثُرِي	أُكْثُرْ		IMPERATIVE	
													PERFECT	PASSIVE
													IMPERFECT INDICATIVE	
													IMPERFECT SUBJUNCTIVE	
													IMPERFECT JUSSIVE	

ACTIVE PARTICIPLE: كَائِدٌ PASSIVE PARTICIPLE: MAṢDAR: ROOT: كود FORM I TO BE ON THE POINT OF كَادَ

3 f pl	3 m pl	2 f pl	2 m pl	1 pl	3 f dual	3 m dual	2 dual	3 f sgl	3 m sgl	2 f sgl	2 m sgl	1 sgl		
كِدْنَ	كَادُوا	كِدْتُنَّ	كِدْتُمْ	كِدْنَا	كَادَتَا	كَادَا	كِدْتُمَا	كَادَتْ	كَادَ	كِدْتِ	كِدْتَ	كِدْتُ	PERFECT	ACTIVE
يَكَدْنَ	يَكَادُونَ	تَكَدْنَ	تَكَادُونَ	نَكَادُ	تَكَادَانِ	يَكَادَانِ	تَكَادَانِ	تَكَادُ	يَكَادُ	تَكَادِينَ	تَكَادُ	أَكَادُ	IMPERFECT INDICATIVE	
يَكَدْنَ	يَكَادُوا	تَكَدْنَ	تَكَادُوا	نَكَادَ	تَكَادَا	يَكَادَا	تَكَادَا	تَكَادَ	يَكَادَ	تَكَادِي	تَكَادَ	أَكَادَ	IMPERFECT SUBJUNCTIVE	
يَكَدْنَ	يَكَادُوا	تَكَدْنَ	تَكَادُوا	نَكَدْ	تَكَادَا	يَكَادَا	تَكَادَا	تَكَدْ	يَكَدْ	تَكَادِي	تَكَدْ	أَكَدْ	IMPERFECT JUSSIVE	
													IMPERATIVE	
													PERFECT	PASSIVE
													IMPERFECT INDICATIVE	
													IMPERFECT SUBJUNCTIVE	
													IMPERFECT JUSSIVE	

ACTIVE PARTICIPLE: كَائِنٌ   PASSIVE PARTICIPLE: MAṢDAR: كَوْنٌ   ROOT: كون   FORM I   TO BE كَانَ

		3 f pl	*3 m pl*	*2 f pl*	*2 m pl*	*1 pl*	*3 f dual*	*3 m dual*	*2 dual*	*3 f sgl*	*3 m sgl*	*2 f sgl*	*2 m sgl*	*1 sgl*
ACTIVE	PERFECT	كُنَّ	كَانُوا	كُنْتُنَّ	كُنْتُمْ	كُنَّا	كَانَتَا	كَانَا	كُنْتُمَا	كَانَتْ	كَانَ	كُنْتِ	كُنْتَ	كُنْتُ
	IMPERFECT INDICATIVE	يَكُنَّ	يَكُونُونَ	تَكُنَّ	تَكُونُونَ	نَكُونُ	تَكُونَانِ	يَكُونَانِ	تَكُونَانِ	تَكُونُ	يَكُونُ	تَكُونِينَ	تَكُونُ	أَكُونُ
	IMPERFECT SUBJUNCTIVE	يَكُنَّ	يَكُونُوا	تَكُنَّ	تَكُونُوا	نَكُونَ	تَكُونَا	يَكُونَا	تَكُونَا	تَكُونَ	يَكُونَ	تَكُونِي	تَكُونَ	أَكُونَ
	IMPERFECT JUSSIVE	يَكُنَّ	يَكُونُوا	تَكُنَّ	تَكُونُوا	نَكُنْ	تَكُونَا	يَكُونَا	تَكُونَا	تَكُنْ	يَكُنْ	تَكُونِي	تَكُنْ	أَكُنْ
	IMPERATIVE			كُنَّ	كُونُوا				كُونَا			كُونِي	كُنْ	
PASSIVE	PERFECT													
	IMPERFECT INDICATIVE													
	IMPERFECT SUBJUNCTIVE													
	IMPERFECT JUSSIVE													

ACTIVE PARTICIPLE: مُلَائِمٌ PASSIVE PARTICIPLE: مُلَاءَمٌ MAṢDAR: مُلَاءَمَةٌ ROOT: لأم FORM III TO SUIT لَاءَمَ

		3 f pl	*3 m pl*	*2 f pl*	*2 m pl*	*1 pl*	*3 f dual*	*3 m dual*	*2 dual*	*3 f sgl*	*3 m sgl*	*2 f sgl*	*2 m sgl*	*1 sgl*
ACTIVE	PERFECT	لَاءَمْنَ	لَاءَمُوا	لَاءَمْتُنَّ	لَاءَمْتُمْ	لَاءَمْنَا	لَاءَمَتَا	لَاءَمَا	لَاءَمْتُمَا	لَاءَمَتْ	لَاءَمَ	لَاءَمْتِ	لَاءَمْتَ	لَاءَمْتُ
ACTIVE	IMPERFECT INDICATIVE	يُلَائِمْنَ	يُلَائِمُونَ	تُلَائِمْنَ	تُلَائِمُونَ	نُلَائِمُ	تُلَائِمَانِ	يُلَائِمَانِ	تُلَائِمَانِ	تُلَائِمُ	يُلَائِمُ	تُلَائِمِينَ	تُلَائِمُ	أُلَائِمُ
ACTIVE	IMPERFECT SUBJUNCTIVE	يُلَائِمْنَ	يُلَائِمُوا	تُلَائِمْنَ	تُلَائِمُوا	نُلَائِمَ	تُلَائِمَا	يُلَائِمَا	تُلَائِمَا	تُلَائِمَ	يُلَائِمَ	تُلَائِمِي	تُلَائِمَ	أُلَائِمَ
ACTIVE	IMPERFECT JUSSIVE	يُلَائِمْنَ	يُلَائِمُوا	تُلَائِمْنَ	تُلَائِمُوا	نُلَائِمْ	تُلَائِمَا	يُلَائِمَا	تُلَائِمَا	تُلَائِمْ	يُلَائِمْ	تُلَائِمِي	تُلَائِمْ	أُلَائِمْ
ACTIVE	IMPERATIVE			لَائِمْنَ	لَائِمُوا				لَائِمَا			لَائِمِي	لَائِمْ	
PASSIVE	PERFECT	لُوئِمْنَ	لُوئِمُوا	لُوئِمْتُنَّ	لُوئِمْتُمْ	لُوئِمْنَا	لُوئِمَتَا	لُوئِمَا	لُوئِمْتُمَا	لُوئِمَتْ	لُوئِمَ	لُوئِمْتِ	لُوئِمْتَ	لُوئِمْتُ
PASSIVE	IMPERFECT INDICATIVE	يُلَاءَمْنَ	يُلَاءَمُونَ	تُلَاءَمْنَ	تُلَاءَمُونَ	نُلَاءَمُ	تُلَاءَمَانِ	يُلَاءَمَانِ	تُلَاءَمَانِ	تُلَاءَمُ	يُلَاءَمُ	تُلَاءَمِينَ	تُلَاءَمُ	أُلَاءَمُ
PASSIVE	IMPERFECT SUBJUNCTIVE	يُلَاءَمْنَ	يُلَاءَمُوا	تُلَاءَمْنَ	تُلَاءَمُوا	نُلَاءَمَ	تُلَاءَمَا	يُلَاءَمَا	تُلَاءَمَا	تُلَاءَمَ	يُلَاءَمَ	تُلَاءَمِي	تُلَاءَمَ	أُلَاءَمَ
PASSIVE	IMPERFECT JUSSIVE	يُلَاءَمْنَ	يُلَاءَمُوا	تُلَاءَمْنَ	تُلَاءَمُوا	نُلَاءَمْ	تُلَاءَمَا	يُلَاءَمَا	تُلَاءَمَا	تُلَاءَمْ	يُلَاءَمْ	تُلَاءَمِي	تُلَاءَمْ	أُلَاءَمْ

ACTIVE PARTICIPLE: مُلْتَئِمٌ PASSIVE PARTICIPLE: MAṢDAR: إِلْتِئَامٌ ROOT: لأم FORM VIII TO BE MENDED إِلْتَأَمَ

		3 f pl	3 m pl	2 f pl	2 m pl	1 pl	3 f dual	3 m dual	2 dual	3 f sgl	3 m sgl	2 f sgl	2 m sgl	1 sgl
ACTIVE	PERFECT	إِلْتَأَمْنَ	إِلْتَأَمُوا	إِلْتَأَمْتُنَّ	إِلْتَأَمْتُمْ	إِلْتَأَمْنَا	إِلْتَأَمَتَا	إِلْتَأَمَا	إِلْتَأَمْتُمَا	إِلْتَأَمَتْ	إِلْتَأَمَ	إِلْتَأَمْتِ	إِلْتَأَمْتَ	إِلْتَأَمْتُ
	IMPERFECT INDICATIVE	يَلْتَئِمْنَ	يَلْتَئِمُونَ	تَلْتَئِمْنَ	تَلْتَئِمُونَ	نَلْتَئِمُ	تَلْتَئِمَانِ	يَلْتَئِمَانِ	تَلْتَئِمَانِ	تَلْتَئِمُ	يَلْتَئِمُ	تَلْتَئِمِينَ	تَلْتَئِمُ	أَلْتَئِمُ
	IMPERFECT SUBJUNCTIVE	يَلْتَئِمْنَ	يَلْتَئِمُوا	تَلْتَئِمْنَ	تَلْتَئِمُوا	نَلْتَئِمَ	تَلْتَئِمَا	يَلْتَئِمَا	تَلْتَئِمَا	تَلْتَئِمَ	يَلْتَئِمَ	تَلْتَئِمِي	تَلْتَئِمَ	أَلْتَئِمَ
	IMPERFECT JUSSIVE	يَلْتَئِمْنَ	يَلْتَئِمُوا	تَلْتَئِمْنَ	تَلْتَئِمُوا	نَلْتَئِمْ	تَلْتَئِمَا	يَلْتَئِمَا	تَلْتَئِمَا	تَلْتَئِمْ	يَلْتَئِمْ	تَلْتَئِمِي	تَلْتَئِمْ	أَلْتَئِمْ
	IMPERATIVE			إِلْتَئِمْنَ	إِلْتَئِمُوا				إِلْتَئِمَا			إِلْتَئِمِي	إِلْتَئِمْ	
PASSIVE	PERFECT													
	IMPERFECT INDICATIVE													
	IMPERFECT SUBJUNCTIVE													
	IMPERFECT JUSSIVE													

TO WEAR لَبِسَ FORM I ROOT: لبس MAṢDAR: لُبْسٌ PASSIVE PARTICIPLE: مَلْبُوسٌ ACTIVE PARTICIPLE: لَابِسٌ

3 f pl	3 m pl	2 f pl	2 m pl	1 pl	3 f dual	3 m dual	2 dual	3 f sgl	3 m sgl	2 f sgl	2 m sgl	1 sgl		
لَبِسْنَ	لَبِسُوا	لَبِسْتُنَّ	لَبِسْتُمْ	لَبِسْنَا	لَبِسَتَا	لَبِسَا	لَبِسْتُمَا	لَبِسَتْ	لَبِسَ	لَبِسْتِ	لَبِسْتَ	لَبِسْتُ	PERFECT	ACTIVE
يَلْبَسْنَ	يَلْبَسُونَ	تَلْبَسْنَ	تَلْبَسُونَ	نَلْبَسُ	تَلْبَسَانِ	يَلْبَسَانِ	تَلْبَسَانِ	تَلْبَسُ	يَلْبَسُ	تَلْبَسِينَ	تَلْبَسُ	أَلْبَسُ	IMPERFECT INDICATIVE	
يَلْبَسْنَ	يَلْبَسُوا	تَلْبَسْنَ	تَلْبَسُوا	نَلْبَسَ	تَلْبَسَا	يَلْبَسَا	تَلْبَسَا	تَلْبَسَ	يَلْبَسَ	تَلْبَسِي	تَلْبَسَ	أَلْبَسَ	IMPERFECT SUBJUNCTIVE	
يَلْبَسْنَ	يَلْبَسُوا	تَلْبَسْنَ	تَلْبَسُوا	نَلْبَسْ	تَلْبَسَا	يَلْبَسَا	تَلْبَسَا	تَلْبَسْ	يَلْبَسْ	تَلْبَسِي	تَلْبَسْ	أَلْبَسْ	IMPERFECT JUSSIVE	
		إِلْبَسْنَ	إِلْبَسُوا				إِلْبَسَا			إِلْبَسِي	إِلْبَسْ		IMPERATIVE	
لُبِسْنَ	لُبِسُوا	لُبِسْتُنَّ	لُبِسْتُمْ	لُبِسْنَا	لُبِسَتَا	لُبِسَا	لُبِسْتُمَا	لُبِسَتْ	لُبِسَ	لُبِسْتِ	لُبِسْتَ	لُبِسْتُ	PERFECT	PASSIVE
يُلْبَسْنَ	يُلْبَسُونَ	تُلْبَسْنَ	تُلْبَسُونَ	نُلْبَسُ	تُلْبَسَانِ	يُلْبَسَانِ	تُلْبَسَانِ	تُلْبَسُ	يُلْبَسُ	تُلْبَسِينَ	تُلْبَسُ	أُلْبَسُ	IMPERFECT INDICATIVE	
يُلْبَسْنَ	يُلْبَسُوا	تُلْبَسْنَ	تُلْبَسُوا	نُلْبَسَ	تُلْبَسَا	يُلْبَسَا	تُلْبَسَا	تُلْبَسَ	يُلْبَسَ	تُلْبَسِي	تُلْبَسَ	أُلْبَسَ	IMPERFECT SUBJUNCTIVE	
يُلْبَسْنَ	يُلْبَسُوا	تُلْبَسْنَ	تُلْبَسُوا	نُلْبَسْ	تُلْبَسَا	يُلْبَسَا	تُلْبَسَا	تُلْبَسْ	يُلْبَسْ	تُلْبَسِي	تُلْبَسْ	أُلْبَسْ	IMPERFECT JUSSIVE	

ACTIVE PARTICIPLE: *لاَقٍ PASSIVE PARTICIPLE: مَلْقِيٌّ MAṢDAR: لِقَاءٌ ROOT: لقي FORM I TO MEET لَقِيَ

	3 f pl	3 m pl	2 f pl	2 m pl	1 pl	3 f dual	3 m dual	2 dual	3 f sgl	3 m sgl	2 f sgl	2 m sgl	1 sgl		
	لَقِينَ	لَقُوا	لَقِيتُنَّ	لَقِيتُمْ	لَقِينَا	لَقِيَتَا	لَقِيَا	لَقِيتُمَا	لَقِيَتْ	لَقِيَ	لَقِيتِ	لَقِيتَ	لَقِيتُ	PERFECT	ACTIVE
	يَلْقَيْنَ	يَلْقَوْنَ	تَلْقَيْنَ	تَلْقَوْنَ	نَلْقَى	تَلْقَيَانِ	يَلْقَيَانِ	تَلْقَيَانِ	تَلْقَى	يَلْقَى	تَلْقَيْنَ	تَلْقَى	أَلْقَى	IMPERFECT INDICATIVE	
	يَلْقَيْنَ	يَلْقَوْا	تَلْقَيْنَ	تَلْقَوْا	نَلْقَى	تَلْقَيَا	يَلْقَيَا	تَلْقَيَا	تَلْقَى	يَلْقَى	تَلْقَيْ	تَلْقَى	أَلْقَى	IMPERFECT SUBJUNCTIVE	
	يَلْقَيْنَ	يَلْقَوْا	تَلْقَيْنَ	تَلْقَوْا	نَلْقَ	تَلْقَيَا	يَلْقَيَا	تَلْقَيَا	تَلْقَ	يَلْقَ	تَلْقَيْ	تَلْقَ	أَلْقَ	IMPERFECT JUSSIVE	
			إِلْقَيْنَ	إِلْقَوْا				إِلْقَيَا			إِلْقَيْ	إِلْقَ		IMPERATIVE	
	لُقِينَ	لُقُوا	لُقِيتُنَّ	لُقِيتُمْ	لُقِينَا	لُقِيَتَا	لُقِيَا	لُقِيتُمَا	لُقِيَتْ	لُقِيَ	لُقِيتِ	لُقِيتَ	لُقِيتُ	PERFECT	PASSIVE
	يُلْقَيْنَ	يُلْقَوْنَ	تُلْقَيْنَ	تُلْقَوْنَ	نُلْقَى	تُلْقَيَانِ	يُلْقَيَانِ	تُلْقَيَانِ	تُلْقَى	يُلْقَى	تُلْقَيْنَ	تُلْقَى	أُلْقَى	IMPERFECT INDICATIVE	
	يُلْقَيْنَ	يُلْقَوْا	تُلْقَيْنَ	تُلْقَوْا	نُلْقَى	تُلْقَيَا	يُلْقَيَا	تُلْقَيَا	تُلْقَى	يُلْقَى	تُلْقَيْ	تُلْقَى	أُلْقَى	IMPERFECT SUBJUNCTIVE	
	يُلْقَيْنَ	يُلْقَوْا	تُلْقَيْنَ	تُلْقَوْا	نُلْقَ	تُلْقَيَا	يُلْقَيَا	تُلْقَيَا	تُلْقَ	يُلْقَ	تُلْقَيْ	تُلْقَ	أُلْقَ	IMPERFECT JUSSIVE	

*Genitive لاَقٍ ; accusative لاَقِيًا. With article: nominative أَلْلاَّقِي ; genitive أَلْلاَّقِي ; accusative أَلْلاَّقِيَ.

ACTIVE PARTICIPLE:* مُلْقٍ PASSIVE PARTICIPLE: مُلْقًى MAṢDAR: إِلْقَاءٌ ROOT: لقي FORM IV TO THROW أَلْقَى

		3 f pl	*3 m pl*	*2 f pl*	*2 m pl*	*1 pl*	*3 f dual*	*3 m dual*	*2 dual*	*3 f sgl*	*3 m sgl*	*2 f sgl*	*2 m sgl*	*1 sgl*
ACTIVE	PERFECT	أَلْقَيْنَ	أَلْقَوْا	أَلْقَيْتُنَّ	أَلْقَيْتُمْ	أَلْقَيْنَا	أَلْقَتَا	أَلْقَيَا	أَلْقَيْتُمَا	أَلْقَتْ	أَلْقَى	أَلْقَيْتِ	أَلْقَيْتَ	أَلْقَيْتُ
	IMPERFECT INDICATIVE	يُلْقِينَ	يُلْقُونَ	تُلْقِينَ	تُلْقُونَ	نُلْقِي	تُلْقِيَانِ	يُلْقِيَانِ	تُلْقِيَانِ	تُلْقِي	يُلْقِي	تُلْقِينَ	تُلْقِي	أُلْقِي
	IMPERFECT SUBJUNCTIVE	يُلْقِينَ	يُلْقُوا	تُلْقِينَ	تُلْقُوا	نُلْقِيَ	تُلْقِيَا	يُلْقِيَا	تُلْقِيَا	تُلْقِيَ	يُلْقِيَ	تُلْقِي	تُلْقِيَ	أُلْقِيَ
	IMPERFECT JUSSIVE	يُلْقِينَ	يُلْقُوا	تُلْقِينَ	تُلْقُوا	نُلْقِ	تُلْقِيَا	يُلْقِيَا	تُلْقِيَا	تُلْقِ	يُلْقِ	تُلْقِي	تُلْقِ	أُلْقِ
	IMPERATIVE			أَلْقِينَ	أَلْقُوا				أَلْقِيَا			أَلْقِي	أَلْقِ	
PASSIVE	PERFECT	أُلْقِينَ	أُلْقُوا	أُلْقِيتُنَّ	أُلْقِيتُمْ	أُلْقِينَا	أُلْقِيَتَا	أُلْقِيَا	أُلْقِيتُمَا	أُلْقِيَتْ	أُلْقِيَ	أُلْقِيتِ	أُلْقِيتَ	أُلْقِيتُ
	IMPERFECT INDICATIVE	يُلْقَيْنَ	يُلْقَوْنَ	تُلْقَيْنَ	تُلْقَوْنَ	نُلْقَى	تُلْقَيَانِ	يُلْقَيَانِ	تُلْقَيَانِ	تُلْقَى	يُلْقَى	تُلْقَيْنَ	تُلْقَى	أُلْقَى
	IMPERFECT SUBJUNCTIVE	يُلْقَيْنَ	يُلْقَوْا	تُلْقَيْنَ	تُلْقَوْا	نُلْقَى	تُلْقَيَا	يُلْقَيَا	تُلْقَيَا	تُلْقَى	يُلْقَى	تُلْقَيْ	تُلْقَى	أُلْقَى
	IMPERFECT JUSSIVE	يُلْقَيْنَ	يُلْقَوْا	تُلْقَيْنَ	تُلْقَوْا	نُلْقَ	تُلْقَيَا	يُلْقَيَا	تُلْقَيَا	تُلْقَ	يُلْقَ	تُلْقَيْ	تُلْقَ	أُلْقَ

*Genitive مُلْقٍ ; accusative مُلْقِيًا. With article: nominative أَلْمُلْقِي ; genitive أَلْمُلْقِي ; accusative أَلْمُلْقِيَ.

ACTIVE PARTICIPLE:* مُتَلَقٍّ PASSIVE PARTICIPLE: مُتَلَقًّى MAṢDAR: تَلَقٍّ ROOT: لقي FORM V TO RECEIVE تَلَقَّى

3 f pl	3 m pl	2 f pl	2 m pl	1 pl	3 f dual	3 m dual	2 dual	3 f sgl	3 m sgl	2 f sgl	2 m sgl	1 sgl		
تَلَقَّيْنَ	تَلَقَّوْا	تَلَقَّيْتُنَّ	تَلَقَّيْتُمْ	تَلَقَّيْنَا	تَلَقَّتَا	تَلَقَّيَا	تَلَقَّيْتُمَا	تَلَقَّتْ	تَلَقَّى	تَلَقَّيْتِ	تَلَقَّيْتَ	تَلَقَّيْتُ	PERFECT	ACTIVE
يَتَلَقَّيْنَ	يَتَلَقَّوْنَ	تَتَلَقَّيْنَ	تَتَلَقَّوْنَ	نَتَلَقَّى	تَتَلَقَّيَانِ	يَتَلَقَّيَانِ	تَتَلَقَّيَانِ	تَتَلَقَّى	يَتَلَقَّى	تَتَلَقَّيْنَ	تَتَلَقَّى	أَتَلَقَّى	IMPERFECT INDICATIVE	
يَتَلَقَّيْنَ	يَتَلَقَّوْا	تَتَلَقَّيْنَ	تَتَلَقَّوْا	نَتَلَقَّى	تَتَلَقَّيَا	يَتَلَقَّيَا	تَتَلَقَّيَا	تَتَلَقَّى	يَتَلَقَّى	تَتَلَقَّيْ	تَتَلَقَّى	أَتَلَقَّى	IMPERFECT SUBJUNCTIVE	
يَتَلَقَّيْنَ	يَتَلَقَّوْا	تَتَلَقَّيْنَ	تَتَلَقَّوْا	نَتَلَقَّ	تَتَلَقَّيَا	يَتَلَقَّيَا	تَتَلَقَّيَا	تَتَلَقَّ	يَتَلَقَّ	تَتَلَقَّيْ	تَتَلَقَّ	أَتَلَقَّ	IMPERFECT JUSSIVE	
		تَلَقَّيْنَ	تَلَقَّوْا				تَلَقَّيَا			تَلَقَّيْ	تَلَقَّ		IMPERATIVE	
تُلُقِّينَ	تُلُقُّوا	تُلُقِّيتُنَّ	تُلُقِّيتُمْ	تُلُقِّينَا	تُلُقِّيَتَا	تُلُقِّيَا	تُلُقِّيتُمَا	تُلُقِّيَتْ	تُلُقِّيَ	تُلُقِّيتِ	تُلُقِّيتَ	تُلُقِّيتُ	PERFECT	PASSIVE
يُتَلَقَّيْنَ	يُتَلَقَّوْنَ	تُتَلَقَّيْنَ	تُتَلَقَّوْنَ	نُتَلَقَّى	تُتَلَقَّيَانِ	يُتَلَقَّيَانِ	تُتَلَقَّيَانِ	تُتَلَقَّى	يُتَلَقَّى	تُتَلَقَّيْنَ	تُتَلَقَّى	أُتَلَقَّى	IMPERFECT INDICATIVE	
يُتَلَقَّيْنَ	يُتَلَقَّوْا	تُتَلَقَّيْنَ	تُتَلَقَّوْا	نُتَلَقَّى	تُتَلَقَّيَا	يُتَلَقَّيَا	تُتَلَقَّيَا	تُتَلَقَّى	يُتَلَقَّى	تُتَلَقَّيْ	تُتَلَقَّى	أُتَلَقَّى	IMPERFECT SUBJUNCTIVE	
يُتَلَقَّيْنَ	يُتَلَقَّوْا	تُتَلَقَّيْنَ	تُتَلَقَّوْا	نُتَلَقَّ	تُتَلَقَّيَا	يُتَلَقَّيَا	تُتَلَقَّيَا	تُتَلَقَّ	يُتَلَقَّ	تُتَلَقَّيْ	تُتَلَقَّ	أُتَلَقَّ	IMPERFECT JUSSIVE	

*Genitive مُتَلَقٍّ ; accusative مُتَلَقِّيًا. With article: nominative أَلْـمُتَلَقِّي ; genitive أَلْـمُتَلَقِّي ; accusative أَلْـمُتَلَقِّيَ.

ACTIVE PARTICIPLE: PASSIVE PARTICIPLE: MAṢDAR: ROOT: ليس FORM I NOT TO BE لَيْسَ

		3 f pl	*3 m pl*	*2 f pl*	*2 m pl*	*1 pl*	*3 f dual*	*3 m dual*	*2 dual*	*3 f sgl*	*3 m sgl*	*2 f sgl*	*2 m sgl*	*1 sgl*
ACTIVE	PERFECT	لَسْنَ	لَيْسُوا	لَسْتُنَّ	لَسْتُمْ	لَسْنَا	لَيْسَتَا	لَيْسَا	لَسْتُمَا	لَيْسَتْ	لَيْسَ	لَسْتِ	لَسْتَ	لَسْتُ
	IMPERFECT INDICATIVE													
	IMPERFECT SUBJUNCTIVE													
	IMPERFECT JUSSIVE													
	IMPERATIVE													
PASSIVE	PERFECT													
	IMPERFECT INDICATIVE													
	IMPERFECT SUBJUNCTIVE													
	IMPERFECT JUSSIVE													

TO TAKE إِسْتَمَدَّ FORM X ROOT: مدد MAṢDAR: إِسْتِمْدَادٌ PASSIVE PARTICIPLE: مُسْتَمَدٌّ ACTIVE PARTICIPLE: مُسْتَمِدٌّ

		1 sgl	2 m sgl	2 f sgl	3 m sgl	3 f sgl	2 dual	3 m dual	3 f dual	1 pl	2 m pl	2 f pl	3 m pl	3 f pl
ACTIVE	PERFECT	إِسْتَمْدَدْتُ	أَسْتَمْدَدْتَ	إِسْتَمْدَدْتِ	إِسْتَمَدَّ	إِسْتَمَدَّتْ	إِسْتَمْدَدْتُمَا	إِسْتَمَدَّا	إِسْتَمَدَّتَا	إِسْتَمْدَدْنَا	إِسْتَمْدَدْتُمْ	إِسْتَمْدَدْتُنَّ	إِسْتَمَدُّوا	إِسْتَمْدَدْنَ
	IMPERFECT INDICATIVE	أَسْتَمِدُّ	تَسْتَمِدُّ	تَسْتَمِدِّينَ	يَسْتَمِدُّ	تَسْتَمِدُّ	تَسْتَمِدَّانِ	يَسْتَمِدَّانِ	تَسْتَمِدَّانِ	نَسْتَمِدُّ	تَسْتَمِدُّونَ	تَسْتَمْدِدْنَ	يَسْتَمِدُّونَ	يَسْتَمْدِدْنَ
	IMPERFECT SUBJUNCTIVE	أَسْتَمِدَّ	تَسْتَمِدَّ	تَسْتَمِدِّي	يَسْتَمِدَّ	تَسْتَمِدَّ	تَسْتَمِدَّا	يَسْتَمِدَّا	تَسْتَمِدَّا	نَسْتَمِدَّ	تَسْتَمِدُّوا	تَسْتَمْدِدْنَ	يَسْتَمِدُّوا	يَسْتَمْدِدْنَ
	IMPERFECT JUSSIVE	أَسْتَمْدِدْ	تَسْتَمْدِدْ	تَسْتَمِدِّي	يَسْتَمْدِدْ	تَسْتَمْدِدْ	تَسْتَمِدَّا	يَسْتَمِدَّا	تَسْتَمِدَّا	نَسْتَمْدِدْ	تَسْتَمِدُّوا	تَسْتَمْدِدْنَ	يَسْتَمِدُّوا	يَسْتَمْدِدْنَ
	IMPERATIVE		إِسْتَمْدِدْ	إِسْتَمِدِّي			إِسْتَمِدَّا				إِسْتَمِدُّوا	إِسْتَمْدِدْنَ		
PASSIVE	PERFECT	أُسْتُمْدِدْتُ	أُسْتُمْدِدْتَ	أُسْتُمْدِدْتِ	أُسْتُمِدَّ	أُسْتُمِدَّتْ	أُسْتُمْدِدْتُمَا	أُسْتُمِدَّا	أُسْتُمِدَّتَا	أُسْتُمْدِدْنَا	أُسْتُمْدِدْتُمْ	أُسْتُمْدِدْتُنَّ	أُسْتُمِدُّوا	أُسْتُمْدِدْنَ
	IMPERFECT INDICATIVE	أُسْتَمَدُّ	تُسْتَمَدُّ	تُسْتَمَدِّينَ	يُسْتَمَدُّ	تُسْتَمَدُّ	تُسْتَمَدَّانِ	يُسْتَمَدَّانِ	تُسْتَمَدَّانِ	نُسْتَمَدُّ	تُسْتَمَدُّونَ	تُسْتَمْدَدْنَ	يُسْتَمَدُّونَ	يُسْتَمْدَدْنَ
	IMPERFECT SUBJUNCTIVE	أُسْتَمَدَّ	تُسْتَمَدَّ	تُسْتَمَدِّي	يُسْتَمَدَّ	تُسْتَمَدَّ	تُسْتَمَدَّا	يُسْتَمَدَّا	تُسْتَمَدَّا	نُسْتَمَدَّ	تُسْتَمَدُّوا	تُسْتَمْدَدْنَ	يُسْتَمَدُّوا	يُسْتَمْدَدْنَ
	IMPERFECT JUSSIVE	أُسْتَمْدَدْ	تُسْتَمْدَدْ	تُسْتَمَدِّي	يُسْتَمْدَدْ	تُسْتَمْدَدْ	تُسْتَمَدَّا	يُسْتَمَدَّا	تُسْتَمَدَّا	نُسْتَمْدَدْ	تُسْتَمَدُّوا	تُسْتَمْدَدْنَ	يُسْتَمَدُّوا	يُسْتَمْدَدْنَ

ACTIVE PARTICIPLE: مَالِكٌ PASSIVE PARTICIPLE: مَمْلُوكٌ MAṢDAR:* مَلْكٌ ROOT: ملك FORM I TO ACQUIRE مَلَكَ

	3 f pl	*3 m pl*	*2 f pl*	*2 m pl*	*1 pl*	*3 f dual*	*3 m dual*	*2 dual*	*3 f sgl*	*3 m sgl*	*2 f sgl*	*2 m sgl*	*1 sgl*		
	مَلَكْنَ	مَلَكُوا	مَلَكْتُنَّ	مَلَكْتُمْ	مَلَكْنَا	مَلَكَتَا	مَلَكَا	مَلَكْتُمَا	مَلَكَتْ	مَلَكَ	مَلَكْتِ	مَلَكْتَ	مَلَكْتُ	PERFECT	ACTIVE
	يَمْلِكْنَ	يَمْلِكُونَ	تَمْلِكْنَ	تَمْلِكُونَ	نَمْلِكُ	تَمْلِكَانِ	يَمْلِكَانِ	تَمْلِكَانِ	تَمْلِكُ	يَمْلِكُ	تَمْلِكِينَ	تَمْلِكُ	أَمْلِكُ	IMPERFECT INDICATIVE	
	يَمْلِكْنَ	يَمْلِكُوا	تَمْلِكْنَ	تَمْلِكُوا	نَمْلِكَ	تَمْلِكَا	يَمْلِكَا	تَمْلِكَا	تَمْلِكَ	يَمْلِكَ	تَمْلِكِي	تَمْلِكَ	أَمْلِكَ	IMPERFECT SUBJUNCTIVE	
	يَمْلِكْنَ	يَمْلِكُوا	تَمْلِكْنَ	تَمْلِكُوا	نَمْلِكْ	تَمْلِكَا	يَمْلِكَا	تَمْلِكَا	تَمْلِكْ	يَمْلِكْ	تَمْلِكِي	تَمْلِكْ	أَمْلِكْ	IMPERFECT JUSSIVE	
			إِمْلِكْنَ	إِمْلِكُوا				إِمْلِكَا			إِمْلِكِي	إِمْلِكْ		IMPERATIVE	
	مُلِكْنَ	مُلِكُوا	مُلِكْتُنَّ	مُلِكْتُمْ	مُلِكْنَا	مُلِكَتَا	مُلِكَا	مُلِكْتُمَا	مُلِكَتْ	مُلِكَ	مُلِكْتِ	مُلِكْتَ	مُلِكْتُ	PERFECT	PASSIVE
	يُمْلَكْنَ	يُمْلَكُونَ	تُمْلَكْنَ	تُمْلَكُونَ	نُمْلَكُ	تُمْلَكَانِ	يُمْلَكَانِ	تُمْلَكَانِ	تُمْلَكُ	يُمْلَكُ	تُمْلَكِينَ	تُمْلَكُ	أُمْلَكُ	IMPERFECT INDICATIVE	
	يُمْلَكْنَ	يُمْلَكُوا	تُمْلَكْنَ	تُمْلَكُوا	نُمْلَكَ	تُمْلَكَا	يُمْلَكَا	تُمْلَكَا	تُمْلَكَ	يُمْلَكَ	تُمْلَكِي	تُمْلَكَ	أُمْلَكَ	IMPERFECT SUBJUNCTIVE	
	يُمْلَكْنَ	يُمْلَكُوا	تُمْلَكْنَ	تُمْلَكُوا	نُمْلَكْ	تُمْلَكَا	يُمْلَكَا	تُمْلَكَا	تُمْلَكْ	يُمْلَكْ	تُمْلَكِي	تُمْلَكْ	أُمْلَكْ	IMPERFECT JUSSIVE	

*Also مِلْكٌ , مُلْكٌ.

ACTIVE PARTICIPLE: مُمْتَازٌ PASSIVE PARTICIPLE: MAṢDAR: إِمْتِيَازٌ ROOT: ميز FORM VIII TO BE DISTINGUISHED إِمْتَازَ

3 f pl	*3 m pl*	*2 f pl*	*2 m pl*	*1 pl*	*3 f dual*	*3 m dual*	*2 dual*	*3 f sgl*	*3 m sgl*	*2 f sgl*	*2 m sgl*	*1 sgl*		
إِمْتَزْنَ	إِمْتَازُوا	إِمْتَزْتُنَّ	إِمْتَزْتُمْ	إِمْتَزْنَا	إِمْتَازَتَا	إِمْتَازَا	إِمْتَزْتُمَا	إِمْتَازَتْ	إِمْتَازَ	إِمْتَزْتِ	إِمْتَزْتَ	إِمْتَزْتُ	PERFECT	ACTIVE
يَمْتَزْنَ	يَمْتَازُونَ	تَمْتَزْنَ	تَمْتَازُونَ	نَمْتَازُ	تَمْتَازَانِ	يَمْتَازَانِ	تَمْتَازَانِ	تَمْتَازُ	يَمْتَازُ	تَمْتَازِينَ	تَمْتَازُ	أَمْتَازُ	IMPERFECT INDICATIVE	
يَمْتَزْنَ	يَمْتَازُوا	تَمْتَزْنَ	تَمْتَازُوا	نَمْتَازَ	تَمْتَازَ	يَمْتَازَا	تَمْتَازَا	تَمْتَازَ	يَمْتَازَ	تَمْتَازِي	تَمْتَازَ	أَمْتَازَ	IMPERFECT SUBJUNCTIVE	
يَمْتَزْنَ	يَمْتَازُوا	تَمْتَزْنَ	تَمْتَازُوا	نَمْتَزْ	تَمْتَازَا	يَمْتَازَا	تَمْتَازَا	تَمْتَزْ	يَمْتَزْ	تَمْتَازِي	تَمْتَزْ	أَمْتَزْ	IMPERFECT JUSSIVE	
		إِمْتَزْنَ	إِمْتَازُوا				إِمْتَازَا			إِمْتَازِي			IMPERATIVE	
													PERFECT	PASSIVE
													IMPERFECT INDICATIVE	
													IMPERFECT SUBJUNCTIVE	
													IMPERFECT JUSSIVE	

ACTIVE PARTICIPLE: مُنْبِئٌ PASSIVE PARTICIPLE: مُنْبَأٌ MAṢDAR: إِنْبَاءٌ ROOT: نبأ FORM IV TO INFORM أَنْبَأَ

3 f pl	*3 m pl*	*2 f pl*	*2 m pl*	*1 pl*	*3 f dual*	*3 m dual*	*2 dual*	*3 f sgl*	*3 m sgl*	*2 f sgl*	*2 m sgl*	*1 sgl*		Voice
أَنْبَأْنَ	أَنْبَوُا	أَنْبَأْتُنَّ	أَنْبَأْتُمْ	أَنْبَأْنَا	أَنْبَأَتَا	أَنْبَآ	أَنْبَأْتُمَا	أَنْبَأَتْ	أَنْبَأَ	أَنْبَأْتِ	أَنْبَأْتَ	أَنْبَأْتُ	PERFECT	ACTIVE
يُنْبِئْنَ	يُنْبِئُونَ	تُنْبِئْنَ	تُنْبِئُونَ	نُنْبِئُ	تُنْبِئَانِ	يُنْبِئَانِ	تُنْبِئَانِ	تُنْبِئُ	يُنْبِئُ	تُنْبِئِينَ	تُنْبِئُ	أُنْبِئُ	IMPERFECT INDICATIVE	
يُنْبِئْنَ	يُنْبِئُوا	تُنْبِئْنَ	تُنْبِئُوا	نُنْبِئَ	تُنْبِئَا	يُنْبِئَا	تُنْبِئَا	تُنْبِئَ	يُنْبِئَ	تُنْبِئِي	تُنْبِئَ	أُنْبِئَ	IMPERFECT SUBJUNCTIVE	
يُنْبِئْنَ	يُنْبِئُوا	تُنْبِئْنَ	تُنْبِئُوا	نُنْبِئْ	تُنْبِئَا	يُنْبِئَا	تُنْبِئَا	تُنْبِئْ	يُنْبِئْ	تُنْبِئِي	تُنْبِئْ	أُنْبِئْ	IMPERFECT JUSSIVE	
		أَنْبِئْنَ	أَنْبِئُوا				أَنْبِئَا			أَنْبِئِي	أَنْبِئْ		IMPERATIVE	
أُنْبِئْنَ	أُنْبِئُوا	أُنْبِئْتُنَّ	أُنْبِئْتُمْ	أُنْبِئْنَا	أُنْبِئَتَا	أُنْبِئَا	أُنْبِئْتُمَا	أُنْبِئَتْ	أُنْبِئَ	أُنْبِئْتِ	أُنْبِئْتَ	أُنْبِئْتُ	PERFECT	PASSIVE
يُنْبَأْنَ	يُنْبَؤُونَ	تُنْبَأْنَ	تُنْبَؤُونَ	نُنْبَأُ	تُنْبَآنِ	يُنْبَآنِ	تُنْبَآنِ	تُنْبَأُ	يُنْبَأُ	تُنْبَئِنَ	تُنْبَأُ	أُنْبَأُ	IMPERFECT INDICATIVE	
يُنْبَأْنَ	يُنْبَؤُوا	تُنْبَأْنَ	تُنْبَؤُوا	نُنْبَأَ	تُنْبَآ	يُنْبَآ	تُنْبَآ	تُنْبَأَ	يُنْبَأَ	تُنْبَئِي	تُنْبَأَ	أُنْبَأَ	IMPERFECT SUBJUNCTIVE	
يُنْبَأْنَ	يُنْبَؤُووا	تُنْبَأْنَ	تُنْبَؤُوا	نُنْبَأْ	تُنْبَآ	يُنْبَآ	تُنْبَآ	تُنْبَأْ	يُنْبَأْ	تُنْبَئِي	تُنْبَأْ	أُنْبَأْ	IMPERFECT JUSSIVE	

ACTIVE PARTICIPLE: مُنْتَخِبٌ PASSIVE PARTICIPLE: مُنْتَخَبٌ MAṢDAR: إِنْتِخَابٌ ROOT: نخب FORM VIII TO CHOOSE إِنْتَخَبَ

3 f pl	*3 m pl*	*2 f pl*	*2 m pl*	*1 pl*	*3 f dual*	*3 m dual*	*2 dual*	*3 f sgl*	*3 m sgl*	*2 f sgl*	*2 m sgl*	*1 sgl*		
إِنْتَخَبْنَ	إِنْتَخَبُوا	إِنْتَخَبْتُنَّ	إِنْتَخَبْتُمْ	إِنْتَخَبْنَا	إِنْتَخَبَتَا	إِنْتَخَبَا	إِنْتَخَبْتُمَا	إِنْتَخَبَتْ	إِنْتَخَبَ	إِنْتَخَبْتِ	إِنْتَخَبْتَ	إِنْتَخَبْتُ	PERFECT	ACTIVE
يَنْتَخِبْنَ	يَنْتَخِبُونَ	تَنْتَخِبْنَ	تَنْتَخِبُونَ	نَنْتَخِبُ	تَنْتَخِبَانِ	يَنْتَخِبَانِ	تَنْتَخِبَانِ	تَنْتَخِبُ	يَنْتَخِبُ	تَنْتَخِبِينَ	تَنْتَخِبُ	أَنْتَخِبُ	IMPERFECT INDICATIVE	
يَنْتَخِبْنَ	يَنْتَخِبُوا	تَنْتَخِبْنَ	تَنْتَخِبُوا	نَنْتَخِبَ	تَنْتَخِبَا	يَنْتَخِبَا	تَنْتَخِبَا	تَنْتَخِبَ	يَنْتَخِبَ	تَنْتَخِبِي	تَنْتَخِبَ	أَنْتَخِبَ	IMPERFECT SUBJUNCTIVE	
يَنْتَخِبْنَ	يَنْتَخِبُوا	تَنْتَخِبْنَ	تَنْتَخِبُوا	نَنْتَخِبْ	تَنْتَخِبَا	يَنْتَخِبَا	تَنْتَخِبَا	تَنْتَخِبْ	يَنْتَخِبْ	تَنْتَخِبِي	تَنْتَخِبْ	أَنْتَخِبْ	IMPERFECT JUSSIVE	
		إِنْتَخِبْنَ	إِنْتَخِبُوا				إِنْتَخِبَا			إِنْتَخِبِي	إِنْتَخِبْ		IMPERATIVE	
أُنْتُخِبْنَ	أُنْتُخِبُوا	أُنْتُخِبْتُنَّ	أُنْتُخِبْتُمْ	أُنْتُخِبْنَا	أُنْتُخِبَتَا	أُنْتُخِبَا	أُنْتُخِبْتُما	أُنْتُخِبَتْ	أُنْتُخِبَ	أُنْتُخِبْتِ	أُنْتُخِبْتَ	أُنْتُخِبْتُ	PERFECT	PASSIVE
يُنْتَخَبْنَ	يُنْتَخَبُونَ	تُنْتَخَبْنَ	تُنْتَخَبُونَ	نُنْتَخَبُ	تُنْتَخَبَانِ	يُنْتَخَبَانِ	تُنْتَخَبَانِ	تُنْتَخَبُ	يُنْتَخَبُ	تُنْتَخَبِينَ	تُنْتَخَبُ	أُنْتَخَبُ	IMPERFECT INDICATIVE	
يُنْتَخَبْنَ	يُنْتَخَبُونَ	تُنْتَخَبْنَ	تُنْتَخَبُونَ	نُنْتَخَبَ	تُنْتَخَبَا	يُنْتَخَبَا	تُنْتَخَبَا	تُنْتَخَبَ	يُنْتَخَبَ	تُنْتَخَبِي	تُنْتَخَبَ	أُنْتَخَبَ	IMPERFECT SUBJUNCTIVE	
يُنْتَخَبْنَ	يُنْتَخَبُوا	تُنْتَخَبْنَ	تُنْتَخَبُوا	نُنْتَخَبْ	تُنْتَخَبَا	يُنْتَخَبَا	تُنْتَخَبَا	تُنْتَخَبْ	يُنْتَخَبْ	تُنْتَخَبِي	تُنْتَخَبْ	أُنْتَخَبْ	IMPERFECT JUSSIVE	

ACTIVE PARTICIPLE: مُنَادٍ * PASSIVE PARTICIPLE: مُنَادًى MAṢDAR: مُنَادَاةٌ ROOT: ندو FORM III TO SHOUT نَادَى

	3 f pl	*3 m pl*	*2 f pl*	*2 m pl*	*1 pl*	*3 f dual*	*3 m dual*	*2 dual*	*3 f sgl*	*3 m sgl*	*2 f sgl*	*2 m sgl*	*1 sgl*	
ACTIVE	نَادَيْنَ	نَادَوْا	نَادَيْتُنَّ	نَادَيْتُمْ	نَادَيْنَا	نَادَتَا	نَادَيَا	نَادَيْتُمَا	نَادَتْ	نَادَى	نَادَيْتِ	نَادَيْتَ	نَادَيْتُ	PERFECT
ACTIVE	يُنَادِينَ	يُنَادُونَ	تُنَادِينَ	تُنَادُونَ	نُنَادِي	تُنَادِيَانِ	يُنَادِيَانِ	تُنَادِيَانِ	تُنَادِي	يُنَادِي	تُنَادِينَ	تُنَادِي	أُنَادِي	IMPERFECT INDICATIVE
ACTIVE	يُنَادِينَ	يُنَادُوا	تُنَادِينَ	تُنَادُوا	نُنَادِيَ	تُنَادِيَا	يُنَادِيَا	تُنَادِيَا	تُنَادِيَ	يُنَادِيَ	تُنَادِي	تُنَادِيَ	أُنَادِيَ	IMPERFECT SUBJUNCTIVE
ACTIVE	يُنَادِينَ	يُنَادُوا	تُنَادِينَ	تُنَادُوا	نُنَادِ	تُنَادِيَا	يُنَادِيَا	تُنَادِيَا	تُنَادِ	يُنَادِ	تُنَادِي	تُنَادِ	أُنَادِ	IMPERFECT JUSSIVE
ACTIVE			نَادِينَ	نَادُوا				نَادِيَا			نَادِي	نَادِ		IMPERATIVE
PASSIVE	نُودِينَ	نُودُوا	نُودِيتُنَّ	نُودِيتُمْ	نُودِينَا	نُودِيَتَا	نُودِيَا	نُودِيتُمَا	نُودِيَتْ	نُودِيَ	نُودِيتِ	نُودِيتَ	نُودِيتُ	PERFECT
PASSIVE	يُنَدَيْنَ	يُنَادَوْنَ	تُنَادَيْنَ	تُنَادَوْنَ	نُنَادَى	تُنَادَيَانِ	يُنَادَيَانِ	تُنَادَيَانِ	تُنَادَى	يُنَادَى	تُنَادَيْنَ	تُنَادَى	أُنَادَى	IMPERFECT INDICATIVE
PASSIVE	يُنَادَيْنَ	يُنَادَوْا	تُنَادَيْنَ	تُنَادَوْا	نُنَادَى	تُنَادَيَا	يُنَادَيَا	تُنَادَيَا	تُنَادَى	يُنَادَى	تُنَادَيْ	تُنَادَى	أُنَادَى	IMPERFECT SUBJUNCTIVE
PASSIVE	يُنَادَيْنَ	يُنَادَوْا	تُنَادَيْنَ	تُنَادَوْا	نُنَادَ	تُنَادَيَا	يُنَادَيَا	تُنَادَيَا	تُنَادَ	يُنَادَ	تُنَادَيْ	تُنَادَ	أُنَادَ	IMPERFECT JUSSIVE

Genitive مُنَادٍ ; accusative مُنَادِيًا. With article: nominative أَلْـمُنَادِي ; genitive أَلْـمُنَادِي ; accusative أَلْـمُنَادِيَ.

ACTIVE PARTICIPLE: نَازِلٌ PASSIVE PARTICIPLE: MAṢDAR: نُزُولٌ ROOT: نزل FORM I TO DESCEND نَزَلَ

3 f pl	3 m pl	2 f pl	2 m pl	1 pl	3 f dual	3 m dual	2 dual	3 f sgl	3 m sgl	2 f sgl	2 m sgl	1 sgl		
نَزَلْنَ	نَزَلُوا	نَزَلْتُنَّ	نَزَلْتُمْ	نَزَلْنَا	نَزَلَتَا	نَزَلَا	نَزَلْتُمَا	نَزَلَتْ	نَزَلَ	نَزَلْتِ	نَزَلْتَ	نَزَلْتُ	PERFECT	ACTIVE
يَنْزِلْنَ	يَنْزِلُونَ	تَنْزِلْنَ	تَنْزِلُونَ	نَنْزِلُ	تَنْزِلَانِ	يَنْزِلَانِ	تَنْزِلَانِ	تَنْزِلُ	يَنْزِلُ	تَنْزِلِينَ	تَنْزِلُ	أَنْزِلُ	IMPERFECT INDICATIVE	
يَنْزِلْنَ	يَنْزِلُوا	تَنْزِلْنَ	تَنْزِلُوا	نَنْزِلَ	تَنْزِلَا	يَنْزِلَا	تَنْزِلَا	تَنْزِلَ	يَنْزِلَ	تَنْزِلِي	تَنْزِلَ	أَنْزِلَ	IMPERFECT SUBJUNCTIVE	
يَنْزِلْنَ	يَنْزِلُوا	تَنْزِلْنَ	تَنْزِلُوا	نَنْزِلْ	تَنْزِلَا	يَنْزِلَا	تَنْزِلَا	تَنْزِلْ	يَنْزِلْ	تَنْزِلِي	تَنْزِلْ	أَنْزِلْ	IMPERFECT JUSSIVE	
		إِنْزِلْنَ	إِنْزِلُوا				إِنْزِلَا			إِنْزِلِي	إِنْزِلْ		IMPERATIVE	
													PERFECT	PASSIVE
													IMPERFECT INDICATIVE	
													IMPERFECT SUBJUNCTIVE	
													IMPERFECT JUSSIVE	

ACTIVE PARTICIPLE: نَاشِرٌ PASSIVE PARTICIPLE: مَنْشُورٌ MAṢDAR: نَشْرٌ ROOT: نشر FORM I TO PUBLISH نَشَرَ

3 f pl	*3 m pl*	*2 f pl*	*2 m pl*	*1 pl*	*3 f dual*	*3 m dual*	*2 dual*	*3 f sgl*	*3 m sgl*	*2 f sgl*	*2 m sgl*	*1 sgl*		
نَشَرْنَ	نَشَرُوا	نَشَرْتُنَّ	نَشَرْتُمْ	نَشَرْنَا	نَشَرَتَا	نَشَرَا	نَشَرْتُمَا	نَشَرَتْ	نَشَرَ	نَشَرْتِ	نَشَرْتَ	نَشَرْتُ	PERFECT	ACTIVE
يَنْشُرْنَ	يَنْشُرُونَ	تَنْشُرْنَ	تَنْشُرُونَ	نَنْشُرُ	تَنْشُرَانِ	يَنْشُرَانِ	تَنْشُرَانِ	تَنْشُرُ	يَنْشُرُ	تَنْشُرِينَ	تَنْشُرُ	أَنْشُرُ	IMPERFECT INDICATIVE	
يَنْشُرْنَ	يَنْشُرُوا	تَنْشُرْنَ	تَنْشُرُوا	نَنْشُرَ	تَنْشُرَا	يَنْشُرَا	تَنْشُرَا	تَنْشُرَ	يَنْشُرَ	تَنْشُرِي	تَنْشُرَ	أَنْشُرَ	IMPERFECT SUBJUNCTIVE	
يَنْشُرْنَ	يَنْشُرُوا	تَنْشُرْنَ	تَنْشُرُوا	نَنْشُرْ	تَنْشُرَا	يَنْشُرَا	تَنْشُرَا	تَنْشُرْ	يَنْشُرْ	تَنْشُرِي	تَنْشُرْ	أَنْشُرْ	IMPERFECT JUSSIVE	
		أُنْشُرْنَ	أُنْشُرُوا				أُنْشُرَا			أُنْشُرِي	أُنْشُرْ		IMPERATIVE	
نُشِرْنَ	نُشِرُوا	نُشِرْتُنَّ	نُشِرْتُمْ	نُشِرْنَا	نُشِرَتَا	نُشِرَا	نُشِرْتُمَا	نُشِرَتْ	نُشِرَ	نُشِرْتِ	نُشِرْتَ	نُشِرْتُ	PERFECT	PASSIVE
يُنْشَرْنَ	يُنْشَرُونَ	تُنْشَرْنَ	تُنْشَرُونَ	نُنْشَرُ	تُنْشَرَانِ	يُنْشَرَانِ	تُنْشَرَانِ	تُنْشَرُ	يُنْشَرُ	تُنْشَرِينَ	تُنْشَرُ	أُنْشَرُ	IMPERFECT INDICATIVE	
يُنْشَرْنَ	يُنْشَرُوا	تُنْشَرْنَ	تُنْشَرُوا	نُنْشَرَ	تُنْشَرَا	يُنْشَرَا	تُنْشَرَا	تُنْشَرَ	يُنْشَرَ	تُنْشَرِي	تُنْشَرَ	أُنْشَرَ	IMPERFECT SUBJUNCTIVE	
يُنْشَرْنَ	يُنْشَرُوا	تُنْشَرْنَ	تُنْشَرُوا	نُنْشَرْ	تُنْشَرَا	يُنْشَرَا	تُنْشَرَا	تُنْشَرْ	يُنْشَرْ	تُنْشَرِي	تُنْشَرْ	أُنْشَرْ	IMPERFECT JUSSIVE	

ACTIVE PARTICIPLE: نَاظِرٌ PASSIVE PARTICIPLE: مَنْظُورٌ MASDAR: * نَظَرٌ ROOT: نظر FORM I TO SEE نَظَرَ

3 f pl	3 m pl	2 f pl	2 m pl	1 pl	3 f dual	3 m dual	2 dual	3 f sgl	3 m sgl	2 f sgl	2 m sgl	1 sgl		
نَظَرْنَ	نَظَرُوا	نَظَرْتُنَّ	نَظَرْتُمْ	نَظَرْنَا	نَظَرَتَا	نَظَرَا	نَظَرْتُمَا	نَظَرَتْ	نَظَرَ	نَظَرْتِ	نَظَرْتَ	نَظَرْتُ	PERFECT	ACTIVE
يَنْظُرْنَ	يَنْظُرُونَ	تَنْظُرْنَ	تَنْظُرُونَ	نَنْظُرُ	تَنْظُرَانِ	يَنْظُرَانِ	تَنْظُرَانِ	تَنْظُرُ	يَنْظُرُ	تَنْظُرِينَ	تَنْظُرُ	أَنْظُرُ	IMPERFECT INDICATIVE	
يَنْظُرْنَ	يَنْظُرُوا	تَنْظُرْنَ	تَنْظُرُوا	نَنْظُرَ	تَنْظُرَا	يَنْظُرَا	تَنْظُرَا	تَنْظُرَ	يَنْظُرَ	تَنْظُرِي	تَنْظُرَ	أَنْظُرَ	IMPERFECT SUBJUNCTIVE	
يَنْظُرْنَ	يَنْظُرُوا	تَنْظُرْنَ	تَنْظُرُوا	نَنْظُرْ	تَنْظُرَا	يَنْظُرَا	تَنْظُرَا	تَنْظُرْ	يَنْظُرْ	تَنْظُرِي	تَنْظُرْ	أَنْظُرْ	IMPERFECT JUSSIVE	
		أُنْظُرْنَ	أُنْظُرُوا				أُنْظُرَا			أُنْظُرِي	أُنْظُرْ		IMPERATIVE	
نُظِرْنَ	نُظِرُوا	نُظِرْتُنَّ	نُظِرْتُمْ	نُظِرْنَا	نُظِرَتَا	نُظِرَا	نُظِرْتُمَا	نُظِرَتْ	نُظِرَ	نُظِرْتِ	نُظِرْتَ	نُظِرْتُ	PERFECT	PASSIVE
يُنْظَرْنَ	يُنْظَرُونَ	تُنْظَرْنَ	تُنْظَرُونَ	نُنْظَرُ	تُنْظَرَانِ	يُنْظَرَانِ	تُنْظَرَانِ	تُنْظَرُ	يُنْظَرُ	تُنْظَرِينَ	تُنْظَرُ	أُنْظَرُ	IMPERFECT INDICATIVE	
يُنْظَرْنَ	يُنْظَرُوا	تُنْظَرْنَ	تُنْظَرُوا	نُنْظَرَ	تُنْظَرَا	يُنْظَرَا	تُنْظَرَا	تُنْظَرَ	يُنْظَرَ	تُنْظَرِي	تُنْظَرَ	أُنْظَرَ	IMPERFECT SUBJUNCTIVE	
يُنْظَرْنَ	يُنْظَرُوا	تُنْظَرْنَ	تُنْظَرُوا	نُنْظَرْ	تُنْظَرَا	يُنْظَرَا	تُنْظَرَا	تُنْظَرْ	يُنْظَرْ	تُنْظَرِي	تُنْظَرْ	أُنْظَرْ	IMPERFECT JUSSIVE	

* **Also** مَنْظَرٌ.

ACTIVE PARTICIPLE: مُنْتَظِرٌ PASSIVE PARTICIPLE: مُنْتَظَرٌ MAṢDAR: إِنْتِظَارٌ ROOT: نظر FORM VIII TO AWAIT إِنْتَظَرَ

3 f pl	3 m pl	2 f pl	2 m pl	1 pl	3 f dual	3 m dual	2 dual	3 f sgl	3 m sgl	2 f sgl	2 m sgl	1 sgl		
إِنْتَظَرْنَ	إِنْتَظَرُوا	إِنْتَظَرْتُنَّ	إِنْتَظَرْتُمْ	إِنْتَظَرْنَا	إِنْتَظَرَتَا	إِنْتَظَرَا	إِنْتَظَرْتُمَا	إِنْتَظَرَتْ	إِنْتَظَرَ	إِنْتَظَرْتِ	إِنْتَظَرْتَ	إِنْتَظَرْتُ	PERFECT	ACTIVE
يَنْتَظِرْنَ	يَنْتَظِرُونَ	تَنْتَظِرْنَ	تَنْتَظِرُونَ	نَنْتَظِرُ	تَنْتَظِرَانِ	يَنْتَظِرَانِ	تَنْتَظِرَانِ	تَنْتَظِرُ	يَنْتَظِرُ	تَنْتَظِرِينَ	تَنْتَظِرُ	أَنْتَظِرُ	IMPERFECT INDICATIVE	ACTIVE
يَنْتَظِرْنَ	يَنْتَظِرُوا	تَنْتَظِرْنَ	تَنْتَظِرُوا	نَنْتَظِرَ	تَنْتَظِرَا	يَنْتَظِرَا	تَنْتَظِرَا	تَنْتَظِرَ	يَنْتَظِرَ	تَنْتَظِرِي	تَنْتَظِرَ	أَنْتَظِرَ	IMPERFECT SUBJUNCTIVE	ACTIVE
يَنْتَظِرْنَ	يَنْتَظِرُوا	تَنْتَظِرْنَ	تَنْتَظِرُوا	نَنْتَظِرْ	تَنْتَظِرَا	يَنْتَظِرَا	تَنْتَظِرَا	تَنْتَظِرْ	يَنْتَظِرْ	تَنْتَظِرِي	تَنْتَظِرْ	أَنْتَظِرْ	IMPERFECT JUSSIVE	ACTIVE
		إِنْتَظِرْنَ	إِنْتَظِرُوا				إِنْتَظِرَا			إِنْتَظِرِي	إِنْتَظِرْ		IMPERATIVE	ACTIVE
أُنْتُظِرْنَ	أُنْتُظِرُوا	أُنْتُظِرْتُنَّ	أُنْتُظِرْتُمْ	أُنْتُظِرْنَا	أُنْتُظِرَتَا	أُنْتُظِرَا	أُنْتُظِرْتُمَا	أُنْتُظِرَتْ	أُنْتُظِرَ	أُنْتُظِرْتِ	أُنْتُظِرْتَ	أُنْتُظِرْتُ	PERFECT	PASSIVE
يُنْتَظَرْنَ	يُنْتَظَرُونَ	تُنْتَظَرْنَ	تُنْتَظَرُونَ	نُنْتَظَرُ	تُنْتَظَرَانِ	يُنْتَظَرَانِ	تُنْتَظَرَانِ	تُنْتَظَرُ	يُنْتَظَرُ	تُنْتَظَرِينَ	تُنْتَظَرُ	أُنْتَظَرُ	IMPERFECT INDICATIVE	PASSIVE
يُنْتَظَرْنَ	يُنْتَظَرُوا	تُنْتَظَرْنَ	تُنْتَظَرُوا	نُنْتَظَرَ	تُنْتَظَرَا	يُنْتَظَرَا	تُنْتَظَرَا	تُنْتَظَرَ	يُنْتَظَرَ	تُنْتَظَرِي	تُنْتَظَرَ	أُنْتَظَرَ	IMPERFECT SUBJUNCTIVE	PASSIVE
يُنْتَظَرْنَ	يُنْتَظَرُوا	تُنْتَظَرْنَ	تُنْتَظَرُوا	نُنْتَظَرْ	تُنْتَظَرَا	يُنْتَظَرَا	تُنْتَظَرَا	تُنْتَظَرْ	يُنْتَظَرْ	تُنْتَظَرِي	تُنْتَظَرْ	أُنْتَظَرْ	IMPERFECT JUSSIVE	PASSIVE

ACTIVE PARTICIPLE: مُتَنَاوِلٌ   PASSIVE PARTICIPLE: مُتَنَاوَلٌ   MAṢDAR: تَنَاوُلٌ   ROOT: نول   FORM VI   TO TAKE تَنَاوَلَ

ACTIVE

	3 f pl	3 m pl	2 f pl	2 m pl	1 pl	3 f dual	3 m dual	2 dual	3 f sgl	3 m sgl	2 f sgl	2 m sgl	1 sgl
PERFECT	تَنَاوَلْنَ	تَنَاوَلُوا	تَنَاوَلْتُنَّ	تَنَاوَلْتُمْ	تَنَاوَلْنَا	تَنَاوَلَتَا	تَنَاوَلَا	تَنَاوَلْتُمَا	تَنَاوَلَتْ	تَنَاوَلَ	تَنَاوَلْتِ	تَنَاوَلْتَ	تَنَاوَلْتُ
IMPERFECT INDICATIVE	يَتَنَاوَلْنَ	يَتَنَاوَلُونَ	تَتَنَاوَلْنَ	تَتَنَاوَلُونَ	نَتَنَاوَلُ	تَتَنَاوَلَانِ	يَتَنَاوَلَانِ	تَتَنَاوَلَانِ	تَتَنَاوَلُ	يَتَنَاوَلُ	تَتَنَاوَلِينَ	تَتَنَاوَلُ	أَتَنَاوَلُ
IMPERFECT SUBJUNCTIVE	يَتَنَاوَلْنَ	يَتَنَاوَلُوا	تَتَنَاوَلْنَ	تَتَنَاوَلُوا	نَتَنَاوَلَ	تَتَنَاوَلَا	يَتَنَاوَلَا	تَتَنَاوَلَا	تَتَنَاوَلَ	يَتَنَاوَلَ	تَتَنَاوَلِي	تَتَنَاوَلَ	أَتَنَاوَلَ
IMPERFECT JUSSIVE	يَتَنَاوَلْنَ	يَتَنَاوَلُوا	تَتَنَاوَلْنَ	تَتَنَاوَلُوا	نَتَنَاوَلْ	تَتَنَاوَلَا	يَتَنَاوَلَا	تَتَنَاوَلَا	تَتَنَاوَلْ	يَتَنَاوَلْ	تَتَنَاوَلِي	تَتَنَاوَلْ	أَتَنَاوَلْ
IMPERATIVE			تَنَاوَلْنَ	تَنَاوَلُوا				تَنَاوَلَا			تَنَاوَلِي	تَنَاوَلْ	

PASSIVE

	3 f pl	3 m pl	2 f pl	2 m pl	1 pl	3 f dual	3 m dual	2 dual	3 f sgl	3 m sgl	2 f sgl	2 m sgl	1 sgl
PERFECT	تُنُووِلْنَ	تُنُووِلُوا	تُنُووِلْتُنَّ	تُنُووِلْتُمْ	تُنُووِلْنَا	تُنُووِلَتَا	تُنُووِلَا	تُنُووِلْتُمَا	تُنُووِلَتْ	تُنُووِلَ	تُنُووِلْتِ	تُنُووِلْتَ	تُنُووِلْتُ
IMPERFECT INDICATIVE	يُتَنَاوَلْنَ	يُتَنَاوَلُونَ	تُتَنَاوَلْنَ	تُتَنَاوَلُونَ	نُتَنَاوَلُ	تُتَنَاوَلَانِ	يُتَنَاوَلَانِ	تُتَنَاوَلَانِ	تُتَنَاوَلُ	يُتَنَاوَلُ	تُتَنَاوَلِينَ	تُتَنَاوَلُ	أُتَنَاوَلُ
IMPERFECT SUBJUNCTIVE	يُتَنَاوَلْنَ	يُتَنَاوَلُوا	تُتَنَاوَلْنَ	تُتَنَاوَلُوا	نُتَنَاوَلَ	تُتَنَاوَلَا	يُتَنَاوَلَا	تُتَنَاوَلَا	تُتَنَاوَلَ	يُتَنَاوَلَ	تُتَنَاوَلِي	تُتَنَاوَلَ	أُتَنَاوَلَ
IMPERFECT JUSSIVE	يُتَنَاوَلْنَ	يُتَنَاوَلُوا	تُتَنَاوَلْنَ	تُتَنَاوَلُوا	نُتَنَاوَلْ	تُتَنَاوَلَا	يُتَنَاوَلَا	تُتَنَاوَلَا	تُتَنَاوَلْ	يُتَنَاوَلْ	تُتَنَاوَلِي	تُتَنَاوَلْ	أُتَنَاوَلْ

ACTIVE PARTICIPLE: مُهَنِّئٌ PASSIVE PARTICIPLE: مُهَنَّأٌ MASDAR: تَهْنِئَةٌ ROOT: هنأ FORM II TO CONGRATULATE هَنَّأَ

3 f pl	*3 m pl*	*2 f pl*	*2 m pl*	*1 pl*	*3 f dual*	*3 m dual*	*2 dual*	*3 f sgl*	*3 m sgl*	*2 f sgl*	*2 m sgl*	*1 sgl*		
هَنَّأْنَ	هَنَّؤُوا	هَنَّأْتُنَّ	هَنَّأْتُمْ	هَنَّأْنَا	هَنَّأَتَا	هَنَّآ	هَنَّأْتُمَا	هَنَّأَتْ	هَنَّأَ	هَنَّأْتِ	هَنَّأْتَ	هَنَّأْتُ	PERFECT	ACTIVE
يُهَنِّئْنَ	يُهَنِّئُونَ	تُهَنِّئْنَ	تُهَنِّئُونَ	نُهَنِّئُ	تُهَنِّئَانِ	يُهَنِّئَانِ	تُهَنِّئَانِ	تُهَنِّئُ	يُهَنِّئُ	تُهَنِّئِينَ	تُهَنِّئُ	أُهَنِّئُ	IMPERFECT INDICATIVE	
يُهَنِّئْنَ	يُهَنِّئُوا	تُهَنِّئْنَ	تُهَنِّئُوا	نُهَنِّئَ	تُهَنِّئَا	يُهَنِّئَا	تُهَنِّئَا	تُهَنِّئَ	يُهَنِّئَ	تُهَنِّئِي	تُهَنِّئَ	أُهَنِّئَ	IMPERFECT SUBJUNCTIVE	
يُهَنِّئْنَ	يُهَنِّئُوا	تُهَنِّئْنَ	تُهَنِّئُوا	نُهَنِّئْ	تُهَنِّئَا	يُهَنِّئَا	تُهَنِّئَا	تُهَنِّئْ	يُهَنِّئْ	تُهَنِّئِي	تُهَنِّئْ	أُهَنِّئْ	IMPERFECT JUSSIVE	
		هَنِّئْنَ	هَنِّئُوا				هَنِّئَا			هَنِّئِي	هَنِّئْ		IMPERATIVE	
هُنِّئْنَ	هُنِّئُوا	هُنِّئْتُنَّ	هُنِّئْتُمْ	هُنِّئْنَا	هُنِّئَتَا	هُنِّئَا	هُنِّئْتُمَا	هُنِّئَتْ	هُنِّئَ	هُنِّئْتِ	هُنِّئْتَ	هُنِّئْتُ	PERFECT	PASSIVE
يُهَنَّأْنَ	يُهَنَّؤُونَ	تُهَنَّأْنَ	تُهَنَّؤُونَ	نُهَنَّأُ	تُهَنَّآنِ	يُهَنَّآنِ	تُهَنَّآنِ	تُهَنَّأُ	يُهَنَّأُ	تُهَنَّئِينَ	تُهَنَّأُ	أُهَنَّأُ	IMPERFECT INDICATIVE	
يُهَنَّأْنَ	يُهَنَّؤُوا	تُهَنَّأْنَ	تُهَنَّؤُوا	نُهَنَّأَ	تُهَنَّآ	يُهَنَّآ	تُهَنَّآ	تُهَنَّأَ	يُهَنَّأَ	تُهَنَّئِي	تُهَنَّأَ	أُهَنَّأَ	IMPERFECT SUBJUNCTIVE	
يُهَنَّأْنَ	يُهَنَّؤُوا	تُهَنَّأْنَ	تُهَنَّؤُوا	نُهَنَّأْ	تُهَنَّآ	يُهَنَّآ	تُهَنَّآ	تُهَنَّأْ	يُهَنَّأْ	تُهَنَّئِي	تُهَنَّأْ	أُهَنَّأْ	IMPERFECT JUSSIVE	

ACTIVE PARTICIPLE: مُتَهَيِّئٌ PASSIVE PARTICIPLE: MAṢDAR: تَهَيُّؤٌ ROOT: هيأ FORM V TO BE READY تَهَيَّأَ

		3 f pl	3 m pl	2 f pl	2 m pl	1 pl	3 f dual	3 m dual	2 dual	3 f sgl	3 m sgl	2 f sgl	2 m sgl	1 sgl
ACTIVE	PERFECT	تَهَيَّأْنَ	تَهَيَّؤُوا	تَهَيَّأْتُنَّ	تَهَيَّأْتُمْ	تَهَيَّأْنَا	تَهَيَّأَتَا	تَهَيَّآ	تَهَيَّأْتُمَا	تَهَيَّأَتْ	تَهَيَّأَ	تَهَيَّأْتِ	تَهَيَّأْتَ	تَهَيَّأْتُ
	IMPERFECT INDICATIVE	يَتَهَيَّأْنَ	يَتَهَيَّؤُونَ	تَتَهَيَّأْنَ	تَتَهَيَّؤُونَ	نَتَهَيَّأُ	تَتَهَيَّآنِ	يَتَهَيَّآنِ	تَتَهَيَّآنِ	تَتَهَيَّأُ	يَتَهَيَّأُ	تَتَهَيَّئِينَ	تَتَهَيَّأُ	أَتَهَيَّأُ
	IMPERFECT SUBJUNCTIVE	يَتَهَيَّأْنَ	يَتَهَيَّؤُوا	تَتَهَيَّأْنَ	تَتَهَيَّؤُوا	نَتَهَيَّأَ	تَتَهَيَّآ	يَتَهَيَّآ	تَتَهَيَّآ	تَتَهَيَّأَ	يَتَهَيَّأَ	تَتَهَيَّئِي	تَتَهَيَّأَ	أَتَهَيَّأَ
	IMPERFECT JUSSIVE	يَتَهَيَّأْنَ	يَتَهَيَّؤُوا	تَتَهَيَّأْنَ	تَتَهَيَّؤُوا	نَتَهَيَّأْ	تَتَهَيَّآ	يَتَهَيَّآ	تَتَهَيَّآ	تَتَهَيَّأْ	يَتَهَيَّأْ	تَتَهَيَّئِي	تَتَهَيَّأْ	أَتَهَيَّأْ
	IMPERATIVE			تَهَيَّأْنَ	تَهَيَّؤُوا				تَهَيَّآ			تَهَيَّئِي	تَهَيَّأْ	
PASSIVE	PERFECT													
	IMPERFECT INDICATIVE													
	IMPERFECT SUBJUNCTIVE													
	IMPERFECT JUSSIVE													

ACTIVE PARTICIPLE: هَائِبٌ PASSIVE PARTICIPLE: مَهِيبٌ MAṢDAR:* هَيْبَةٌ ROOT: هيب FORM I TO FEAR هَابَ

3 f pl	3 m pl	2 f pl	2 m pl	1 pl	3 f dual	3 m dual	2 dual	3 f sgl	3 m sgl	2 f sgl	2 m sgl	1 sgl		
هِبْنَ	هَابُوا	هِبْتُنَّ	هِبْتُمْ	هِبْنَا	هَابَتَا	هَابَا	هِبْتُمَا	هَابَتْ	هَابَ	هِبْتِ	هِبْتَ	هِبْتُ	PERFECT	ACTIVE
يَهَبْنَ	يَهَابُونَ	تَهَبْنَ	تَهَابُونَ	نَهَابُ	تَهَابَانِ	يَهَابَانِ	تَهَابَانِ	تَهَابُ	يَهَابُ	تَهَابِينَ	تَهَابُ	أَهَابُ	IMPERFECT INDICATIVE	
يَهَبْنَ	يَهَابُوا	تَهَبْنَ	تَهَابُوا	نَهَابَ	تَهَابَا	يَهَابَا	تَهَابَا	تَهَابَ	يَهَابَ	تَهَابِي	تَهَابَ	أَهَابَ	IMPERFECT SUBJUNCTIVE	
يَهَبْنَ	يَهَابُوا	تَهَبْنَ	تَهَابُوا	نَهَبْ	تَهَابَا	يَهَابَا	تَهَابَا	تَهَبْ	يَهَبْ	تَهَابِي	تَهَبْ	أَهَبْ	IMPERFECT JUSSIVE	
		هَبْنَ	هَابُوا				هَابَا			هَابِي	هَبْ		IMPERATIVE	
هِبْنَ	هِيبُوا	هِبْتُنَّ	هِبْتُمْ	هِبْنَا	هِيبَتَا	هِيبَا	هِبْتُمَا	هِيبَتْ	هِيبَ	هِبْتِ	هِبْتَ	هِبْتُ	PERFECT	PASSIVE
يُهَبْنَ	يُهَابُونَ	تُهَبْنَ	تُهَابُونَ	نُهَابُ	تُهَابَانِ	يُهَابَانِ	تُهَابَانِ	تُهَابُ	يُهَابُ	تُهَابِينَ	تُهَابُ	أُهَابُ	IMPERFECT INDICATIVE	
يُهَبْنَ	يُهَابُوا	تُهَبْنَ	تُهَابُوا	نُهَابَ	تُهَابَا	يُهَابَا	تُهَابَا	تُهَابَ	يُهَابَ	تُهَابِي	تُهَابَ	أُهَابَ	IMPERFECT SUBJUNCTIVE	
يُهَبْنَ	يُهَابُوا	تُهَبْنَ	تُهَابُوا	نُهَبْ	تُهَابَا	يُهَابَا	تُهَابَا	تُهَبْ	يُهَبْ	تُهَابِي	تُهَبْ	أُهَبْ	IMPERFECT JUSSIVE	

*Also مَهَابَةٌ

ACTIVE PARTICIPLE: مُتَوَاتِرٌ PASSIVE PARTICIPLE: MAṢDAR: تَوَاتُرٌ ROOT: وتر FORM VI TO RECUR تَوَاتَرَ

	3 f pl	3 m pl	2 f pl	2 m pl	1 pl	3 f dual	3 m dual	2 dual	3 f sgl	3 m sgl	2 f sgl	2 m sgl	1 sgl	
ACTIVE	تَوَاتَرْنَ	تَوَاتَرُوا	تَوَاتَرْتُنَّ	تَوَاتَرْتُمْ	تَوَاتَرْنَا	تَوَاتَرَتَا	تَوَاتَرَا	تَوَاتَرْتُمَا	تَوَاتَرَتْ	تَوَاتَرَ	تَوَاتَرْتِ	تَوَاتَرْتَ	تَوَاتَرْتُ	PERFECT
	يَتَوَاتَرْنَ	يَتَوَاتَرُونَ	تَتَوَاتَرْنَ	تَتَوَاتَرُونَ	نَتَوَاتَرُ	تَتَوَاتَرَانِ	يَتَوَاتَرَانِ	تَتَوَاتَرَانِ	تَتَوَاتَرُ	يَتَوَاتَرُ	تَتَوَاتَرِينَ	تَتَوَاتَرُ	أَتَوَاتَرُ	IMPERFECT INDICATIVE
	يَتَوَاتَرْنَ	يَتَوَاتَرُوا	تَتَوَاتَرْنَ	تَتَوَاتَرُوا	نَتَوَاتَرَ	تَتَوَاتَرَا	يَتَوَاتَرَا	تَتَوَاتَرَا	تَتَوَاتَرَ	يَتَوَاتَرَ	تَتَوَاتَرِي	تَتَوَاتَرَ	أَتَوَاتَرَ	IMPERFECT SUBJUNCTIVE
	يَتَوَاتَرْنَ	يَتَوَاتَرُوا	تَتَوَاتَرْنَ	تَتَوَاتَرُوا	نَتَوَاتَرْ	تَتَوَاتَرَا	يَتَوَاتَرَا	تَتَوَاتَرَا	تَتَوَاتَرْ	يَتَوَاتَرْ	تَتَوَاتَرِي	تَتَوَاتَرْ	أَتَوَاتَرْ	IMPERFECT JUSSIVE
			تَوَاتَرْنَ	تَوَاتَرُوا				تَوَاتَرَا			تَوَاتَرِي	تَوَتَرْ		IMPERATIVE
PASSIVE														PERFECT
														IMPERFECT INDICATIVE
														IMPERFECT SUBJUNCTIVE
														IMPERFECT JUSSIVE

ACTIVE PARTICIPLE: مُوجِبٌ PASSIVE PARTICIPLE: مُوجَبٌ MAṢDAR: إِيجَابٌ ROOT: وجب FORM IV TO MAKE OBLIGATORY أَوْجَبَ

	3 f pl	3 m pl	2 f pl	2 m pl	1 pl	3 f dual	3 m dual	2 dual	3 f sgl	3 m sgl	2 f sgl	2 m sgl	1 sgl	
ACTIVE	أَوْجَبْنَ	أَوْجَبُوا	أَوْجَبْتُنَّ	أَوْجَبْتُمْ	أَوْجَبْنَا	أَوْجَبَتَا	أَوْجَبَا	أَوْجَبْتُمَا	أَوْجَبَتْ	أَوْجَبَ	أَوْجَبْتِ	أَوْجَبْتَ	أَوْجَبْتُ	PERFECT
	يُوجِبْنَ	يُوجِبُونَ	تُوجِبْنَ	تُوجِبُونَ	نُوجِبُ	تُوجِبَانِ	يُوجِبَانِ	تُوجِبَانِ	تُوجِبُ	يُوجِبُ	تُوجِبِينَ	تُوجِبُ	أُوجِبُ	IMPERFECT INDICATIVE
	يُوجِبْنَ	يُوجِبُوا	تُوجِبْنَ	تُوجِبُوا	نُوجِبَا	تُوجِبَا	يُوجِبَا	تُوجِبَا	تُوجِبَ	يُوجِبَ	تُوجِبِي	تُوجِبَ	أُوجِبَ	IMPERFECT SUBJUNCTIVE
	يُوجِبْنَ	يُوجِبُوا	تُوجِبْنَ	تُوجِبُوا	نُوجِبْ	تُوجِبَا	يُوجِبَا	تُوجِبَا	تُوجِبْ	يُوجِبْ	تُوجِبِي	تُوجِبْ	أُوجِبْ	IMPERFECT JUSSIVE
			أَوْجِبْنَ	أَوْجِبُوا				أَوْجِبَا			أَوْجِبِي	أَوْجِبْ		IMPERATIVE
PASSIVE	أُوجِبْنَ	أُوجِبُوا	أُوجِبْتُنَّ	أُوجِبْتُمْ	أُوجِبْنَا	أُوجِبَتَا	أُوجِبَا	أُوجِبْتُمَا	أُوجِبَتْ	أُوجِبَ	أُوجِبْتِ	أُوجِبْتَ	أُوجِبْتُ	PERFECT
	يُوجَبْنَ	يُوجَبُونَ	تُوجَبْنَ	تُوجَبُونَ	نُوجَبُ	تُوجَبَانِ	يُوجَبَانِ	تُوجَبَانِ	تُوجَبُ	يُوجَبُ	تُوجَبِينَ	تُوجَبُ	أُوجَبُ	IMPERFECT INDICATIVE
	يُوجَبْنَ	يُوجَبُوا	تُوجَبْنَ	تُوجَبُوا	نُوجَبَ	تُوجَبَا	يُوجَبَا	تُوجَبَا	تُوجَبَ	يُوجَبَ	تُوجَبِي	تُوجَبَ	أُوجَبَ	IMPERFECT SUBJUNCTIVE
	يُوجَبْنَ	يُوجَبُوا	تُوجَبْنَ	تُوجَبُوا	نُوجَبْ	تُوجَبَا	يُوجَبَا	تُوجَبَا	تُوجَبْ	يُوجَبْ	تُوجَبِي	تُوجَبْ	أُوجَبْ	IMPERFECT JUSSIVE

ACTIVE PARTICIPLE: وَاجِلٌ PASSIVE PARTICIPLE: MAṢDAR: وَجَلٌ ROOT: وجل FORM I TO BE AFRAID وَجِلَ

	3 f pl	*3 m pl*	*2 f pl*	*2 m pl*	*1 pl*	*3 f dual*	*3 m dual*	*2 dual*	*3 f sgl*	*3 m sgl*	*2 f sgl*	*2 m sgl*	*1 sgl*	
ACTIVE	وَجِلْنَ	وَجِلُوا	وَجِلْتُنَّ	وَجِلْتُمْ	وَجِلْنَا	وَجِلَتَا	وَجِلاَ	وَجِلْتُمَا	وَجِلَتْ	وَجِلَ	وَجِلْتِ	وَجِلْتَ	وَجِلْتُ	PERFECT
	يَوْجَلْنَ	يَوْجَلُونَ	تَوْجَلْنَ	تَوْجَلُونَ	نَوْجَلُ	تَوْجَلاَنِ	يَوْجَلاَنِ	تَوْجَلاَنِ	تَوْجَلُ	يَوْجَلُ	تَوْجَلِينَ	تَوْجَلُ	أَوْجَلُ	IMPERFECT INDICATIVE
	يَوْجَلْنَ	يَوْجَلُوا	تَوْجَلْنَ	تَوْجَلُوا	نَوْجَلَ	تَوْجَلاَ	يَوْجَلاَ	تَوْجَلاَ	تَوْجَلَ	يَوْجَلَ	تَوْجَلِي	تَوْجَلَ	أَوْجَلَ	IMPERFECT SUBJUNCTIVE
	يَوْجَلْنَ	يَوْجَلُوا	تَوْجَلْنَ	تَوْجَلُوا	نَوْجَلْ	تَوْجَلاَ	يَوْجَلاَ	تَوْجَلاَ	تَوْجَلْ	يَوْجَلْ	تَوْجَلِي	تَوْجَلْ	أَوْجَلْ	IMPERFECT JUSSIVE
			إِيجَلْنَ	إِيجَلُوا				إِيجَلاَ			إِيجَلِي	إِيجَلْ•		IMPERATIVE
PASSIVE														PERFECT
														IMPERFECT INDICATIVE
														IMPERFECT SUBJUNCTIVE
														IMPERFECT JUSSIVE

ACTIVE PARTICIPLE: مُوَاجِهٌ PASSIVE PARTICIPLE: مُوَاجَهٌ MAṢDAR: مُوَاجَهَةٌ ROOT: وجه FORM III TO FACE وَاجَهَ

		3 f pl	*3 m pl*	*2 f pl*	*2 m pl*	*1 pl*	*3 f dual*	*3 m dual*	*2 dual*	*3 f sgl*	*3 m sgl*	*2 f sgl*	*2 m sgl*	*1 sgl*
ACTIVE	PERFECT	وَاجَهْنَ	وَاجَهُوا	وَجَهْتُنَّ	وَاجَهْتُمْ	وَاجَهْنَا	وَاجَهَتَا	وَاجَهَا	وَاجَهْتُمَا	وَاجَهَتْ	وَاجَهَ	وَاجَهْتِ	وَاجَهْتَ	وَاجَهْتُ
	IMPERFECT INDICATIVE	يُوَاجِهْنَ	يُوَاجِهُونَ	تُوَاجِهْنَ	تُوَاجِهُونَ	نُوَاجِهُ	تُوَاجِهَانِ	يُوَاجِهَانِ	تُوَاجِهَانِ	تُوَاجِهُ	يُوَاجِهُ	تُوَاجِهِينَ	تُوَاجِهُ	أُوَاجِهُ
	IMPERFECT SUBJUNCTIVE	يُوَاجِهْنَ	يُوَاجِهُوا	تُوَاجِهْنَ	تُوَاجِهُوا	نُوَاجِهَ	تُوَاجِهَا	يُوَاجِهَا	تُوَاجِهَا	تُوَاجِهَ	يُوَاجِهَ	تُوَاجِهِي	تُوَاجِهَ	أُوَاجِهَ
	IMPERFECT JUSSIVE	يُوَاجِهْنَ	يُوَاجِهُوا	تُوَاجِهْنَ	تُوَاجِهُوا	نُوَاجِهْ	تُوَاجِهَا	يُوَاجِهَا	تُوَاجِهَا	تُوَاجِهْ	يُوَاجِهْ	تُوَاجِهِي	تُوَاجِهْ	أُوَاجِهْ
	IMPERATIVE			وَاجِهْنَ	وَاجِهُوا				وَاجِهَا			وَاجِهِي	وَاجِهْ	
PASSIVE	PERFECT	وُوجِهْنَ	وُوجِهُوا	وُوجِهْتُنَّ	وُوجِهْتُمْ	وُوجِهْنَا	وُوجِهَتَا	وُوجِهَا	وُوجِهْتُمَا	وُوجِهَتْ	وُوجِهَ	وُوجِهْتِ	وُوجِهْتَ	وُوجِهْتُ
	IMPERFECT INDICATIVE	يُوَاجَهْنَ	يُوَاجَهُونَ	تُوَاجَهْنَ	تُوَاجَهُونَ	نُوَاجَهُ	تُوَاجَهَانِ	يُوَاجَهَانِ	تُوَاجَهَانِ	تُوَاجَهُ	يُوَاجَهُ	تُوَاجَهِينَ	تُوَاجَهُ	أُوَاجَهُ
	IMPERFECT SUBJUNCTIVE	يُوَاجَهْنَ	يُوَاجَهُوا	تُوَاجَهْنَ	تُوَاجَهُوا	نُوَاجَهَ	تُوَاجَهَا	يُوَاجَهَا	تُوَاجَهَا	تُوَاجَهَ	يُوَاجَهَ	تُوَاجَهِي	تُوَاجَهَ	أُوَاجَهَ
	IMPERFECT JUSSIVE	يُوَاجَهْنَ	يُوَاجَهُوا	تُوَاجَهْنَ	تُوَاجَهُوا	نُوَاجَهْ	تُوَاجَهَا	يُوَاجَهَا	تُوَاجَهَا	تُوَاجَهْ	يُوَاجَهْ	تُوَاجَهِي	تُوَاجَهْ	أُوَاجَهْ

ACTIVE PARTICIPLE: مُتَوَجِّهٌ PASSIVE PARTICIPLE: مُتَوَجَّهٌ MAṢDAR: تَوَجُّهٌ ROOT: وجه FORM V TO GO تَوَجَّهَ

		3 f pl	*3 m pl*	*2 f pl*	*2 m pl*	*1 pl*	*3 f dual*	*3 m dual*	*2 dual*	*3 f sgl*	*3 m sgl*	*2 f sgl*	*2 m sgl*	*1 sgl*
ACTIVE	PERFECT	تَوَجَّهْنَ	تَوَجَّهُوا	تَوَجَّهْتُنَّ	تَوَجَّهْتُمْ	تَوَجَّهْنَا	تَوَجَّهَتَا	تَوَجَّهَا	تَوَجَّهْتُمَا	تَوَجَّهَتْ	تَوَجَّهَ	تَوَجَّهْتِ	تَوَجَّهْتَ	تَوَجَّهْتُ
	IMPERFECT INDICATIVE	يَتَوَجَّهْنَ	يَتَوَجَّهُونَ	تَتَوَجَّهْنَ	تَتَوَجَّهُونَ	نَتَوَجَّهُ	تَتَوَجَّهَانِ	يَتَوَجَّهَانِ	تَتَوَجَّهَانِ	تَتَوَجَّهُ	يَتَوَجَّهُ	تَتَوَجَّهِينَ	تَتَوَجَّهُ	أَتَوَجَّهُ
	IMPERFECT SUBJUNCTIVE	يَتَوَجَّهْنَ	يَتَوَجَّهُوا	تَتَوَجَّهْنَ	تَتَوَجَّهُوا	نَتَوَجَّهَ	تَتَوَجَّهَا	يَتَوَجَّهَا	تَتَوَجَّهَا	تَتَوَجَّهَ	يَتَوَجَّهَ	تَتَوَجَّهِي	تَتَوَجَّهَ	أَتَوَجَّهَ
	IMPERFECT JUSSIVE	يَتَوَجَّهْنَ	يَتَوَجَّهُوا	تَتَوَجَّهْنَ	تَتَوَجَّهُوا	نَتَوَجَّهْ	تَتَوَجَّهَا	يَتَوَجَّهَا	تَتَوَجَّهَا	تَتَوَجَّهْ	يَتَوَجَّهْ	تَتَوَجَّهِي	تَتَوَجَّهْ	أَتَوَجَّهْ
	IMPERATIVE			تَوَجَّهْنَ	تَوَجَّهُوا				تَوَجَّهَا			تَوَجَّهِي	تَوَجَّهْ	
PASSIVE	PERFECT													
	IMPERFECT INDICATIVE													
	IMPERFECT SUBJUNCTIVE													
	IMPERFECT JUSSIVE													

ACTIVE PARTICIPLE: وَادٌّ PASSIVE PARTICIPLE: مَوْدُودٌ MAṢDAR: وُدٌّ ROOT: ودد FORM I TO LOVE وَدَّ

3 f pl	3 m pl	2 f pl	2 m pl	1 pl	3 f dual	3 m dual	2 dual	3 f sgl	3 m sgl	2 f sgl	2 m sgl	1 sgl	
وَدَدْنَ	وَدُّوا	وَدَدْتُنَّ	وَدَدْتُم	وَدَدْنَا	وَدَّتَا	وَدَّا	وَدَدْتُمَا	وَدَّتْ	وَدَّ	وَدَدْتِ	وَدَدْتَ	وَدَدْتُ	ACTIVE PERFECT
يَوْدَدْنَ	يَوَدُّونَ	تَوْدَدْنَ	تَوَدُّونَ	نَوَدُّ	تَوَدَّانِ	يَوَدَّانِ	تَوَدَّانِ	تَوَدُّ	يَوَدُّ	تَوَدِّينَ	تَوَدُّ	أَوَدُّ	IMPERFECT INDICATIVE
يَوْدَدْنَ	يَوَدُّوا	تَوْدَدْنَ	تَوَدُّوا	نَوَدَّ	تَوَدَّا	يَوَدَّا	تَوَدَّا	تَوَدَّ	يَوَدَّ	تَوَدِّي	تَوَدَّ	أَوَدَّ	IMPERFECT SUBJUNCTIVE
يَوْدَدْنَ	يَوَدُّوا	تَوْدَدْنَ	تَوَدُّوا	نَوْدَدْ	تَوَدَّا	يَوَدَّا	تَوَدَّا	تَوْدَدْ	يَوْدَدْ	تَوَدِّي	تَوْدَدْ	أَوْدَدْ	IMPERFECT JUSSIVE *
		إِيدَدْنَ	وَدُّوا				وَدَّا			وَدِّي	وَدَّ **		IMPERATIVE
وُدِدْنَ	وُدُّوا	وُدِدْتُنَّ	وُدِدْتُم	وُدِدْنَا	وُدَّتَا	وُدَّا	وُدِدْتُمَا	وُدَّتْ	وُدَّ	وُدِدْتِ	وُدِدْتَ	وُدِدْتُ	PASSIVE PERFECT
يُودَدْنَ	يُوَدُّونَ	تُودَدْنَ	تُوَدُّونَ	نُوَدُّ	تُوَدَّانِ	يُوَدَّانِ	تُوَدَّانِ	تُوَدُّ	يُوَدُّ	تُوَدِّينَ	تُوَدُّ	أُوَدُّ	IMPERFECT INDICATIVE
يُودَدْنَ	يُوَدُّوا	تُودَدْنَ	تُوَدُّوا	نُوَدَّ	تُوَدَّا	يُوَدَّا	تُوَدَّا	تُوَدَّ	يُوَدَّ	تُوَدِّي	تُوَدَّ	أُوَدَّ	IMPERFECT SUBJUNCTIVE
يُودَدْنَ	يُوَدُّوا	تُودَدْنَ	تُوَدُّوا	نُودَدْ	تُوَدَّا	يُوَدَّا	تُوَدَّا	تُودَدْ	يُودَدْ	تُوَدِّي	تُودَدْ	أُودَدْ	IMPERFECT JUSSIVE

*Also أَوَدَّ ; تَوَدَّ ; تَوَدِّي ; يَوَدَّ ; تَوَدَّ ... نَوَدَّ .

ACTIVE PARTICIPLE: وَارِثٌ PASSIVE PARTICIPLE: مَوْرُوثٌ MAṢDAR: وِرْثٌ* ROOT: ورث FORM I TO INHERIT وَرِثَ

		3 f pl	3 m pl	2 f pl	2 m pl	1 pl	3 f dual	3 m dual	2 dual	3 f sgl	3 m sgl	2 f sgl	2 m sgl	1 sgl
ACTIVE	PERFECT	وَرِثْنَ	وَرِثُوا	وَرِثْتُنَّ	وَرِثْتُمْ	وَرِثْنَا	وَرِثَتَا	وَرِثَا	وَرِثْتُمَا	وَرِثَتْ	وَرِثَ	وَرِثْتِ	وَرِثْتَ	وَرِثْتُ
	IMPERFECT INDICATIVE	يَرِثْنَ	يَرِثُونَ	تَرِثْنَ	تَرِثُونَ	نَرِثُ	تَرِثَانِ	يَرِثَانِ	تَرِثَانِ	تَرِثُ	يَرِثُ	تَرِثِينَ	تَرِثُ	أَرِثُ
	IMPERFECT SUBJUNCTIVE	يَرِثْنَ	يَرِثُوا	تَرِثْنَ	تَرِثُوا	نَرِثَ	تَرِثَا	يَرِثَا	تَرِثَا	تَرِثَ	يَرِثَ	تَرِثِي	تَرِثَ	أَرِثَ
	IMPERFECT JUSSIVE	يَرِثْنَ	يَرِثُوا	تَرِثْنَ	تَرِثُوا	نَرِثْ	تَرِثَا	يَرِثَا	تَرِثَا	تَرِثْ	يَرِثْ	تَرِثِي	تَرِثْ	أَرِثْ
	IMPERATIVE			رِثْنَ	رِثُوا				رِثَا			رِثِي	رِثْ	
PASSIVE	PERFECT	وُرِثْنَ	وُرِثُوا	وُرِثْتُنَّ	وُرِثْتُمْ	وُرِثْنَا	وُرِثَتَا	وُرِثَا	وُرِثْتُمَا	وُرِثَتْ	وُرِثَ	وُرِثْتِ	وُرِثْتَ	وُرِثْتُ
	IMPERFECT INDICATIVE	يُورَثْنَ	يُورَثُونَ	تُورَثْنَ	تُورَثُونَ	نُورَثُ	تُورَثَانِ	يُورَثَانِ	تُورَثَانِ	تُورَثُ	يُورَثُ	تُورَثِينَ	تُورَثُ	أُورَثُ
	IMPERFECT SUBJUNCTIVE	يُورَثْنَ	يُورَثُوا	تُورَثْنَ	تُورَثُوا	نُورَثَ	تُورَثَا	يُورَثَا	تُورَثَا	تُورَثَ	يُورَثَ	تُورَثِي	تُورَثَ	أُورَثَ
	IMPERFECT JUSSIVE	يُورَثْنَ	يُورَثُوا	تُورَثْنَ	تُورَثُوا	نُورَثْ	تُورَثَا	يُورَثَا	تُورَثَا	تُورَثْ	يُورَثْ	تُورَثِي	تُورَثْ	أُورَثْ

***Also** إِرْثٌ , إِرْثَةٌ .

ACTIVE PARTICIPLE: وَارِدٌ PASSIVE PARTICIPLE: MAṢDAR: وُرُودٌ ROOT: ورد FORM I TO COME وَرَدَ

		3 f pl	3 m pl	2 f pl	2 m pl	1 pl	3 f dual	3 m dual	2 dual	3 f sgl	3 m sgl	2 f sgl	2 m sgl	1 sgl
ACTIVE	PERFECT	وَرَدْنَ	وَرَدُوا	وَرَدْتُنَّ	وَرَدْتُمْ	وَرَدْنَا	وَرَدَتَا	وَرَدَا	وَرَدْتُمَا	وَرَدَتْ	وَرَدَ	وَرَدْتِ	وَرَدْتَ	وَرَدْتُ
	IMPERFECT INDICATIVE	يَرِدْنَ	يَرِدُونَ	تَرِدْنَ	تَرِدُونَ	نَرِدُ	تَرِدَانِ	يَرِدَانِ	تَرِدَانِ	تَرِدُ	يَرِدُ	تَرِدِينَ	تَرِدُ	أَرِدُ
	IMPERFECT SUBJUNCTIVE	يَرِدْنَ	يَرِدُوا	تَرِدْنَ	تَرِدُوا	نَرِدَ	تَرِدَا	يَرِدَا	تَرِدَا	تَرِدَ	يَرِدَ	تَرِدِي	تَرِدَ	أَرِدَ
	IMPERFECT JUSSIVE	يَرِدْنَ	يَرِدُوا	تَرِدْنَ	تَرِدُوا	نَرِدْ	تَرِدَا	يَرِدَا	تَرِدَا	تَرِدْ	يَرِدْ	تَرِدِي	تَرِدْ	أَرِدْ
	IMPERATIVE			رِدْنَ	رِدُوا				رِدَا			رِدِي	رِدْ	
PASSIVE	PERFECT													
	IMPERFECT INDICATIVE													
	IMPERFECT SUBJUNCTIVE													
	IMPERFECT JUSSIVE													

ACTIVE PARTICIPLE: مُسْتَوْرِدٌ PASSIVE PARTICIPLE: مُسْتَوْرَدٌ MAṢDAR: إِسْتِيرَادٌ ROOT: ورد FORM X TO PROCURE إِسْتَوْرَدَ

3 f pl	3 m pl	2 f pl	2 m pl	1 pl	3 f dual	3 m dual	2 dual	3 f sgl	3 m sgl	2 f sgl	2 m sgl	1 sgl		
إِسْتَوْرَدْنَ	إِسْتَوْرَدُوا	إِسْتَوْرَدْتُنَّ	إِسْتَوْرَدْتُمْ	إِسْتَوْرَدْنَا	إِسْتَوْرَدَتَا	إِسْتَوْرَدَا	إِسْتَوْرَدْتُمَا	إِسْتَوْرَدَتْ	إِسْتَوْرَدَ	إِسْتَوْرَدْتِ	إِسْتَوْرَدْتَ	إِسْتَوْرَدْتُ	PERFECT	ACTIVE
يَسْتَوْرِدْنَ	يَسْتَوْرِدُونَ	تَسْتَوْرِدْنَ	تَسْتَوْرِدُونَ	نَسْتَوْرِدُ	تَسْتَوْرِدَانِ	يَسْتَوْرِدَانِ	تَسْتَوْرِدَانِ	تَسْتَوْرِدُ	يَسْتَوْرِدُ	تَسْتَوْرِدِينَ	تَسْتَوْرِدُ	أَسْتَوْرِدُ	IMPERFECT INDICATIVE	
يَسْتَوْرِدْنَ	يَسْتَوْرِدُوا	تَسْتَوْرِدْنَ	تَسْتَوْرِدُوا	نَسْتَوْرِدَ	تَسْتَوْرِدَا	يَسْتَوْرِدَا	تَسْتَوْرِدَا	تَسْتَوْرِدَ	يَسْتَوْرِدَ	تَسْتَوْرِدِي	تَسْتَوْرِدَ	أَسْتَوْرِدَ	IMPERFECT SUBJUNCTIVE	
يَسْتَوْرِدْنَ	يَسْتَوْرِدُوا	تَسْتَوْرِدْنَ	تَسْتَوْرِدُوا	نَسْتَوْرِدْ	تَسْتَوْرِدَا	يَسْتَوْرِدَا	تَسْتَوْرِدَا	تَسْتَوْرِدْ	يَسْتَوْرِدْ	تَسْتَوْرِدِي	تَسْتَوْرِدْ	أَسْتَوْرِدْ	IMPERFECT JUSSIVE	
		إِسْتَوْرِدْنَ	إِسْتَوْرِدُوا				إِسْتَوْرِدَا			إِسْتَوْرِدِي	إِسْتَوْرِدْ		IMPERATIVE	
أُسْتُورِدْنَ	أُسْتُورِدُوا	أُسْتُورِدْتُنَّ	أُسْتُورِدْتُمْ	أُسْتُورِدْنَا	أُسْتُورِدَتَا	أُسْتُورِدَا	أُسْتُورِدْتُمَا	أُسْتُورِدَتْ	أُسْتُورِدَ	أُسْتُورِدْتِ	أُسْتُورِدْتَ	أُسْتُورِدْتُ	PERFECT	PASSIVE
يُسْتَوْرَدْنَ	يُسْتَوْرَدُونَ	تُسْتَوْرَدْنَ	تُسْتَوْرَدُونَ	نُسْتَوْرَدُ	تُسْتَوْرَدَانِ	يُسْتَوْرَدَانِ	تُسْتَوْرَدَانِ	تُسْتَوْرَدُ	يُسْتَوْرَدُ	تُسْتَوْرَدِينَ	تُسْتَوْرَدُ	أُسْتَوْرَدُ	IMPERFECT INDICATIVE	
يُسْتَوْرَدْنَ	يُسْتَوْرَدُوا	تُسْتَوْرَدْنَ	تُسْتَوْرَدُوا	نُسْتَوْرَدَ	تُسْتَوْرَدَا	يُسْتَوْرَدَا	تُسْتَوْرَدَا	تُسْتَوْرَدَ	يُسْتَوْرَدَ	تُسْتَوْرَدِي	تُسْتَوْرَدَ	أُسْتَوْرَدَ	IMPERFECT SUBJUNCTIVE	
يُسْتَوْرَدْنَ	يُسْتَوْرَدُوا	تُسْتَوْرَدْنَ	تُسْتَوْرَدُوا	نُسْتَوْرَدْ	تُسْتَوْرَدَا	يُسْتَوْرَدَا	تُسْتَوْرَدَا	تُسْتَوْرَدْ	يُسْتَوْرَدْ	تُسْتَوْرَدِي	تُسْتَوْرَدْ	أُسْتَوْرَدْ	IMPERFECT JUSSIVE	

ACTIVE PARTICIPLE: مُوَزِّعٌ PASSIVE PARTICIPLE: مُوَزَّعٌ MAṢDAR: تَوْزِيعٌ ROOT: وزع FORM II TO DISTRIBUTE وَزَّعَ

	3 f pl	3 m pl	2 f pl	2 m pl	1 pl	3 f dual	3 m dual	2 dual	3 f sgl	3 m sgl	2 f sgl	2 m sgl	1 sgl		
	وَزَّعْنَ	وَزَّعُوا	وَزَّعْتُنَّ	وَزَّعْتُمْ	وَزَّعْنَا	وَزَّعَتَا	وَزَّعَا	وَزَّعْتُمَا	وَزَّعَتْ	وَزَّعَ	وَزَّعْتِ	وَزَّعْتَ	وَزَّعْتُ	PERFECT	ACTIVE
	يُوَزِّعْنَ	يُوَزِّعُونَ	تُوَزِّعْنَ	تُوَزِّعُونَ	نُوَزِّعُ	تُوَزِّعَانِ	يُوَزِّعَانِ	تُوَزِّعَانِ	تُوَزِّعُ	يُوَزِّعُ	تُوَزِّعِينَ	تُوَزِّعُ	أُوَزِّعُ	IMPERFECT INDICATIVE	
	يُوَزِّعْنَ	يُوَزِّعُوا	تُوَزِّعْنَ	تُوَزِّعُوا	نُوَزِّعَ	تُوَزِّعَا	يُوَزِّعَا	تُوَزِّعَا	تُوَزِّعَ	يُوَزِّعَ	تُوَزِّعِي	تُوَزِّعَ	أُوَزِّعَ	IMPERFECT SUBJUNCTIVE	
	يُوَزِّعْنَ	يُوَزِّعُونَ	تُوَزِّعْنَ	تُوَزِّعُوا	نُوَزِّعْ	تُوَزِّعَا	يُوَزِّعَا	تُوَزِّعَا	تُوَزِّعْ	يُوَزِّعْ	تُوَزِّعِي	تُوَزِّعْ	أُوَزِّعْ	IMPERFECT JUSSIVE	
			وَزِّعْنَ	وَزِّعُوا				وَزِّعَا			وَزِّعِي	وَزِّعْ		IMPERATIVE	
	وُزِّعْنَ	وُزِّعُوا	وُزِّعْتُنَّ	وُزِّعْتُمْ	وُزِّعْنَا	وُزِّعَتَا	وُزِّعَا	وُزِّعْتُمَا	وُزِّعَتْ	وُزِّعَ	وُزِّعْتِ	وُزِّعْتَ	وُزِّعْتُ	PERFECT	PASSIVE
	يُوَزَّعْنَ	يُوَزَّعُونَ	تُوَزَّعْنَ	تُوَزَّعُونَ	نُوَزَّعُ	تُوَزَّعَانِ	يُوَزَّعَانِ	تُوَزَّعَانِ	تُوَزَّعُ	يُوَزَّعُ	تُوَزَّعِينَ	تُوَزَّعُ	أُوَزَّعُ	IMPERFECT INDICATIVE	
	يُوَزَّعْنَ	يُوَزَّعُوا	تُوَزَّعْنَ	تُوَزَّعُوا	نُوَزَّعَ	تُوَزَّعَا	يُوَزَّعَا	تُوَزَّعَا	تُوَزَّعَ	يُوَزَّعَ	تُوَزَّعِي	تُوَزَّعَ	أُوَزَّعَ	IMPERFECT SUBJUNCTIVE	
	يُوَزَّعْنَ	يُوَزَّعُوا	تُوَزَّعْنَ	تُوَزَّعُوا	نُوَزَّعْ	تُوَزَّعَا	يُوَزَّعَا	تُوَزَّعَا	تُوَزَّعْ	يُوَزَّعْ	تُوَزَّعِي	تُوَزَّعْ	أُوَزَّعْ	IMPERFECT JUSSIVE	

ACTIVE PARTICIPLE: مُوَسِّخٌ PASSIVE PARTICIPLE: مُوَسَّخٌ MAṢDAR: تَوْسِيخٌ ROOT: وسخ FORM II TO SOIL وَسَّخَ

3 f pl	3 m pl	2 f pl	2 m pl	1 pl	3 f dual	3 m dual	2 dual	3 f sgl	3 m sgl	2 f sgl	2 m sgl	1 sgl		
وَسَّخْنَ	وَسَّخُوا	وَسَّخْتُنَّ	وَسَّخْتُمْ	وَسَّخْنَا	وَسَّخَتَا	وَسَّخَا	وَسَّخْتُمَا	وَسَّخَتْ	وَسَّخَ	وَسَّخْتِ	وَسَّخْتَ	وَسَّخْتُ	PERFECT	ACTIVE
يُوَسِّخْنَ	يُوَسِّخُونَ	تُوَسِّخْنَ	تُوَسِّخُونَ	نُوَسِّخُ	تُوَسِّخَانِ	يُوَسِّخَانِ	تُوَسِّخَانِ	تُوَسِّخُ	يُوَسِّخُ	تُوَسِّخِينَ	تُوَسِّخُ	أُوَسِّخُ	IMPERFECT INDICATIVE	
يُوَسِّخْنَ	يُوَسِّخُوا	تُوَسِّخْنَ	تُوَسِّخُوا	نُوَسِّخَ	تُوَسِّخَا	يُوَسِّخَا	تُوَسِّخَا	تُوَسِّخَ	يُوَسِّخَ	تُوَسِّخِي	تُوَسِّخَ	أُوَسِّخَ	IMPERFECT SUBJUNCTIVE	
يُوَسِّخْنَ	يُوَسِّخُوا	تُوَسِّخْنَ	تُوَسِّخُوا	نُوَسِّخْ	تُوَسِّخَا	يُوَسِّخَا	تُوَسِّخَا	تُوَسِّخْ	يُوَسِّخْ	تُوَسِّخِي	تُوَسِّخْ	أُوَسِّخْ	IMPERFECT JUSSIVE	
		وَسِّخْنَ	وَسِّخُوا				وَسِّخَا			وَسِّخِي	وَسِّخْ		IMPERATIVE	
وُسِّخْنَ	وُسِّخُوا	وُسِّخْتُنَّ	وُسِّخْتُمْ	وُسِّخْنَا	وُسِّخَتَا	وُسِّخَا	وُسِّخْتُمَا	وُسِّخَتْ	وُسِّخَ	وُسِّخْتِ	وُسِّخْتَ	وُسِّخْتُ	PERFECT	PASSIVE
يُوَسَّخْنَ	يُوَسَّخُونَ	تُوَسَّخْنَ	تُوَسَّخُونَ	نُوَسَّخُ	تُوَسَّخَانِ	يُوَسَّخَانِ	تُوَسَّخَانِ	تُوَسَّخُ	يُوَسَّخُ	تُوَسَّخِينَ	تُوَسَّخُ	أُوَسَّخُ	IMPERFECT INDICATIVE	
يُوَسَّخْنَ	يُوَسَّخُوا	تُوَسَّخْنَ	تُوَسَّخُوا	نُوَسَّخَ	تُوَسَّخَا	يُوَسَّخَا	تُوَسَّخَا	تُوَسَّخَ	يُوَسَّخَ	تُوَسَّخِي	تُوَسَّخَ	أُوَسَّخَ	IMPERFECT SUBJUNCTIVE	
يُوَسَّخْنَ	يُوَسَّخُوا	تُوَسَّخْنَ	تُوَسَّخُوا	نُوَسَّخْ	تُوَسَّخَا	يُوَسَّخَا	تُوَسَّخَا	تُوَسَّخْ	يُوَسَّخْ	تُوَسَّخِي	تُوَسَّخْ	أُوَسَّخْ	IMPERFECT JUSSIVE	

ACTIVE PARTICIPLE: وَاصِلٌ PASSIVE PARTICIPLE: مَوْصُولٌ MAṢDAR: * وَصْلٌ ROOT: وصل FORM I TO CONNECT وَصَلَ

3 f pl	*3 m pl*	*2 f pl*	*2 m pl*	*1 pl*	*3 f dual*	*3 m dual*	*2 dual*	*3 f sgl*	*3 m sgl*	*2 f sgl*	*2 m sgl*	*1 sgl*		
وَصَلْنَ	وَصَلُوا	وَصَلْتُنَّ	وَصَلْتُمْ	وَصَلْنَا	وَصَلَتَا	وَصَلاَ	وَصَلْتُمَا	وَصَلَتْ	وَصَلَ	وَصَلْتِ	وَصَلْتَ	وَصَلْتُ	PERFECT	ACTIVE
يَصِلْنَ	يَصِلُونَ	تَصِلْنَ	تَصِلُونَ	نَصِلُ	تَصِلاَنِ	يَصِلاَنِ	تَصِلاَنِ	تَصِلُ	يَصِلُ	تَصِلِينَ	تَصِلُ	أَصِلُ	IMPERFECT INDICATIVE	
يَصِلْنَ	يَصِلُوا	تَصِلْنَ	تَصِلُوا	نَصِلَ	تَصِلاَ	يَصِلاَ	تَصِلاَ	تَصِلَ	يَصِلَ	تَصِلِي	تَصِلَ	أَصِلَ	IMPERFECT SUBJUNCTIVE	
يَصِلْنَ	يَصِلُوا	تَصِلْنَ	تَصِلُوا	نَصِلْ	تَصِلاَ	يَصِلاَ	تَصِلاَ	تَصِلْ	يَصِلْ	تَصِلِي	تَصِلْ	أَصِلْ	IMPERFECT JUSSIVE	
		صِلْنَ	صِلُوا				صِلاَ			صِلِي	صِلْ		IMPERATIVE	
وُصِلْنَ	وُصِلُوا	وُصِلْتُنَّ	وُصِلْتُمْ	وُصِلْنَا	وُصِلَتَا	وُصِلاَ	وُصِلْتُمَا	وُصِلَتْ	وُصِلَ	وُصِلْتِ	وُصِلْتَ	وُصِلْتُ	PERFECT	PASSIVE
يُوصَلْنَ	يُوصَلُونَ	تُوصَلْنَ	تُوصَلُونَ	نُوصَلُ	تُوصَلاَنِ	يُوصَلاَنِ	تُوصَلاَنِ	تُوصَلُ	يُوصَلُ	تُوصَلِينَ	تُوصَلُ	أُوصَلُ	IMPERFECT INDICATIVE	
يُوصَلْنَ	يُوصَلُوا	تُوصَلْنَ	تُوصَلُوا	نُوصَلَ	تُوصَلاَ	يُوصَلاَ	تُوصَلاَ	تُوصَلَ	يُوصَلَ	تُوصَلِي	تُوصَلَ	أُوصَلَ	IMPERFECT SUBJUNCTIVE	
يُوصَلْنَ	يُوصَلُوا	تُوصَلْنَ	تُوصَلُوا	نُوصَلْ	تُوصَلاَ	يُوصَلاَ	تُوصَلاَ	تُوصَلْ	يُوصَلْ	تُوصَلِي	تُوصَلْ	أُوصَلْ	IMPERFECT JUSSIVE	

*Also صِلَةٌ .

ACTIVE PARTICIPLE: مُتَّصِلٌ PASSIVE PARTICIPLE: MAṢDAR: اِتِّصَالٌ ROOT: وصل FORM VIII TO UNITE اِتَّصَلَ

	3 f pl	3 m pl	2 f pl	2 m pl	1 pl	3 f dual	3 m dual	2 dual	3 f sgl	3 m sgl	2 f sgl	2 m sgl	1 sgl	
ACTIVE	اِتَّصَلْنَ	اِتَّصَلُوا	اِتَّصَلْتُنَّ	اِتَّصَلْتُمْ	اِتَّصَلْنَا	اِتَّصَلَتَا	اِتَّصَلاَ	اِتَّصَلْتُمَا	اِتَّصَلَتْ	اِتَّصَلَ	اِتَّصَلْتِ	اِتَّصَلْتَ	اِتَّصَلْتُ	PERFECT
	يَتَّصِلْنَ	يَتَّصِلُونَ	تَتَّصِلْنَ	تَتَّصِلُونَ	نَتَّصِلُ	تَتَّصِلاَنِ	يَتَّصِلاَنِ	تَتَّصِلاَنِ	تَتَّصِلُ	يَتَّصِلُ	تَتَّصِلِينَ	تَتَّصِلُ	أَتَّصِلُ	IMPERFECT INDICATIVE
	يَتَّصِلْنَ	يَتَّصِلُوا	تَتَّصِلْنَ	تَتَّصِلُوا	نَتَّصِلَ	تَتَّصِلاَ	يَتَّصِلاَ	تَتَّصِلاَ	تَتَّصِلَ	يَتَّصِلَ	تَتَّصِلِي	تَتَّصِلَ	أَتَّصِلَ	IMPERFECT SUBJUNCTIVE
	يَتَّصِلْنَ	يَتَّصِلُوا	تَتَّصِلْنَ	تَتَّصِلُوا	نَتَّصِلْ	تَتَّصِلاَ	يَتَّصِلاَ	تَتَّصِلاَ	تَتَّصِلْ	يَتَّصِلْ	تَتَّصِلِي	تَتَّصِلْ	أَتَّصِلْ	IMPERFECT JUSSIVE
			اِتَّصِلْنَ	اِتَّصِلُوا				اِتَّصِلاَ			اِتَّصِلِي	اِتَّصِلْ		IMPERATIVE
PASSIVE														PERFECT
														IMPERFECT INDICATIVE
														IMPERFECT SUBJUNCTIVE
														IMPERFECT JUSSIVE

ACTIVE PARTICIPLE: * مُوصٍ PASSIVE PARTICIPLE: مُوصًّى MAṢDAR: إِيصَاءٌ ROOT: وصى FORM IV TO ENTRUST أَوْصَى

		3 f pl	3 m pl	2 f pl	2 m pl	1 pl	3 f dual	3 m dual	2 dual	3 f sgl	3 m sgl	2 f sgl	2 m sgl	1 sgl
ACTIVE	PERFECT	أَوْصَيْنَ	أَوْصَوْا	أَوْصَيْتُنَّ	أَوْصَيْتُمْ	أَوْصَيْنَا	أَوْصَتَا	أَوْصَيَا	أَوْصَيْتُمَا	أَوْصَتْ	أَوْصَى	أَوْصَيْتِ	أَوْصَيْتَ	أَوْصَيْتُ
	IMPERFECT INDICATIVE	يُوصِينَ	يُوصُونَ	تُوصِينَ	تُوصُونَ	نُوصِي	تُوصِيَانِ	يُوصِيَانِ	تُوصِيَانِ	تُوصِي	يُوصِي	تُوصِينَ	تُوصِي	أُوصِي
	IMPERFECT SUBJUNCTIVE	يُوصِينَ	يُوصُوا	تُوصِينَ	تُوصُوا	نُوصِيَ	تُوصِيَا	يُوصِيَا	تُوصِيَا	تُوصِيَ	يُوصِيَ	تُوصِي	تُوصِيَ	أُوصِيَ
	IMPERFECT JUSSIVE	يُوصِينَ	يُوصُوا	تُوصِينَ	تُوصُوا	نُوصِ	تُوصِيَا	يُوصِيَا	تُوصِيَا	تُوصِ	يُوصِ	تُوصِي	تُوصِ	أُوصِ
	IMPERATIVE			أَوْصِينَ	أَوْصُوا				أَوْصِيَا			أَوْصِي	أَوْصِ	
PASSIVE	PERFECT	أُوصِينَ	أُوصُوا	أُوصِيتُنَّ	أُوصِيتُمْ	أُوصِينَا	أُوصِيَتَا	أُوصِيَا	أُوصِيتُمَا	أُوصِيَتْ	أُوصِيَ	أُوصِيتِ	أُوصِيتَ	أُوصِيتُ
	IMPERFECT INDICATIVE	يُوصَيْنَ	يُوصَوْنَ	تُوصَيْنَ	تُوصَوْنَ	نُوصَى	تُوصَيَانِ	يُوصَيَانِ	تُوصَيَانِ	تُوصَى	يُوصَى	تُوصَيْنَ	تُوصَى	أُوصَى
	IMPERFECT SUBJUNCTIVE	يُوصَيْنَ	يُوصَوْا	تُوصَيْنَ	تُوصَوْا	نُوصَى	تُوصَيَا	يُوصَيَا	تُوصَيَا	تُوصَى	يُوصَى	تُوصَيْ	تُوصَى	أُوصَى
	IMPERFECT JUSSIVE	يُوصَيْنَ	يُوصَوْا	تُوصَيْنَ	تُوصَوْا	نُوصَ	تُوصَيَا	يُوصَيَا	تُوصَيَا	تُوصَ	يُوصَ	تُوصَيْ	تُوصَ	أُوصَ

*Genitive مُوصٍ ; accusative مُوصِيًا . With article: nominative أَلْـمُوصِي ; genitive أَلْـمُوصِي ; accusative أَلْـمُوصِيَ.

ACTIVE PARTICIPLE: وَاضِعٌ PASSIVE PARTICIPLE: مَوْضُوعٌ MAṢDAR: وَضْعٌ ROOT: وضع FORM I TO LAY وَضَعَ

		3 f pl	*3 m pl*	*2 f pl*	*2 m pl*	*1 pl*	*3 f dual*	*3 m dual*	*2 dual*	*3 f sgl*	*3 m sgl*	*2 f sgl*	*2 m sgl*	*1 sgl*
ACTIVE	PERFECT	وَضَعْنَ	وَضَعُوا	وَضَعْتُنَّ	وَضَعْتُمْ	وَضَعْنَا	وَضَعَتَا	وَضَعَا	وَضَعْتُمَا	وَضَعَتْ	وَضَعَ	وَضَعْتِ	وَضَعْتَ	وَضَعْتُ
	IMPERFECT INDICATIVE	يَضَعْنَ	يَضَعُونَ	تَضَعْنَ	تَضَعُونَ	نَضَعُ	تَضَعَانِ	يَضَعَانِ	تَضَعَانِ	تَضَعُ	يَضَعُ	تَضَعِينَ	تَضَعُ	أَضَعُ
	IMPERFECT SUBJUNCTIVE	يَضَعْنَ	يَضَعُوا	تَضَعْنَ	تَضَعُوا	نَضَعَ	تَضَعَا	يَضَعَا	تَضَعَا	تَضَعَ	يَضَعَ	تَضَعِي	تَضَعَ	أَضَعَ
	IMPERFECT JUSSIVE	يَضَعْنَ	يَضَعُوا	تَضَعْنَ	تَضَعُوا	نَضَعْ	تَضَعَا	يَضَعَا	تَضَعَا	تَضَعْ	يَضَعْ	تَضَعِي	تَضَعْ	أَضَعْ
	IMPERATIVE			ضَعْنَ	ضَعُوا				ضَعَا			ضَعِي	ضَعْ	
PASSIVE	PERFECT	وُضِعْنَ	وُضِعُوا	وُضِعْتُنَّ	وُضِعْتُمْ	وُضِعْنَا	وُضِعَتَا	وُضِعَا	وُضِعْتُمَا	وُضِعَتْ	وُضِعَ	وُضِعْتِ	وُضِعْتَ	وُضِعْتُ
	IMPERFECT INDICATIVE	يُوضَعْنَ	يُوضَعُونَ	تُوضَعْنَ	تُوضَعُونَ	نُوضَعُ	تُوضَعَانِ	يُوضَعَانِ	تُوضَعَانِ	تُوضَعُ	يُوضَعُ	تُوضَعِينَ	تُوضَعُ	أُوضَعُ
	IMPERFECT SUBJUNCTIVE	يُوضَعْنَ	يُوضَعُوا	تُوضَعْنَ	تُوضَعُوا	نُوضَعَ	تُوضَعَا	يُوضَعَا	تُوضَعَا	تُوضَعَ	يُوضَعَ	تُوضَعِي	تُوضَعَ	أُوضَعَ
	IMPERFECT JUSSIVE	يُوضَعْنَ	يُوضَعُوا	تُوضَعْنَ	تُوضَعُوا	نُوضَعْ	تُوضَعَا	يُوضَعَا	تُوضَعَا	تُوضَعْ	يُوضَعْ	تُوضَعِي	تُوضَعْ	أُوضَعْ

ACTIVE PARTICIPLE: مُوَافِقٌ PASSIVE PARTICIPLE: مُوَافَقٌ MAṢDAR:* مُوَافَقَةٌ ROOT: وفق FORM III TO AGREE وَافَقَ

3 f pl	3 m pl	2 f pl	2 m pl	1 pl	3 f dual	3 m dual	2 dual	3 f sgl	3 m sgl	2 f sgl	2 m sgl	1 sgl		
وَافَقْنَ	وَافَقُوا	وَافَقْتُنَّ	وَافَقْتُمْ	وَافَقْنَا	وَافَقَتَا	وَافَقَا	وَافَقْتُمَا	وَافَقَتْ	وَافَقَ	وَافَقْتِ	وَافَقْتَ	وَافَقْتُ	PERFECT	ACTIVE
يُوَافِقْنَ	يُوَافِقُونَ	تُوَافِقْنَ	تُوَافِقُونَ	نُوَافِقُ	تُوَافِقَانِ	يُوَافِقَانِ	تُوَافِقَانِ	تُوَافِقُ	يُوَافِقُ	تُوَافِقِينَ	تُوَافِقُ	أُوَافِقُ	IMPERFECT INDICATIVE	
يُوَافِقْنَ	يُوَافِقُوا	تُوَافِقْنَ	تُوَافِقُوا	نُوَافِقَ	تُوَافِقَا	يُوَافِقَا	تُوَافِقَا	تُوَافِقَ	يُوَافِقَ	تُوَافِقِي	تُوَافِقَ	أُوَافِقَ	IMPERFECT SUBJUNCTIVE	
يُوَافِقْنَ	يُوَافِقُوا	تُوَافِقْنَ	تُوَافِقُوا	نُوَافِقْ	تُوَافِقَا	يُوَافِقَا	تُوَافِقَا	تُوَافِقْ	يُوَافِقْ	تُوَافِقِي	تُوَافِقْ	أُوَافِقْ	IMPERFECT JUSSIVE	
		وَافِقْنَ	وَافِقُوا				وَافِقَا			وَافِقِي	وَافِقْ		IMPERATIVE	
وُوفِقْنَ	وُوفِقُوا	وُوفِقْتُنَّ	وُوفِقْتُمْ	وُوفِقْنَا	وُوفِقَتَا	وُوفِقَا	وُوفِقْتُمَا	وُوفِقَتْ	وُوفِقَ	وُوفِقْتِ	وُوفِقْتَ	وُوفِقْتُ	PERFECT	PASSIVE
يُوَافَقْنَ	يُوَافَقُونَ	تُوَافَقْنَ	تُوَافَقُونَ	نُوَافَقُ	تُوَافَقَانِ	يُوَافَقَانِ	تُوَافَقَانِ	تُوَافَقُ	يُوَافَقُ	تُوَافَقِينَ	تُوَافَقُ	أُوَافَقُ	IMPERFECT INDICATIVE	
يُوَافَقْنَ	يُوَافَقُوا	تُوَافَقْنَ	تُوَافَقُوا	نُوَافَقَ	تُوَافَقَا	يُوَافَقَا	تُوَافَقَا	تُوَافَقَ	يُوَافَقَ	تُوَافَقِي	تُوَافَقَ	أُوَافَقَ	IMPERFECT SUBJUNCTIVE	
يُوَافَقْنَ	يُوَافَقُوا	تُوَافَقْنَ	تُوَافَقُوا	نُوَافَقْ	تُوَافَقَا	يُوَافَقَا	تُوَافَقَا	تُوَافَقْ	يُوَافَقْ	تُوَافَقِي	تُوَافَقْ	أُوَافَقْ	IMPERFECT JUSSIVE	

* **Also** وِفَاقٌ .

ACTIVE PARTICIPLE: مُتَّفِقٌ PASSIVE PARTICIPLE: MAṢDAR: إِتِّفَاقٌ ROOT: وفق FORM VIII TO AGREE إِتَّفَقَ

	3 f pl	*3 m pl*	*2 f pl*	*2 m pl*	*1 pl*	*3 f dual*	*3 m dual*	*2 dual*	*3 f sgl*	*3 m sgl*	*2 f sgl*	*2 m sgl*	*1 sgl*		
	إِتَّفَقْنَ	إِتَّفَقُوا	إِتَّفَقْتُنَّ	إِتَّفَقْتُمْ	إِتَّفَقْنَا	إِتَّفَقَتَا	إِتَّفَقَا	إِتَّفَقْتُمَا	إِتَّفَقَتْ	إِتَّفَقَ	إِتَّفَقْتِ	إِتَّفَقْتَ	إِتَّفَقْتُ	PERFECT	ACTIVE
	يَتَّفِقْنَ	يَتَّفِقُونَ	تَتَّفِقْنَ	تَتَّفِقُونَ	نَتَّفِقُ	تَتَّفِقَانِ	يَتَّفِقَانِ	تَتَّفِقَانِ	تَتَّفِقُ	يَتَّفِقُ	تَتَّفِقِينَ	تَتَّفِقُ	أَتَّفِقُ	IMPERFECT INDICATIVE	
	يَتَّفِقْنَ	يَتَّفِقُوا	تَتَّفِقْنَ	تَتَّفِقُوا	نَتَّفِقَ	تَتَّفِقَا	يَتَّفِقَا	تَتَّفِقَا	تَتَّفِقَ	يَتَّفِقَ	تَتَّفِقِي	تَتَّفِقَ	أَتَّفِقَ	IMPERFECT SUBJUNCTIVE	
	يَتَّفِقْنَ	يَتَّفِقُوا	تَتَّفِقْنَ	تَتَّفِقُوا	نَتَّفِقْ	تَتَّفِقَا	يَتَّفِقَا	تَتَّفِقَا	تَتَّفِقْ	يَتَّفِقْ	تَتَّفِقِي	تَتَّفِقْ	أَتَّفِقْ	IMPERFECT JUSSIVE	
			إِتَّفِقْنَ	إِتَّفِقُوا				إِتَّفِقَا			إِتَّفِقِي	إِتَّفِقْ		IMPERATIVE	
														PERFECT	PASSIVE
														IMPERFECT INDICATIVE	
														IMPERFECT SUBJUNCTIVE	
														IMPERFECT JUSSIVE	

ACTIVE PARTICIPLE: * مُتَوَفٍّ PASSIVE PARTICIPLE : مُتَوَفًّى MAṢDAR: تَوَفٍّ ROOT: وفي FORM V TO EXACT تَوَفَّى

	3 f pl	*3 m pl*	*2 f pl*	*2 m pl*	*1 pl*	*3 f dual*	*3 m dual*	*2 dual*	*3 f sgl*	*3 m sgl*	*2 f sgl*	*2 m sgl*	*1 sgl*		
	تَوَفَّيْنَ	تَوَفَّوْا	تَوَفَّيْتُنَّ	تَوَفَّيْتُمْ	تَوَفَّيْنَا	تَوَفَّتَا	تَوَفَّيَا	تَوَفَّيْتُمَا	تَوَفَّتْ	تَوَفَّى	تَوَفَّيْتِ	تَوَفَّيْتَ	تَوَفَّيْتُ	PERFECT	ACTIVE
	يَتَوَفَّيْنَ	يَتَوَفَّوْنَ	تَتَوَفَّيْنَ	تَتَوَفَّوْنَ	نَتَوَفَّى	تَتَوَفَّيَانِ	يَتَوَفَّيَانِ	تَتَوَفَّيَانِ	تَتَوَفَّى	يَتَوَفَّى	تَتَوَفَّيْنَ	تَتَوَفَّى	أَتَوَفَّى	IMPERFECT INDICATIVE	
	يَتَوَفَّيْنَ	يَتَوَفَّوْا	تَتَوَفَّيْنَ	تَتَوَفَّوْا	نَتَوَفَّى	تَتَوَفَّيَا	يَتَوَفَّيَا	تَتَوَفَّيَا	تَتَوَفَّى	يَتَوَفَّى	تَتَوَفَّيْ	تَتَوَفَّى	أَتَوَفَّى	IMPERFECT SUBJUNCTIVE	
	يَتَوَفَّيْنَ	يَتَوَفَّوْا	تَتَوَفَّيْنَ	تَتَوَفَّوْا	نَتَوَفَّ	تَتَوَفَّيَا	يَتَوَفَّيَا	تَتَوَفَّيَا	تَتَوَفَّ	يَتَوَفَّ	تَتَوَفَّيْ	تَتَوَفَّ	أَتَوَفَّ	IMPERFECT JUSSIVE	
			تَوَفَّيْنَ	تَوَفَّوْا				تَوَفَّيَا			تَوَفَّيْ	تَوَفَّ		IMPERATIVE	
	تُوُفِّينَ	تُوُفُّوا	تُوُفِّيتُنَّ	تُوُفِّيتُمْ	تُوُفِّينَا	تُوُفِّيَتَا	تُوُفِّيَا	تُوُفِّيتُمَا	تُوُفِّيَتْ	تُوُفِّيَ	تُوُفِّيتِ	تُوُفِّيتَ	تُوُفِّيتُ	PERFECT	PASSIVE
	يُتَوَفَّيْنَ	يُتَوَفَّوْنَ	تُتَوَفَّيْنَ	تُتَوَفَّوْنَ	نُتَوَفَّى	تُتَوَفَّيَانِ	يُتَوَفَّيَانِ	تُتَوَفَّيَانِ	تُتَوَفَّى	يُتَوَفَّى	تُتَوَفَّيْنَ	تُتَوَفَّى	أُتَوَفَّى	IMPERFECT INDICATIVE	
	يُتَوَفَّيْنَ	يُتَوَفَّوْا	تُتَوَفَّيْنَ	تُتَوَفَّوْا	نُتَوَفَّى	تُتَوَفَّيَا	يُتَوَفَّيَا	تُتَوَفَّيَا	تُتَوَفَّى	يُتَوَفَّى	تُتَوَفَّيْ	تُتَوَفَّى	أُتَوَفَّى	IMPERFECT SUBJUNCTIVE	
	يُتَوَفَّيْنَ	يُتَوَفَّوْا	تُتَوَفَّيْنَ	تُتَوَفَّوْا	نُتَوَفَّ	تُتَوَفَّيَا	يُتَوَفَّيَا	تُتَوَفَّيَا	تُتَوَفَّ	يُتَوَفَّ	تُتَوَفَّيْ	تُتَوَفَّ	أُتَوَفَّ	IMPERFECT JUSSIVE	

*Genitive مُتَوَفٍّ ; accusative مُتَوَفِّيًا ; With article: nominative أَلْمُتَوَفِّي ; genitive أَلْمُتَوَفِّي ; accusative أَلْمُتَوَفِّيَ

ACTIVE PARTICIPLE:* مُسْتَوْفٍ PASSIVE PARTICIPLE: مُسْتَوْفًى MAṢDAR: إِسْتِيفَاءٌ ROOT: وفي FORM X TO EXHAUST إِسْتَوْفَى

	3 f pl	*3 m pl*	*2 f pl*	*2 m pl*	*1 pl*	*3 f dual*	*3 m dual*	*2 dual*	*3 f sgl*	*3 m sgl*	*2 f sgl*	*2 m sgl*	*1 sgl*	
ACTIVE	إِسْتَوْفَيْنَ	إِسْتَوْفَوْا	إِسْتَوْفَيْتُنَّ	إِسْتَوْفَيْتُمْ	إِسْتَوْفَيْنَا	إِسْتَوْفَتَا	إِسْتَوْفَيَا	إِسْتَوْفَيْتُمَا	إِسْتَوْفَتْ	إِسْتَوْفَى	إِسْتَوْفَيْتِ	إِسْتَوْفَيْتَ	إِسْتَوْفَيْتُ	PERFECT
	يَسْتَوْفِينَ	يَسْتَوْفُونَ	تَسْتَوْفِينَ	تَسْتَوْفُونَ	نَسْتَوْفِي	تَسْتَوْفِيَانِ	يَسْتَوْفِيَانِ	تَسْتَوْفِيَانِ	تَسْتَوْفِي	يَسْتَوْفِي	تَسْتَوْفِينَ	تَسْتَوْفِي	أَسْتَوْفِي	IMPERFECT INDICATIVE
	يَسْتَوْفِينَ	يَسْتَوْفُوا	تَسْتَوْفِينَ	تَسْتَوْفُوا	نَسْتَوْفِيَ	تَسْتَوْفِيَا	يَسْتَوْفِيَا	تَسْتَوْفِيَا	تَسْتَوْفِيَ	يَسْتَوْفِيَ	تَسْتَوْفِي	تَسْتَوْفِيَ	أَسْتَوْفِيَ	IMPERFECT SUBJUNCTIVE
	يَسْتَوْفِينَ	يَسْتَوْفُوا	تَسْتَوْفِينَ	تَسْتَوْفُوا	نَسْتَوْفِ	تَسْتَوْفِيَا	يَسْتَوْفِيَا	تَسْتَوْفِيَا	تَسْتَوْفِ	يَسْتَوْفِ	تَسْتَوْفِي	تَسْتَوْفِ	أَسْتَوْفِ	IMPERFECT JUSSIVE
			إِسْتَوْفِينَ	إِسْتَوْفُوا				إِسْتَوْفِيَا			إِسْتَوْفِي	إِسْتَوْفِ		IMPERATIVE
PASSIVE	أُسْتُوفِينَ	أُسْتُوفُوا	أُسْتُوفِيتُنَّ	أُسْتُوفِيتُمْ	أُسْتُوفِينَا	أُسْتُوفِيَتَا	أُسْتُوفِيَا	أُسْتُوفِيتُمَا	أُسْتُوفِيَتْ	أُسْتُوفِيَ	أُسْتُوفِيتِ	أُسْتُوفِيتَ	أُسْتُوفِيتُ	PERFECT
	يُسْتَوْفَيْنَ	يُسْتَوْفَوْنَ	تُسْتَوْفَيْنَ	تُسْتَوْفَوْنَ	نُسْتَوْفَى	تُسْتَوْفَيَانِ	يُسْتَوْفَيَانِ	تُسْتَوْفَيَانِ	تُسْتَوْفَى	يُسْتَوْفَى	تُسْتَوْفَيْنَ	تُسْتَوْفَى	أُسْتَوْفَى	IMPERFECT INDICATIVE
	يُسْتَوْفَيْنَ	يُسْتَوْفَوْا	تُسْتَوْفَيْنَ	تُسْتَوْفَوْا	نُسْتَوْفَى	تُسْتَوْفَيَا	يُسْتَوْفَيَا	تُسْتَوْفَيَا	تُسْتَوْفَى	يُسْتَوْفَى	تُسْتَوْفَيْ	تُسْتَوْفَى	أُسْتَوْفَى	IMPERFECT SUBJUNCTIVE
	يُسْتَوْفَيْنَ	يُسْتَوْفَوْا	تُسْتَوْفَيْنَ	تُسْتَوْفَوْا	نُسْتَوْفَ	تُسْتَوْفَيَا	يُسْتَوْفَيَا	تُسْتَوْفَيَا	تُسْتَوْفَ	يُسْتَوْفَ	تُسْتَوْفَيْ	تُسْتَوْفَ	أُسْتَوْفَ	IMPERFECT JUSSIVE

*Genitive مُسْتَوْفٍ ; accusative مُسْتَوْفِيًا . With article: nominative أَلْمُسْتَوْفِي ; genitive أَلْمُسْتَوْفِي ; accusative أَلْمُسْتَوْفِيَ .

ACTIVE PARTICIPLE:* وَاقٍ   PASSIVE PARTICIPLE: مَوْقِيٌّ   MAṢDAR: وَقْيٌ   ROOT: وقى   FORM I   TO GUARD وَقَى

3 f pl	3 m pl	2 f pl	2 m pl	1 pl	3 f dual	3 m dual	2 dual	3 f sgl	3 m sgl	2 f sgl	2 m sgl	1 sgl		
وَقَيْنَ	وَقَوْا	وَقَيْتُنَّ	وَقَيْتُمْ	وَقَيْنَا	وَقَتَا	وَقَيَا	وَقَيْتُمَا	وَقَتْ	وَقَى	وَقَيْتِ	وَقَيْتَ	وَقَيْتُ	PERFECT	ACTIVE
يَقِينَ	يَقُونَ	تَقِينَ	تَقُونَ	نَقِي	تَقِيَانِ	يَقِيَانِ	تَقِيَانِ	تَقِي	يَقِي	تَقِينَ	تَقِي	أَقِي	IMPERFECT INDICATIVE	
يَقِينَ	يَقُوا	تَقِينَ	تَقُوا	نَقِيَ	تَقِيَا	يَقِيَا	تَقِيَا	تَقِيَ	يَقِيَ	تَقِي	تَقِيَ	أَقِيَ	IMPERFECT SUBJUNCTIVE	
يَقِينَ	يَقُوا	تَقِينَ	تَقُوا	نَقِ	تَقِيَا	يَقِيَا	تَقِيَا	تَقِ	يَقِ	تَقِي	تَقِ	أَقِ	IMPERFECT JUSSIVE	
		قِينَ	قُوا				قِيَا			قِي	قِ		IMPERATIVE	
وُقِينَ	وُقُوا	وُقِيتُنَّ	وُقِيتُمْ	وُقِينَا	وُقِيَتَا	وُقِيَا	وُقِيتُمَا	وُقِيَتْ	وُقِيَ	وُقِيتِ	وُقِيتَ	وُقِيتُ	PERFECT	PASSIVE
يُوقَيْنَ	يُوقَوْنَ	تُوقَيْنَ	تُوقَوْنَ	نُوقَى	تُوقَيَانِ	يُوقَيَانِ	تُوقَيَانِ	تُوقَى	يُوقَى	تُوقَيْنَ	تُوقَى	أُوقَى	IMPERFECT INDICATIVE	
يُوقَيْنَ	يُوقَوْا	تُوقَيْنَ	تُوقَوْا	نُوقَى	تُوقَيَا	يُوقَيَا	تُوقَيَا	تُوقَى	يُوقَى	تُوقَيْ	تُوقَى	أُوقَى	IMPERFECT SUBJUNCTIVE	
يُوقَيْنَ	يُوقَوْا	تُوقَيْنَ	تُوقَوْا	نُوقَ	تُوقَيَا	يُوقَيَا	تُوقَيَا	تُوقَ	يُوقَ	تُوقَيْ	تُوقَ	أُوقَ	IMPERFECT JUSSIVE	

* Genitive وَاقٍ ; accusative وَقِيًا ; With article: nominative أَلْـوَاقِي ; genitive أَلْـوَاقِي ; accusative أَلْـوَاقِيَ .

ACTIVE PARTICIPLE:* مُتَّقٍ PASSIVE PARTICIPLE: مُتَّقًى MAṢDAR: إِتِّقَاءٌ ROOT: وقى FORM VIII TO BEWARE إِتَّقَى

3 f pl	3 m pl	2 f pl	2 m pl	1 pl	3 f dual	3 m dual	2 dual	3 f sgl	3 m sgl	2 f sgl	2 m sgl	1 sgl		
إِتَّقَيْنَ	إِتَّقَوْا	إِتَّقَيْتُنَّ	إِتَّقَيْتُمْ	إِتَّقَيْنَا	إِتَّقَتَا	إِتَّقَيَا	إِتَّقَيْتُمَا	إِتَّقَتْ	إِتَّقَى	إِتَّقَيْتِ	إِتَّقَيْتَ	إِتَّقَيْتُ	PERFECT	ACTIVE
يَتَّقِينَ	يَتَّقُونَ	تَتَّقِينَ	تَتَّقُونَ	نَتَّقِي	تَتَّقِيَانِ	يَتَّقِيَانِ	تَتَّقِيَانِ	تَتَّقِي	يَتَّقِي	تَتَّقِينَ	تَتَّقِي	أَتَّقِي	IMPERFECT INDICATIVE	
يَتَّقِينَ	يَتَّقُوا	تَتَّقِينَ	تَتَّقُوا	نَتَّقِيَ	تَتَّقِيَا	يَتَّقِيَا	تَتَّقِيَا	تَتَّقِيَ	يَتَّقِيَ	تَتَّقِي	تَتَّقِيَ	أَتَّقِيَ	IMPERFECT SUBJUNCTIVE	
يَتَّقِينَ	يَتَّقُوا	تَتَّقِينَ	تَتَّقُوا	نَتَّقِ	تَتَّقِيَا	يَتَّقِيَا	تَتَّقِيَا	تَتَّقِ	يَتَّقِ	تَتَّقِي	تَتَّقِ	أَتَّقِ	IMPERFECT JUSSIVE	
		إِتَّقِينَ	إِتَّقُوا				إِتَّقِيَا			إِتَّقِي	إِتَّقِ		IMPERATIVE	
أُتُّقِينَ	أُتُّقُوا	أُتُّقِيتُنَّ	أُتُّقِيتُمْ	أُتُّقِينَا	أُتُّقِيَتَا	أُتُّقِيَا	أُتُّقِيتُمَا	أُتُّقِيَتْ	أُتُّقِيَ	أُتُّقِيتِ	أُتُّقِيتَ	أُتُّقِيتُ	PERFECT	PASSIVE
يُتَّقَيْنَ	يُتَّقَوْنَ	تُتَّقَيْنَ	تُتَّقَوْنَ	نُتَّقَى	تُتَّقَيَانِ	يُتَّقَيَانِ	تُتَّقَيَانِ	تُتَّقَى	يُتَّقَى	تُتَّقَيْنَ	تُتَّقَى	أُتَّقَى	IMPERFECT INDICATIVE	
يُتَّقَيْنَ	يُتَّقَوْا	تُتَّقَيْنَ	تُتَّقَوْا	نُتَّقَى	تُتَّقَيَا	يُتَّقَيَا	تُتَّقَيَا	تُتَّقَى	يُتَّقَى	تُتَّقَيْ	تُتَّقَى	أُتَّقَى	IMPERFECT SUBJUNCTIVE	
يُتَّقَيْنَ	يُتَّقَوْا	تُتَّقَيْنَ	تُتَّقَوْا	نُتَّقَ	تُتَّقَيَا	يُتَّقَيَا	تُتَّقَيَا	تُتَّقَى	يُتَّقَى	تُتَّقَيْ	تُتَّقَ	أُتَّقَ	IMPERFECT JUSSIVE	

*Genitive مُتَّقٍ ; accusative مُتَّقِيًا . With article: nominative أَلْـمُتَّقِي ; genitive أَلْـمُتَّقِي ; accusative أَلْـمُتَّقِيَ.

ACTIVE PARTICIPLE ** وَالٍ PASSIVE PARTICIPLE: مَوْلِيٌّ MAṢDAR: * ROOT: ولي FORM I TO BE NEAR وَلِيَ

Voice	Tense	3 f pl	3 m pl	2 f pl	2 m pl	1 pl	3 f dual	3 m dual	2 dual	3 f sgl	3 m sgl	2 f sgl	2 m sgl	1 sgl
ACTIVE	PERFECT	وَلِينَ	وَلُوا	وَلِيتُنَّ	وَلِيتُمْ	وَلِينَا	وَلِيَتَا	وَلِيَا	وَلِيتُمَا	وَلِيَتْ	وَلِيَ	وَلِيتِ	وَلِيتَ	وَلِيتُ
ACTIVE	IMPERFECT INDICATIVE	يَلِينَ	يَلُونَ	تَلِينَ	تَلُونَ	نَلِي	تَلِيَانِ	يَلِيَانِ	تَلِيَانِ	تَلِي	يَلِي	تَلِينَ	تَلِي	أَلِي
ACTIVE	IMPERFECT SUBJUNCTIVE	يَلِينَ	يَلُوا	تَلِينَ	تَلُوا	نَلِيَ	تَلِيَا	يَلِيَا	تَلِيَا	تَلِيَ	يَلِيَ	تَلِي	تَلِيَ	أَلِيَ
ACTIVE	IMPERFECT JUSSIVE	يَلِينَ	يَلُوا	تَلِينَ	تَلُوا	نَلِ	تَلِيَا	يَلِيَا	تَلِيَا	تَلِ	يَلِ	تَلِي	تَلِ	أَلِ
ACTIVE	IMPERATIVE			لِينَ	لُوا				لِيَا			لِي	لِ	
PASSIVE	PERFECT	وُلِينَ	وُلُوا	وُلِيتُنَّ	وُلِيتُمْ	وُلِينَا	وُلِيَتَا	وُلِيَا	وُلِيتُمَا	وُلِيَتْ	وُلِيَ	وُلِيتِ	وُلِيتَ	وُلِيتُ
PASSIVE	IMPERFECT INDICATIVE	يُولَيْنَ	يُولَوْنَ	تُولَيْنَ	تُولَوْنَ	نُولَى	تُولَيَانِ	يُولَيَانِ	تُولَيَانِ	تُولَى	يُولَى	تُولَيْنَ	تُولَى	أُولَى
PASSIVE	IMPERFECT SUBJUNCTIVE	يُولَيْنَ	يُولَوْا	تُولَيْنَ	تُولَوْا	نُولَى	تُولَيَا	يُولَيَا	تُولَيَا	تُولَى	يُولَى	تُولَيْ	تُولَى	أُولَى
PASSIVE	IMPERFECT JUSSIVE	يُولَيْنَ	يُولَوْا	تُولَيْنَ	تُولَوْا	نُولَ	تُولَيَا	يُولَيَا	تُولَيَا	تُولَ	يُولَ	تُولَيْ	تُولَ	أُولَ

* Various maṣdar s associated with the different meanings of the root. Consult dictionaries.

** Genitive وَالٍ ; accusative وَالٍ . With article: nominative أَلْوَالِي ; genitive أَلْوَالِي ; accusative أَلْوَالِيَ .

TO HELP وَالَى FORM III ROOT: ولى MAṢDAR: مُوَالَاةٌ PASSIVE PARTICIPLE: مُوَالًى ACTIVE PARTICIPLE:* مُوَالٍ

		3 f pl	3 m pl	2 f pl	2 m pl	1 pl	3 f dual	3 m dual	2 dual	3 f sgl	3 m sgl	2 f sgl	2 m sgl	1 sgl
ACTIVE	PERFECT	وَالَيْنَ	وَالَوْا	وَالَيْتُنَّ	وَالَيْتُمْ	وَالَيْنَا	وَالَتَا	وَالَيَا	وَالَيْتُمَا	وَالَتْ	وَالَى	وَالَيْتِ	وَالَيْتَ	وَالَيْتُ
ACTIVE	IMPERFECT INDICATIVE	يُوَالِينَ	يُوَالُونَ	تُوَالِينَ	تُوَالُونَ	نُوَالِي	تُوَالِيَانِ	يُوَالِيَانِ	تُوَالِيَانِ	تُوَالِي	يُوَالِي	تُوَالِينَ	تُوَالِي	أُوَالِي
ACTIVE	IMPERFECT SUBJUNCTIVE	يُوَالِينَ	يُوَالُوا	تُوَالِينَ	تُوَالُوا	نُوَالِيَ	تُوَالِيَا	يُوَالِيَا	تُوَالِيَا	تُوَالِيَ	يُوَالِيَ	تُوَالِي	تُوَالِيَ	أُوَالِيَ
ACTIVE	IMPERFECT JUSSIVE	يُوَالِينَ	يُوَالُوا	تُوَالِينَ	تُوَالُوا	نُوَالِ	تُوَالِيَا	يُوَالِيَا	تُوَالِيَا	تُوَالِ	يُوَالِ	تُوَالِي	تُوَالِ	أُوَالِ
ACTIVE	IMPERATIVE			وَالِينَ	وَالُوا				وَالِيَا			وَالِي	وَالِ	
PASSIVE	PERFECT	وُولِينَ	وُولُوا	وُولِيتُنَّ	وُولِيتُمْ	وُولِينَا	وُولِيَتَا	وُولِيَا	وُولِيتُمَا	وُولِيَتْ	وُولِيَ	وُولِيتِ	وُولِيتَ	وُولِيتُ
PASSIVE	IMPERFECT INDICATIVE	يُوَالَيْنَ	يُوَالَوْنَ	تُوَالَيْنَ	تُوَالَوْنَ	نُوَالَى	تُوَالَيَانِ	يُوَالَيَانِ	تُوَالَيَانِ	تُوَالَى	يُوَالَى	تُوَالَيْنَ	تُوَالَى	أُوَالَى
PASSIVE	IMPERFECT SUBJUNCTIVE	يُوَالَيْنَ	يُوَالَوْا	تُوَالَيْنَ	تُوَالَوْا	نُوَالَى	تُوَالَيَا	يُوَالَيَا	تُوَالَيَا	تُوَالَى	يُوَالَى	تُوَالَيْ	تُوَالَى	أُوَالَى
PASSIVE	IMPERFECT JUSSIVE	يُوَالَيْنَ	يُوَالَوْا	تُوَالَيْنَ	تُوَالَوْا	نُوَالَ	تُوَالَيَا	يُوَالَيَا	تُوَالَيَا	تُوَالَ	يُوَالَ	تُوَالَيْ	تُوَالَ	أُوَالَ

* Genitive مُوَالٍ ; accusative مُوَالِيًا. With article: nominative أَلْمُوَالِي ; genitive أَلْمُوَالِي ; accusative أَلْمُوَالِيَ.

ACTIVE PARTICIPLE: * مُتَوَلٍّ   PASSIVE PARTICIPLE: مُتَوَلًّى   MAṢDAR: تَوَلٍّ   ROOT: ولي   FORM V   TO TAKE CHARGE تَوَلَّى

3 f pl	*3 m pl*	*2 f pl*	*2 m pl*	*1 pl*	*3 f dual*	*3 m dual*	*2 dual*	*3 f sgl*	*3 m sgl*	*2 f sgl*	*2 m sgl*	*1 sgl*		
تَوَلَّيْنَ	تَوَلَّوْا	تَوَلَّيْتُنَّ	تَوَلَّيْتُمْ	تَوَلَّيْنَا	تَوَلَّتَا	تَوَلَّيَا	تَوَلَّيْتُمَا	تَوَلَّتْ	تَوَلَّى	تَوَلَّيْتِ	تَوَلَّيْتَ	تَوَلَّيْتُ	PERFECT	ACTIVE
يَتَوَلَّيْنَ	يَتَوَلَّوْنَ	تَتَوَلَّيْنَ	تَتَوَلَّوْنَ	نَتَوَلَّى	تَتَوَلَّيَانِ	يَتَوَلَّيَانِ	تَتَوَلَّيَانِ	تَتَوَلَّى	يَتَوَلَّى	تَتَوَلَّيْنَ	تَتَوَلَّى	أَتَوَلَّى	IMPERFECT INDICATIVE	
يَتَوَلَّيْنَ	يَتَوَلَّوْا	تَتَوَلَّيْنَ	تَتَوَلَّوْا	نَتَوَلَّى	تَتَوَلَّيَا	يَتَوَلَّيَا	تَتَوَلَّيَا	تَتَوَلَّى	يَتَوَلَّى	تَتَوَلَّيْ	تَتَوَلَّى	أَتَوَلَّى	IMPERFECT SUBJUNCTIVE	
يَتَوَلَّيْنَ	يَتَوَلَّوْا	تَتَوَلَّيْنَ	تَتَوَلَّوْا	نَتَوَلَّ	تَتَوَلَّيَا	يَتَوَلَّيَا	تَتَوَلَّيَا	تَتَوَلَّ	يَتَوَلَّ	تَتَوَلَّيْ	تَتَوَلَّ	أَتَوَلَّ	IMPERFECT JUSSIVE	
		تَوَلَّيْنَ	تَوَلَّوْا				تَوَلَّيَا			تَوَلَّيْ	تَوَلَّ		IMPERATIVE	
تُوُلِّينَ	تُوُلُّوا	تُوُلِّيتُنَّ	تُوُلِّيتُمْ	تُوُلِّينَا	تُوُلِّيَتَا	تُوُلِّيَا	تُوُلِّيتُمَا	تُوُلِّيَتْ	تُوُلِّيَ	تُوُلِّيتِ	تُوُلِّيتَ	تُوُلِّيتُ	PERFECT	PASSIVE
يُتَوَلَّيْنَ	يُتَوَلَّوْنَ	تُتَوَلَّيْنَ	تُتَوَلَّوْنَ	نُتَوَلَّى	تُتَوَلَّيَانِ	يُتَوَلَّيَانِ	تُتَوَلَّيَانِ	تُتَوَلَّى	يُتَوَلَّى	تُتَوَلَّيْنَ	تُتَوَلَّى	أُتَوَلَّى	IMPERFECT INDICATIVE	
يُتَوَلَّيْنَ	يُتَوَلَّوْا	تُتَوَلَّيْنَ	تُتَوَلَّوْا	نُتَوَلَّى	تُتَوَلَّيَا	يُتَوَلَّيَا	تُتَوَلَّيَا	تُتَوَلَّى	يُتَوَلَّى	تُتَوَلَّيْ	تُتَوَلَّى	أُتَوَلَّى	IMPERFECT SUBJUNCTIVE	
يُتَوَلَّيْنَ	يُتَوَلَّوْا	تُتَوَلَّيْنَ	تُتَوَلَّوْا	نُتَوَلَّ	تُتَوَلَّيَا	يُتَوَلَّيَا	تُتَوَلَّيَا	تُتَوَلَّ	يُتَوَلَّ	تُتَوَلَّيْ	تُتَوَلَّ	أُتَوَلَّ	IMPERFECT JUSSIVE	

* Genitive مُتَوَلٍّ ; accusative مُتَوَلِّيًا. With article: nominative أَلْمُتَوَلِّي ; genitive أَلْمُتَوَلِّي ; accusative أَلْمُتَوَلِّيَ.

ACTIVE PARTICIPLE:* مُتَوَالٍ PASSIVE PARTICIPLE: MAṢDAR: تَوَالٍ ROOT: ولي FORM VI TO PROGRESS تَوَالَى

		3 f pl	3 m pl	2 f pl	2 m pl	1 pl	3 f dual	3 m dual	2 dual	3 f sgl	3 m sgl	2 f sgl	2 m sgl	1 sgl
ACTIVE	PERFECT	تَوَالَيْنَ	تَوَالَوْا	تَوَالَيْتُنَّ	تَوَالَيْتُمْ	تَوَالَيْنَا	تَوَالَتَا	تَوَالَيَا	تَوَالَيْتُمَا	تَوَالَتْ	تَوَالَى	تَوَالَيْتِ	تَوَالَيْتَ	تَوَالَيْتُ
	IMPERFECT INDICATIVE	يَتَوَالَيْنَ	يَتَوَالَوْنَ	تَتَوَالَيْنَ	تَتَوَالَوْنَ	نَتَوَالَى	تَتَوَالَيَانِ	يَتَوَالَيَانِ	تَتَوَالَيَانِ	تَتَوَالَى	يَتَوَالَى	تَتَوَالَيْنَ	تَتَوَالَى	أَتَوَالَى
	IMPERFECT SUBJUNCTIVE	يَتَوَالَيْنَ	يَتَوَالَوْا	تَتَوَالَيْنَ	تَتَوَالَوْا	نَتَوَالَى	تَتَوَالَيَا	يَتَوَالَيَا	تَتَوَالَيَا	تَتَوَالَى	يَتَوَالَى	تَتَوَالَيْ	تَتَوَالَى	أَتَوَالَى
	IMPERFECT JUSSIVE	يَتَوَالَيْنَ	يَتَوَالَوْا	تَتَوَالَيْنَ	تَتَوَالَوْا	نَتَوَالَ	تَتَوَالَيَا	يَتَوَالَيَا	تَتَوَالَيَا	تَتَوَالَ	يَتَوَالَ	تَتَوَالَيْ	تَتَوَالَ	أَتَوَالَ
	IMPERATIVE			تَوَالَيْنَ	تَوَالَوْا				تَوَالَيَا			تَوَالَيْ	تَوَالَ	
PASSIVE	PERFECT													
	IMPERFECT INDICATIVE													
	IMPERFECT SUBJUNCTIVE													
	IMPERFECT JUSSIVE													

*Genitive مُتَوَالٍ ; accusative مُتَوَالِيًا . With article: nominative أَلْمُتَوَالِي ; genitive أَلْمُتَوَالِي ; accusative أَلْمُتَوَالِيَ.

ACTIVE PARTICIPLE: يَائِسٌ PASSIVE PARTICIPLE: MAṢDAR: يَأْسٌ ROOT: يئس FORM I TO RENOUNCE يَئِسَ

	3 f pl	3 m pl	2 f pl	2 m pl	1 pl	3 f dual	3 m dual	2 dual	3 f sgl	3 m sgl	2 f sgl	2 m sgl	1 sgl		
	يَئِسْنَ	يَئِسُوا	يَئِسْتُنَّ	يَئِسْتُمْ	يَئِسْنَا	يَئِسَتَا	يَئِسَا	يَئِسْتُمَا	يَئِسَتْ	يَئِسَ	يَئِسْتِ	يَئِسْتَ	يَئِسْتُ	PERFECT	ACTIVE
	يَيْأَسْنَ	يَيْأَسُونَ	تَيْأَسْنَ	تَيْأَسُونَ	نَيْأَسُ	تَيْأَسَانِ	يَيْأَسَانِ	تَيْأَسَانِ	تَيْأَسُ	يَيْأَسُ	تَيْأَسِينَ	تَيْأَسُ	أَيْأَسُ	IMPERFECT INDICATIVE	
	يَيْأَسْنَ	يَيْأَسُوا	تَيْأَسْنَ	تَيْأَسُوا	نَيْأَسَ	تَيْأَسَا	يَيْأَسَا	تَيْأَسَا	تَيْأَسَ	يَيْأَسَ	تَيْأَسِي	تَيْأَسَ	أَيْأَسَ	IMPERFECT SUBJUNCTIVE	
	يَيْأَسْنَ	يَيْأَسُوا	تَيْأَسْنَ	تَيْأَسُوا	نَيْأَسْ	تَيْأَسَا	يَيْأَسَا	تَيْأَسَا	تَيْأَسْ	يَيْأَسْ	تَيْأَسِي	تَيْأَسْ	أَيْأَسْ	IMPERFECT JUSSIVE	
			إِيأَسْنَ	إِيأَسُوا				إِيأَسَا			إِيأَسِي	إِيأَسْ		IMPERATIVE	
														PERFECT	PASSIVE
														IMPERFECT INDICATIVE	
														IMPERFECT SUBJUNCTIVE	
														IMPERFECT JUSSIVE	

ACTIVE PARTICIPLE: مُيَسِّرٌ PASSIVE PARTICIPLE: مُيَسَّرٌ MAṢDAR: تَيْسِيرٌ ROOT: يسر FORM II TO FACILITATE يَسَّرَ

		3 f pl	3 m pl	2 f pl	2 m pl	1 pl	3 f dual	3 m dual	2 dual	3 f sgl	3 m sgl	2 f sgl	2 m sgl	1 sgl
ACTIVE	PERFECT	يَسَّرْنَ	يَسَّرُوا	يَسَّرْتُنَّ	يَسَّرْتُمْ	يَسَّرْنَا	يَسَّرَتَا	يَسَّرَا	يَسَّرْتُمَا	يَسَّرَتْ	يَسَّرَ	يَسَّرْتِ	يَسَّرْتَ	يَسَّرْتُ
	IMPERFECT INDICATIVE	يُيَسِّرْنَ	يُيَسِّرُونَ	تُيَسِّرْنَ	تُيَسِّرُونَ	نُيَسِّرُ	تُيَسِّرَانِ	يُيَسِّرَانِ	تُيَسِّرَانِ	تُيَسِّرُ	يُيَسِّرُ	تُيَسِّرِينَ	تُيَسِّرُ	أُيَسِّرُ
	IMPERFECT SUBJUNCTIVE	يُيَسِّرْنَ	يُيَسِّرُوا	تُيَسِّرْنَ	تُيَسِّرُوا	نُيَسِّرَ	تُيَسِّرَا	يُيَسِّرَا	تُيَسِّرَا	تُيَسِّرَ	يُيَسِّرَ	تُيَسِّرِي	تُيَسِّرَ	أُيَسِّرَ
	IMPERFECT JUSSIVE	يُيَسِّرْنَ	يُيَسِّرُوا	تُيَسِّرْنَ	تُيَسِّرُوا	نُيَسِّرْ	تُيَسِّرَا	يُيَسِّرَا	تُيَسِّرَا	تُيَسِّرْ	يُيَسِّرْ	تُيَسِّرِي	تُيَسِّرْ	أُيَسِّرْ
	IMPERATIVE			يَسِّرْنَ	يَسِّرُوا				يَسِّرَا			يَسِّرِي	يَسِّرْ	
PASSIVE	PERFECT	يُسِّرْنَ	يُسِّرُوا	يُسِّرْتُنَّ	يُسِّرْتُمْ	يُسِّرْنَا	يُسِّرَتَا	يُسِّرَا	يُسِّرْتُمَا	يُسِّرَتْ	يُسِّرَ	يُسِّرْتِ	يُسِّرْتَ	يُسِّرْتُ
	IMPERFECT INDICATIVE	يُيَسَّرْنَ	يُيَسَّرُونَ	تُيَسَّرْنَ	تُيَسَّرُونَ	نُيَسَّرُ	تُيَسَّرَانِ	يُيَسَّرَانِ	تُيَسَّرَانِ	تُيَسَّرُ	يُيَسَّرُ	تُيَسَّرِينَ	تُيَسَّرُ	أُيَسَّرُ
	IMPERFECT SUBJUNCTIVE	يُيَسَّرْنَ	يُيَسَّرُوا	تُيَسَّرْنَ	تُيَسَّرُوا	نُيَسَّرَ	تُيَسَّرَا	يُيَسَّرَا	تُيَسَّرَا	تُيَسَّرَ	يُيَسَّرَ	تُيَسَّرِي	تُيَسَّرَ	أُيَسَّرَ
	IMPERFECT JUSSIVE	يُيَسَّرْنَ	يُيَسَّرُوا	تُيَسَّرْنَ	تُيَسَّرُوا	نُيَسَّرْ	تُيَسَّرَا	يُيَسَّرَا	تُيَسَّرَا	تُيَسَّرْ	يُيَسَّرْ	تُيَسَّرِي	تُيَسَّرْ	أُيَسَّرْ

ACTIVE PARTICIPLE: مُتَيَسِّرٌ PASSIVE PARTICIPLE: MAṢDAR: تَيَسُّرٌ ROOT: يسر FORM V TO BECOME EASY تَيَسَّرَ

3 f pl	*3 m pl*	*2 f pl*	*2 m pl*	*1 pl*	*3 f dual*	*3 m dual*	*2 dual*	*3 f sgl*	*3 m sgl*	*2 f sgl*	*2 m sgl*	*1 sgl*		
تَيَسَّرْنَ	تَيَسَّرُوا	تَيَسَّرْتُنَّ	تَيَسَّرْتُمْ	تَيَسَّرْنَا	تَيَسَّرَتَا	تَيَسَّرَا	تَيَسَّرْتُمَا	تَيَسَّرَتْ	تَيَسَّرَ	تَيَسَّرْتِ	تَيَسَّرْتَ	تَيَسَّرْتُ	PERFECT	ACTIVE
يَتَيَسَّرْنَ	يَتَيَسَّرُونَ	تَتَيَسَّرْنَ	تَتَيَسَّرُونَ	نَتَيَسَّرُ	تَتَيَسَّرَانِ	يَتَيَسَّرَانِ	تَتَيَسَّرَانِ	تَتَيَسَّرُ	يَتَيَسَّرُ	تَتَيَسَّرِينَ	تَتَيَسَّرُ	أَتَيَسَّرُ	IMPERFECT INDICATIVE	
يَتَيَسَّرْنَ	يَتَيَسَّرُوا	تَتَيَسَّرْنَ	تَتَيَسَّرُوا	نَتَيَسَّرَ	تَتَيَسَّرَا	يَتَيَسَّرَا	تَتَيَسَّرَا	تَتَيَسَّرَ	يَتَيَسَّرَ	تَتَيَسَّرِي	تَتَيَسَّرَ	أَتَيَسَّرَ	IMPERFECT SUBJUNCTIVE	
يَتَيَسَّرْنَ	يَتَيَسَّرُوا	تَتَيَسَّرْنَ	تَتَيَسَّرُوا	نَتَيَسَّرْ	تَتَيَسَّرَا	يَتَيَسَّرَا	تَتَيَسَّرَا	تَتَيَسَّرْ	يَتَيَسَّرْ	تَتَيَسَّرِي	تَتَيَسَّرْ	أَتَيَسَّرْ	IMPERFECT JUSSIVE	
		تَيَسَّرْنَ	تَيَسَّرُوا				تَيَسَّرَا			تَيَسَّرِي	تَيَسَّرْ		IMPERATIVE	
													PERFECT	PASSIVE
													IMPERFECT INDICATIVE	
													IMPERFECT SUBJUNCTIVE	
													IMPERFECT JUSSIVE	

ACTIVE PARTICIPLE: يَاقِظٌ PASSIVE PARTICIPLE: MAṢDAR: يَقَظٌ ROOT: يقظ FORM I TO BE AWAKE يَقِظَ

3 f pl	3 m pl	2 f pl	2 m pl	1 pl	3 f dual	3 m dual	2 dual	3 f sgl	3 m sgl	2 f sgl	2 m sgl	1 sgl		
يَقِظْنَ	يَقِظُوا	تَقِظْتُنَّ	يَقِظْتُمْ	يَقِظْنَا	يَقِظَتَا	يَقِظَا	يَقِظْتُمَا	يَقِظَتْ	يَقِظَ	يَقِظْتِ	يَقِظْتَ	يَقِظْتُ	PERFECT	ACTIVE
يَيْقَظْنَ	يَيْقَظُونَ	تَيْقَظْنَ	تَيْقَظُونَ	نَيْقَظُ	تَيْقَظَانِ	يَيْقَظَانِ	تَيْقَظَانِ	تَيْقَظُ	يَيْقَظُ	تَيْقَظِينَ	تَيْقَظُ	أَيْقَظُ	IMPERFECT INDICATIVE	
يَيْقَظْنَ	يَيْقَظُوا	تَيْقَظْنَ	تَيْقَظُوا	نَيْقَظَ	تَيْقَظَا	يَيْقَظَا	تَيْقَظَا	تَيْقَظَ	يَيْقَظَ	تَيْقَظِي	تَيْقَظَ	أَيْقَظَ	IMPERFECT SUBJUNCTIVE	
يَيْقَظْنَ	يَيْقَظُوا	تَيْقَظْنَ	تَيْقَظُوا	نَيْقَظْ	تَيْقَظَا	يَيْقَظَا	تَيْقَظَا	تَيْقَظْ	يَيْقَظْ	تَيْقَظِي	تَيْقَظْ	أَيْقَظْ	IMPERFECT JUSSIVE	
		إِيقَظْنَ	إِيقَظُوا				إِيقَظَا			إِيقَظِي	إِيقَظْ		IMPERATIVE	
													PERFECT	PASSIVE
													IMPERFECT INDICATIVE	
													IMPERFECT SUBJUNCTIVE	
													IMPERFECT JUSSIVE	

ACTIVE PARTICIPLE مُسْتَيْقِظٌ PASSIVE PARTICIPLE: MASDAR: إِسْتِيقَاظٌ ROOT: يقظ FORM X TO WAKE UP إِسْتَيْقَظَ

	3 f pl	3 m pl	2 f pl	2 m pl	1 pl	3 f dual	3 m dual	2 dual	3 f sgl	3 m sgl	2 f sgl	2 m sgl	1 sgl	
ACTIVE														
	إِسْتَيْقَظْنَ	إِسْتَيْقَظُوا	إِسْتَيْقَظْتُنَّ	إِسْتَيْقَظْتُمْ	إِسْتَيْقَظْنَا	إِسْتَيْقَظَتَا	إِسْتَيْقَظَا	إِسْتَيْقَظْتُمَا	إِسْتَيْقَظَتْ	إِسْتَيْقَظَ	إِسْتَيْقَظْتِ	إِسْتَيْقَظْتَ	إِسْتَيْقَظْتُ	PERFECT
	يَسْتَيْقِظْنَ	يَسْتَيْقِظُونَ	تَسْتَيْقِظْنَ	تَسْتَيْقِظُونَ	نَسْتَيْقِظُ	تَسْتَيْقِظَانِ	يَسْتَيْقِظَانِ	تَسْتَيْقِظَانِ	تَسْتَيْقِظُ	يَسْتَيْقِظُ	تَسْتَيْقِظِينَ	تَسْتَيْقِظُ	أَسْتَيْقِظُ	IMPERFECT INDICATIVE
	يَسْتَيْقِظْنَ	يَسْتَيْقِظُوا	تَسْتَيْقِظْنَ	تَسْتَيْقِظُوا	نَسْتَيْقِظَ	تَسْتَيْقِظَا	يَسْتَيْقِظَا	تَسْتَيْقِظَا	تَسْتَيْقِظَ	يَسْتَيْقِظَ	تَسْتَيْقِظِي	تَسْتَيْقِظَ	أَسْتَيْقِظَ	IMPERFECT SUBJUNCTIVE
	يَسْتَيْقِظْنَ	يَسْتَيْقِظُوا	تَسْتَيْقِظْنَ	تَسْتَيْقِظُوا	نَسْتَيْقِظْ	تَسْتَيْقِظَا	يَسْتَيْقِظَا	تَسْتَيْقِظَا	تَسْتَيْقِظْ	يَسْتَيْقِظْ	تَسْتَيْقِظِي	تَسْتَيْقِظْ	أَسْتَيْقِظْ	IMPERFECT JUSSIVE
			إِسْتَيْقِظْنَ	إِسْتَيْقِظُوا				إِسْتَيْقِظَا			إِسْتَيْقِظِي	إِسْتَيْقِظْ		IMPERATIVE
PASSIVE														
														PERFECT
														IMPERFECT INDICATIVE
														IMPERFECT SUBJUNCTIVE
														IMPERFECT JUSSIVE

ACTIVE PARTICIPLE: مُوقِنٌ PASSIVE PARTICIPLE: مُوقَنٌ MASDAR: إِيقَانٌ ROOT: يقن FORM IV TO BE SURE أَيْقَنَ

	3 f pl	3 m pl	2 f pl	2 m pl	1 pl	3 f dual	3 m dual	2 dual	3 f sgl	3 m sgl	2 f sgl	2 m sgl	1 sgl		
	أَيْقَنَّ	أَيْقَنُوا	أَيْقَنْتُنَّ	أَيْقَنْتُمْ	أَيْقَنَّا	أَيْقَنَتَا	أَيْقَنَا	أَيْقَنْتُمَا	أَيْقَنَتْ	أَيْقَنَ	أَيْقَنْتِ	أَيْقَنْتَ	أَيْقَنْتُ	PERFECT	ACTIVE
	يُوقِنَّ	يُوقِنُونَ	تُوقِنَّ	تُوقِنُونَ	نُوقِنُ	تُوقِنَانِ	يُوقِنَانِ	تُوقِنَانِ	تُوقِنُ	يُوقِنُ	تُوقِنِينَ	تُوقِنُ	أُوقِنُ	IMPERFECT INDICATIVE	
	يُوقِنَّ	يُوقِنُوا	تُوقِنَّ	تُوقِنُوا	نُوقِنَ	تُوقِنَا	يُوقِنَا	تُوقِنَا	تُوقِنَ	يُوقِنَ	تُوقِنِي	تُوقِنَ	أُوقِنَ	IMPERFECT SUBJUNCTIVE	
	يُوقِنَّ	يُوقِنُوا	تُوقِنَّ	تُوقِنُوا	نُوقِنْ	تُوقِنَا	يُوقِنَا	تُوقِنَا	تُوقِنْ	يُوقِنْ	تُوقِنِي	تُوقِنْ	أُوقِنْ	IMPERFECT JUSSIVE	
			أَيْقِنَّ	أَيْقِنُوا				أَيْقِنَا			أَيْقِنِي	أَيْقِنْ		IMPERATIVE	
	أُوقِنَّ	أُوقِنُوا	أُوقِنْتُنَّ	أُوقِنْتُمْ	أُوقِنَّا	أُوقِنَتَا	أُوقِنَا	أُوقِنْتُمَا	أُوقِنَتْ	أُوقِنَ	أُوقِنْتِ	أُوقِنْتَ	أُوقِنْتُ	PERFECT	PASSIVE
	يُوقَنَّ	يُوقَنُونَ	تُوقَنَّ	تُوقَنُونَ	نُوقَنُ	تُوقَنَانِ	يُوقَنَانِ	تُوقَنَانِ	تُوقَنُ	يُوقَنُ	تُوقَنِينَ	تُوقَنُ	أُوقَنُ	IMPERFECT INDICATIVE	
	يُوقَنَّ	يُوقَنُوا	تُوقَنَّ	تُوقَنُوا	نُوقَنَ	تُوقَنَا	يُوقَنَا	تُوقَنَا	تُوقَنَ	يُوقَنَ	تُوقَنِي	تُوقَنَ	أُوقَنَ	IMPERFECT SUBJUNCTIVE	
	يُوقَنَّ	يُوقَنُوا	تُوقَنَّ	تُوقَنُوا	نُوقَنْ	تُوقَنَا	يُوقَنَا	تُوقَنَا	تُوقَنْ	يُوقَنْ	تُوقَنِي	تُوقَنْ	أُوقَنْ	IMPERFECT JUSSIVE	

INDEX OF VERB PATTERNS

NOTES